校企"双元"合作开发教材　　职业院校旅游类专业新形态活页式教材

旅游大数据分析

李　炼◎主　编　　　李月笛　薛　佳◎副主编

TOURISM BIG DATA
ANALYSIS

校企双元
合作开发

中国旅游出版社

项目策划：段向民
责任编辑：孙妍峰
责任印制：钱 宬
封面设计：武爱听

图书在版编目（CIP）数据

旅游大数据分析 / 李炼主编 ; 李月笛，薛佳副主编
. -- 北京 : 中国旅游出版社，2024.12
校企"双元"合作开发教材　职业院校旅游类专业新
形态活页式教材
ISBN 978-7-5032-7259-2

Ⅰ.①旅… Ⅱ.①李… ②李… ③薛… Ⅲ.①旅游业
—数据处理—职业教育—教材 Ⅳ.① F59-39

中国国家版本馆 CIP 数据核字（2024）第 017582 号

书　　　名：旅游大数据分析

主　　编：李　炼
副 主 编：李月笛　薛　佳
出版发行：中国旅游出版社
　　　　　（北京静安东里 6 号　邮编：100028）
　　　　　http://www.cttp.net.cn　E-mail:cttp @ mct.gov.cn
　　　　　营销中心电话：010-57377103，010-57377106
　　　　　读者服务部电话：010-57377107
排　　版：小武工作室
经　　销：全国各地新华书店
印　　刷：北京墨阁印刷有限公司
版　　次：2024 年 12 月第 1 版　2024 年 12 月第 1 次印刷
开　　本：787 毫米 × 1092 毫米　1/16
印　　张：17.75
字　　数：362 千
定　　价：59.80 元
ＩＳＢＮ　　978-7-5032-7259-2

PREFACE 前言

随着云计算、大数据、物联网、移动互联网、人工智能和区块链技术的飞速发展和广泛应用，旅游业进入加快数字化发展阶段，旅游业务、旅游行政管理和游客对于算力的需求也呈现指数级增长。全面建成小康社会后，受益于经济、社会、技术发展以及智能移动设备的大量普及，游客的消费需求发生显著变化，对旅游产品和服务的质量要求更高：从低层次向高品质和多样化转变，由注重观光向兼顾观光与休闲度假转变。游客的旅游出行和消费偏好也发生深刻变化，希望更为快捷和便利地掌握旅游信息。这些变化倒逼旅游业供给侧结构性改革。旅游业运行过程中产生了海量数据，如何合法、合理地获取这些数据并加以科学分析，促进线上线下旅游产品和服务加速融合，并通过大数据分析等技术和方法形成游客画像，探寻游客的搜索、购买等行为，预测旅游景区游客量，更好地为旅游业治理、提质升级以及可持续发展提供决策支持，是旅游业亟需重点突破的问题。

近年来，在以习近平同志为核心的党中央坚强领导下，全国文化和旅游行业坚持稳中求进的工作总基调，积极探索大数据等技术应用，尝试运用大数据技术提升旅游管理、营销和服务质量。目前，全国旅游大数据人才匮乏，数据采集、数据管理、数据分析等工作持续推进后劲不足，旅游大数据分析在旅游工作中的实际应用不充分，这也直接制约了旅游业数字化转型和高质量发展。

为顺应旅游业发展趋势，主动适应旅游业数字化转型升级和智慧旅游人才培养，我们编写了本教材。本书适用于高等职业院校旅游类专业教师、学生，相关行业从业人员和社会学习者。主要内容包括旅游大数据分析概述、旅游大数据收集与采集、旅游大数据管理与治理、旅游大数据统计分析与挖掘、旅游大数据可视化、旅游大数据分析综合实操案例。本书从选题策划到成稿出版，从模块设计到内容编排，从编写团队到出版团队，均做出积极的创新和突破，具有以下特色。

（1）本书深入贯彻习近平新时代中国特色社会主义思想、党的二十大和二十届三中全会精神，是四川省职业院校高水平专业群建设成果，聚焦高等职业教育专科层次智慧旅游高素质技术技能人才培养，同时服务涉及数据工作的旅游从业人员培训，旨在促进高等职业院校旅游类专业开设相关课程、业界开展相关培训，旅游大数据相关人才的培养。

（2）本书体现了"研创赛训"产教融合、校企合作的职业教育特色，主编、副主编来自成都职业技术学院，同时成都中科大旗软件股份有限公司等企业为本书编写提供了丰富的企业资源和案例展示。教学设计目标为培养学习者既具备基础知识，又具备实际应用能力，为学习者参加职业技能等级证书及相关技能考核奠定基础。

（3）本书采用活页式教材形式，通过模块化内容设计，着力提升学习者数字化意识、数字技术知识与技能、数字社会责任，培养学习者相应岗位能力需要具备的数据采集、管理、分析、应用和可持续发展能力。本书配套旅游大数据分析课程数字化教学资源，提供在线课程服务。

成都职业技术学院洪光英副教授、李炼副教授、中科大旗软件股份有限公司周道华董事长负责本书总体设计。本书前言、模块二、模块六中案例一和案例二由成都职业技术学院李炼副教授编写，模块三、模块四由成都职业技术学院李月笛老师编写，模块一、模块五由成都职业技术学院薛佳副教授编写，模块六中案例三 文旅产业监测平台开发的相关内容由成都中科大旗软件股份有限公司周道华、彭容编写。

本书在组织策划及编写过程中，得到了兄弟院校、企业精英以及中国旅游出版社的大力支持，在此一并致谢！衷心希望本书能够为高等职业院校旅游类专业师生、旅游行业企业和社会大众带来更高的实用价值。由于编者水平有限，书中难免存在不足之处，欢迎广大读者、专家给予批评、指正。

编者

2024 年 6 月

CONTENTS 目录

模块四   旅游大数据统计分析与挖掘

模块五   旅游大数据可视化

模块六   旅游大数据分析综合实操案例

模块一　旅游大数据分析概述

模块导读

　　旅游是信息密集型产业，旅游活动涉及面极为广泛。旅游产业具有综合性、依托性、关联性强的性质和特征。旅游消费和经营服务、组织管理高度依赖信息资源。信息化对旅游活动的各个方面都产生深刻影响：旅游与信息化的融合是全方位、深层次和十分紧密的，信息技术必然是打造中国旅游升级版的主要技术支撑力量，旅游信息化是将旅游业培育成为国民经济战略性支柱产业和人民群众更加满意的现代服务业的主要科技途径。目前，大数据技术的旅游应用是旅游信息化的一个重要里程碑。因此，本模块学习任务包括认识旅游大数据分析、掌握旅游大数据相关法律法规和调研旅游大数据分析平台等。

模块导图

```
                                    ┌─ 任务一　认识旅游大数据分析

模块一　旅游大数据分析概述 ─────────── 任务二　掌握旅游大数据相关法律法规

                                    └─ 任务三　调研旅游大数据分析平台
```

任务一　认识旅游大数据分析

【任务导引】

旅游业涵盖了"食、住、行、游、购、娱"等多个方面，影响、带动和促进的相关行业达 110 多个，涉及数据类型多样、要素繁多、数量庞杂。同时，旅游是游客持续移动的一系列行为过程。随着信息技术的发展，这一系列行为过程的所有痕迹都能够以数据的形式被实时记录。同时，旅游业涌现出区别于传统线下服务的新型服务业态——在线旅游服务，无论是在旅游前、旅游中，还是在旅游后，游客越来越多地选择通过在线旅游服务进行消费。游客的移动行为及其与在线旅游服务企业的交互活动实时产生了巨量数据，旅游大数据产生。

【学习目标】

1. 知识目标：了解旅游大数据分析的意义；掌握旅游大数据的特征、类别与应用。

2. 能力目标：能够正确认识旅游大数据分析的意义；能够区分不同类型旅游大数据的特征和作用。

3. 素质目标：具有"文旅担当、时代使命"的家国情怀；具有"行业洞察、前瞻布局"的战略眼光。

【任务书】

本次学习任务如表 1-1-1 所示。

表 1-1-1　学习任务书

姓名		班级	
所在小组		指导老师	
任务名称	认识旅游大数据分析		
任务内容及要求： 1.任务内容 （1）掌握旅游大数据分析知识储备内容 （2）明确旅游大数据的特征、类别与应用 （3）进行任务同步训练——认识旅游大数据分析 2.要求 （1）高质量完成全部学习任务			

（2）以小组形式完成任务同步训练

（3）同步训练成果在规定时间内提交至教学平台

进度安排：

1.课前预习　　　年　　月　　日

2.课堂学习　　　年　　月　　日，第　　节

3.笔记整理　　　年　　月　　日

4.作业提交　　　年　　月　　日

5.其　　他　　　年　　月　　日

【任务分组】

本次学习任务为"认识旅游大数据分析"，5~6 人为一组，共同完成任务同步训练，各小组力求发挥成员优势，全员参与，高质量完成学习任务。学习任务分配表如表 1-1-2 所示。

表 1-1-2　学习任务分配表

班级		组号		指导老师	
组长		学号		任务分工	
组员1		学号		任务分工	
组员2		学号		任务分工	
组员3		学号		任务分工	
组员4		学号		任务分工	
组员5		学号		任务分工	

【知识储备】

大数据的提出并不是一个突发事件，而是伴随着人类社会的发展与技术进步自然产生的。大数据的产生与人类社会生活网络结构的复杂化、生产活动的数字化、科学研究的信息化相关，其意义和价值在于可以帮助人们解释复杂的社会行为和结构，提高生产力，进而丰富人们发现自然规律的手段。随着人类社会进入 21 世纪，科技发展日新月异，信息技术迅速普及，特别是互联网和移动终端技术的发展，使得人与人之间的联系日益密切，社会结构日趋复杂，社会生产力与人们的生活水平得到极大提升，并且人的创造性活力在技术的大力发展与支撑下得以充分释放，与之相应的数据规模和处理系统也发生了巨大改变，从而使得大数据成为学界和业界的热点。尽管在银行、电信、零售、医疗等领域，大数据的研究与应用已经得到了人们的普遍关注与深入讨论；但在旅游领域，旅游大数据还缺乏科学且清晰的界定，大数据在旅游中的应用还停留在探讨阶段，存在大量简单将传统统计分析称为大数据分析的错误表述。无论对于学界和业界，旅游大数据的概念界定都是十分有必要的。

一、旅游大数据的定义与特征

（一）旅游大数据的定义

1. 大数据的定义

迄今为止，"大数据"还没有一个公认的定义。"大数据"一词作为术语被使用，最早可以追溯到 20 世纪 90 年代。1997 年，迈克尔·考克斯与戴维·埃尔斯沃思在美国电子电器工程师协会（IEEE）第八届可视化会议中发布的《为外存模型可视化而应用控制程序请求页面调度》中使用了"大数据"："可视化为计算机提出了一个有趣的挑战：通常情况下数据集相当大，耗尽了主存储器、本地磁盘，甚至远程磁盘的存储容量。我们将整个问题称为大数据。"同年，绍洛姆·韦斯和霓庭·因杜尔亚在《预测性文本挖掘基础》中指出："收集的大量数据可在数据仓库中汇编，并使用强大的算法来全面研究数据。'大数据'能帮助数据挖掘应用得出更为优质的结果。"1999 年，史蒂夫·布莱森、大卫·肯怀特、迈克尔·考克斯和戴维·埃尔斯沃思在《美国计算机协会通讯》上发表的《千兆字节数据集的实时性可视化探索》一文中，提出了"大数据的科学可视化"。可以看出，这一时期的"大数据"指数据规模大。

然而，大数据如果仅仅是指"数据规模大"，那么这一术语的提出就失去了科学意义。即"数据规模大"不足以清晰地描述大数据。随着大数据不断涌现、大数据应用需求的增长和大数据技术的进一步发展，大数据的定义得到了更为清晰的表述。一般认为，大数据是指利用常用软件工具捕获、管理和处理数据所耗时间超过可容忍时间的数据集。例如，中国科学院院士李国杰认为：大数据是指无法在可容忍的时间内用传统信息技术和硬件工具对其进行感知、获取、管理、处理和服务的数据集合。麦肯锡公司认为：大数据是指其大小超出了典型数据库软件的采集、存储、管理和分析等能力的数据集（《大数据：下一个具有创新、竞争和生产力的前沿领域》）。美国国家标准技术研究所（NIST）在《大数据：定义和分类》中提出：大数据是指那些用传统数据架构无法有效处理的新数据集。Gartner 公司认为：大数据超出了常用硬件环境和软件工具在可接受的时间内为其用户收集、管理和处理数据的能力。

2. 旅游大数据的定义

旅游研究根植于旅游现象自身的规律，同时汲取其他相关学科丰富的营养。基于上述大数据的定义与理解，以及社会与技术发展的阶段性特征，旅游大数据可以定义为：旅游大数据既指旅游领域中那些"样本＝总体"的全数据集，又指那些利用常用软件工具捕获、管理和处理数据所耗时间超过可容忍时间的数据集。

在该旅游大数据定义下，旅游大数据的范畴有以下几类：旅游行业企业、部门、单位运行直接产生的数据，包括各类景区、酒店、旅行社、旅游主管部门、行业协会等信息系统产生的数据；旅游相关行业和领域的数据，包括交通、气象、环境、人口、规划等涉旅数据；游客行为数据，包括 GPS（Global Positioning System，全球定位系统）轨迹，移动通信手机信令，互联网浏览、点击、查询等行为数据；来自公共与社交媒体的旅游舆情数据，包括微博、微信、论坛、广播电台等提供的文字、图片、音视频等数据。

（二）旅游大数据的特征

1. 旅游大数据的一般特征

目前，学界和业界对大数据特征的界定没有形成统一的认识。许多研究者与企业都提出了不同的观点，从而构成了目前对大数据特征的不同认识，其中有代表性的是大数据 5V 特征。旅游大数据具有明显的大数据 5V 特征，这 5 个特征能够用来区分旅游大数据与其他旅游数据的不同。

（1）规模性（Volume）

旅游大数据具有巨大的数据量。据世界旅游理事会（WTTC）测算，早在 20 世纪 90 年代初，旅游业就已经超过汽车和石油等传统产业，成为世界经济中的第一大产业。现代旅游业综合性强、关联度高、产业链长，已经明显突破了传统旅游业的范围，广泛涉及并交叉渗透到 29 个相关经济部门，直接和间接影响了 110 多个细分行业。这些相关经济部门产生的数据融合在一起，使得旅游大数据具有跨行业的较大规模。

同时，据世界旅游组织（UNWTO）统计，2016 年，国际游客人数为 12 亿人次（不包含国家内部的国内游客），预计 2025 年会达到 18 亿人次。近年来，中国旅游产业迎来黄金发展期，《2017 年上半年旅游统计数据报告》显示，2017 年上半年国内旅游人数达 25.37 亿人次，比上年同期增长 13.5%。信息技术与互联网对游客旅行过程的渗透，使得数量日益增长的游客在旅游前、旅游中及旅游后都产生了巨量数据，如旅游前的搜索数据，旅游中的轨迹数据，旅游后的评论、博文、图片数据。数据的规模影响数据的处理、存储、恢复及数据管理需求。

（2）多样性（Variety）

多样性是指旅游大数据包含不同格式及不同类型的数据。旅游活动涉及自然、社会、经济与生活等方方面面。旅游大数据作为一个整体概念如果称为涉旅"全数据"的话，那么反映旅游活动运动、变化、发展状况等的旅游大数据就不仅包含了自然环境大数据、社会大数据、经济大数据等，还包含目的地大数据、旅游企业大数据、旅游者大数据等。旅游者大数据又包含其人口学特征、旅游流及旅游者在社会生产、生活各个方面及其交互所生成的各种复杂数据：既包含传统的数据库数据，又包含文本、图片、视频、音频、地理位置等数据；既包含结构化的数据，又包含非结构化的及半结构化的数据。随着技术的发展和人类活动范围及创造力的拓展，涉旅数据将更加具有多样性。数据多样性带来数据融合、数据交换、数据处理及数据存储等问题。

（3）高速性（Velocity）

高速性是指大数据产生数据的速度快，在极短的时间内就能产生大量的数据集。大数据的高速性和用户基数庞大、设备数量众多、海量数据实时生成相关，造成数据指数级别的增长。以游客移动数据为例，由于游客在旅游或旅行活动中的位置是移动变化的，随着旅游人次的逐年增加，特别是在旅游出行高峰时期，游客群的庞大及位置的采样频率决定了游客的位置数据不仅数量巨大，而且数据产生的速率很高。旅游大数据的高速性需要大数据处理具有海量数据的及时有效分析能力和强大的数据存储能力。

（4）真实性（Veracity）

大数据的真实性是指数据的保真性。大数据集包含大量的噪声，噪声是没有价值的。信噪比越高的数据，真实性越高。从可控的行为中获取的数据，常常比通过不可控行为发布获取的数据拥有更少的噪声。在旅游大数据中，游客互联网（如微博、微信）生成内容的数据占据很大比重，这部分数据是由不可控的互联网行为产生，因此信噪比较低。

（5）价值性（Value）

大数据的价值性是指大数据的价值密度低。以视频数据为例，在连续不断产生的数据中，可能仅有几秒的数据是有用的。大数据的价值与其真实性关联，真实性越高，价值越高，如游客的网络评论、博客等。同时，价值也依赖于数据处理的时间，因为分析的结果具有时效性，以"五一"小长假和"十一"黄金周客流量为例，数据转变为有意义的信息的时间越长，这份信息的价值就越小。尽管单条数据并无太多价值，但庞大的数据量可能蕴含着巨大的价值，这就需要大数据具有相应的处理、分析及挖掘等技术，能够从价值密度低的海量数据中找到有价值的内容。

2. 旅游大数据的特有特征

旅游大数据还具有旅游领域所特有的特征，被称为旅游大数据的特有特征。

（1）时空性

旅游活动的开展离不开空间区域的依托，而且旅游活动又有历时性的时间特征，因而时空性是旅游活动的基本形式。旅游大数据中反映旅游活动的数据具有时空性。旅游大数据的时空性在时间尺度上可以短到对一些节事或涉旅事件的追踪，比如一名游客的一次旅行；也可以很长，长到甚至能伴随目的地或景区的变迁。在时间粒度上，基于数据采样设备的能力，如存储、传输及计算速度，旅游大数据包含了具有不同时间粒度的数据。

（2）多尺度与多粒度性

描述旅游活动的旅游大数据除了具有时空性，还具有多尺度与多粒度性。旅游活动跨地理空间，地理尺度可以小到景区景点的游道、城市街区，大到方圆数千平方公里的城市、区域等；数据采集粒度既可以精确到米级，也可以以景区、区县、地区、省等为单位。

（3）节律性

由于旅游活动具有明显的节律性，如对某些季节依赖性较强的自然或户外娱乐景区，"十一"黄金周、"五一"小长假和工作日、周末的旅游活动在量上具有明显的差距。

二、旅游大数据的类别

多样性是大数据的主要特征之一，大数据是多源异构数据进行整合之后的数据集，不再体现单一数据类别的特征。本书基于上述旅游大数据的定义，对旅游大数据进行多视角的类别划分，能够帮助相关研究者更好地理解旅游大数据，使得旅游大数据不仅仅是一个抽象的或者宽泛的学术概念，而且是能够具象的数据集。

（一）按产生数据的主体划分

1. 旅游 UGC

用户生成内容（User-Generated Content，UGC）也被称为用户创造内容（User-Created Content，UCC），或者用户生成媒体（Consumer-Generated Media，CGM）。UGC泛指以任何形式在网络上发表的由用户创作的文字、图片、音频和视频等内容。第一类为商业型，主要指和社会化商务相关的一系列内容，包括用户生成口碑、旅游在线评论等；第二类为社交型，主要指以建立个体间的相互关系为主要特征的产物，如旅游博文、旅游微博中的"顶""踩""关注"等情感性指针和"社交图谱"（Social Graph）等自主生成的关系结构图；第三类为兴趣型，主要指以爱好交流、兴趣小组、信息/知识共享和沟通为主要特征的内容，如旅游攻略、旅游图片、旅游视频、旅游音频等。

2. 涉旅政府、企事业单位的自有数据

政府数据包括旅游政策数据、旅游统计数据（如投入产出表、各类普查数据、统计年鉴等）、旅游法律法规数据、旅游行业数据（如行业资源、地理空间、行业管理、企业诚信、导游资历、出入境团队数据等）、政府共享涉旅数据（如公安、交通运输、社保、海事、水务、商贸、文体、环保、国土资源、城乡建设、农业、林业）等。旅游企事业单位数据包括旅游企事业单位的各种企业报表（如企业基本情况表、财务报表等），及其信息系统产生的数据（如旅游电子商务公司的游客消费、交易及其网站或手机 App、微信公众号的游客浏览数据等）。其他行业的旅游相关数据包含交通、航空、电信、气象等相关行业的涉旅游数据，以及互联网等企业中的涉旅数据等，如电信运营商的游客手机信令数据、手机 GPS 数据，移动应用运营商掌握的旅游 App

使用数据，谷歌、百度、垂直搜索等搜索引擎中的游客搜索行为数据等。

3. 机器生成的数据

机器生成的数据包括旅游企事业单位机器、设备等产生的数据，如应用服务器日志数据、各类传感器数据、图像和视频监控数据、二维码和条形码（条码）扫描数据等。

（二）按数据来源的行业划分

1. 互联网公司

涉旅搜索引擎数据：百度公司数据总量超过了千 PB 级别，数据涵盖了中文网页、百度推广、百度日志、UGC 等多个部分，并以 70% 以上的搜索市场份额坐拥庞大的搜索数据。涉旅电商数据：阿里巴巴公司保存的数据量超过了百 PB 级别，拥有 90% 以上的电商数据，数据涵盖了点击网页数据、用户浏览数据、交易数据、购物数据等。涉旅社交媒体数据：腾讯公司总存储数据量经压缩处理以后仍然超过了百 PB 级别，包括大量社交、游戏等领域积累的文本、音频、视频和关系类数据。

2. 电信、金融、保险系统

电信行业数据包括用户上网记录、通话、信息、地理位置数据等，运营商拥有的数据量将近百 PB 级别，年度用户数据增长超过 10%。金融与保险系统数据包括开户信息数据、银行网点数据、在线交易数据、自身运营的数据等，金融系统每年产生的数据量超过数十 PB 级别，保险系统的数据量也超过了 PB 级别。

3. 交通领域

一个中、大型城市，一个月的交通卡口记录数据可以达到 3 亿条，航班往返一次产生的数据量就达到 TB 级别；列车、水陆路运输产生的各种视频、文本类数据，每年保存下来的数据量也达到数十 PB 级别。

4. 气象、地理、政务等领域

中国气象局保存的数据量将近 10PB，每年约增数百 TB；各种地图和地理位置信息的数据量每年达数十 PB 级别；政务数据则涵盖了旅游、教育、交通、医疗等多个门类，且多为结构化数据。

5. 其他传统行业

在其他传统行业，如线下商业销售、农林牧渔、线下餐饮、食品、科研、物流运输等行业数据量剧增，但是数据量还处于积累期，整体体量都不算大，多则达到 PB 级别，少则数百 TB 级别或数十 TB 级别。

（三）按照数据产生和变化的频率划分

按照数据产生和变化的频率划分，旅游大数据可以分为基础数据、历史数据及实时数据等。其中，基础数据属于低频数据，历史数据属于中频数据，实时数据属于高频数据。

1. 基础数据

基础数据是指静态的、规范化的、描述旅游基本元素的数据，其特点是数据产生后基本不会发生变化，如旅游兴趣点（POI）的名称及经纬度等。

2. 历史数据

历史数据是指已经发生的旅游活动状况与过程的数据。它经过分析、开发、评价后，常以资料库的形式进行存储，形成旅游档案信息，如统计数据和资料、调查报告等。其中，统计数据是根据一定算法或根据使用者的主观需求，将历史数据计算后所产生的数据，可以为旅游公共服务、旅游管理部门提供决策支持。此类旅游数据对总结经验，揭示、预测未来旅游活动的开展、变化、发展趋向具有重要意义，如可产生假日旅游的客流量、宾馆入住率、旅游交通的需求量等预测信息。

3. 实时数据

实时数据随旅游活动及旅游行业运行实时产生，其特点是数据会非常频繁地产生和变化，如游客的位置数据、客流数据、旅游热点问题的互联网传播等。这类数据对短时客流预测预警、旅游舆情监控等旅游安全的监督与防范具有重要作用，如对景区舒适度指数，旅游目的地客流量、旅游交通等的实时预测等。

链接资源

云南春节旅游市场分析报告发布
旅游收入规模和复苏力度均居全国前列

作者：云南省人民政府

分类：旅游动态

日期：2023 年 2 月 11 日

2 月 10 日，同程研究院与云南省旅游规划研究院联合发布《云南地区 2023 春节旅游市场分析报告》。报告显示，今年春节假期，云南旅游市场表现亮眼，旅游收入规模和复苏力度均居全国前列。

同程旅行平台数据显示，春节期间，云南线上预订渠道客流量同比增长 123%，整体预订量恢复至 2019 年同期的 186%，跟团游线路服务人次同比增长 715%。在客流量大增的同时，云南整体旅游消费势能在加速释放，客均 851 元（旅游收入与旅游人次之比）的消费水平在西南地区处于领先位置。具体旅游产品方面，旅游线路的客均消费为 1926 元，住宿服务的客均消费为 515 元，交通出行的客均消费为 661 元。

跨省游恢复势头良好，外省游客占比接近 50%，主要来自广东、四川、上海、江苏、浙江等地。昆明、丽江、大理、红河、西双版纳是省内热度较高的目的地。

客群结构方面，以亲子游、家庭游为主，合并占比55.2%，出游时间在3天以上的占比约38.4%。云南本地居民的家庭亲子游与跨省亲子游、家庭游均表现出良好的复苏势头，尤其是跨省私家团等产品需求旺盛。

各市（州）旅游市场各有特色，人文旅游、生态康养、乡村旅游、自驾游等都是较为热门的消费主题。基于同程旅行平台的预订数据对各个消费主题目的地热度排名，丽江、大理、昆明、德宏、文山位居云南人文旅游热门目的地前5名，西双版纳、德宏、大理、红河、迪庆位居热门生态康养目的地前5名，丽江、西双版纳、玉溪、曲靖、临沧位居乡村旅游热门目的地前5名，西双版纳、德宏、楚雄、怒江、保山位居自驾游目的地前5名。

云南人文及生态旅游类资源丰富，各主要景点客流量均有大幅增长。春节十大热门景点依次为丽江古城、建水文庙、昆明融创海世界、中国科学院西双版纳热带植物园、曼听公园、勐焕大金塔、一寨两国（德宏）、建水朱家花园、野象谷、九乡。

春节期间，跨省游的强劲复苏带动各市（州）的住宿消费。住宿消费十大热门目的地依次为昆明、大理、丽江、西双版纳、德宏、红河、文山、昭通、曲靖、保山。

针对云南旅游业的复苏和高质量发展，该报告建议，通过精准发放文旅消费券，依托OTA平台与大数据系统，整合并联动商旅文体板块内景点、酒店、餐饮、文化等商家共同参与，提振消费市场。同时，鼓励旅行社研发和销售旅游温冷地区的精品小众化旅游线路，为大理、丽江等热门旅游目的地分流。

资料来源：云南省人民政府官网

https://www.yn.gov.cn/yngk/lyyn/lydt/202302/t20230211_254794.html

【实施步骤】

步骤1：了解旅游大数据分析的意义。

步骤2：辨析旅游大数据的一般特征和特有特征。

步骤3：从产生数据的主体入手，区分旅游大数据的应用场景。

步骤4：从数据来源的行业入手，区分旅游大数据的应用场景。

步骤5：从数据产生和变化的频率入手，区分旅游大数据的应用场景。

【能力拓展】

UGC（User Generated Content），也可叫作UCC（User-created Content），互联网术语，指用户将自己原创的内容通过互联网平台进行展示或者提供给其他用户，是

Web2.0 环境下的一种网络信息资源创作与组织模式。互联网时代，受众作为媒介商品消费者的身份发生了改变，受众转变为用户，网络用户的交互作用得以体现，用户既是网络内容的浏览者，也是网络内容的创造者。

1. UGC 的特征

①以网络出版为前提。

②内容具有一定程度的创新性。

③非专业人员或权威人员组织创作。

2. 评价

①积极方面：营造了创造、表达、参与、沟通和分享的环境，是一场伟大的内容革命，有利于原创性内容的生产与传播。

②消极方面：在版权、隐私和道德伦理等方面派生出许多问题。

【同步训练】

任务：完成"认识旅游大数据分析"。

目的：理解旅游大数据分析的意义，能够区分不同类型旅游大数据的特征和作用。

要求：

①坚持数据价值导向，增强德法兼修的职业素养。

②在完成任务的过程中，小组成员应充分表运想法，发挥各自优势，形成团队合力。

【内容小结】

按照产生数据的主体、数据来源的行业、数据产生和变化的频率三个维度，都可以对旅游大数据进行不同类型的区分。这些旅游大数据的分析及利用，对于旅游公共管理与服务水平、旅游企业竞争力、游客满意度的提升，以及旅游产业升级改造具有重要的意义。

旅游大数据的应用需求来自旅游产业链各个环节的相关利益体，包含游客、旅游供给商、旅游中间商、旅游管理与公共服务部门，以及其他涉旅企事业单位与部门。

【教学评价】

学生自评与互评如表 1-1-3 所示。

表 1-1-3　学生自评与互评

评价项目	评价内容
学习纪律	1.出勤情况 2.遵守课堂纪律情况 3.学习主动性、积极性

续表

评价项目	评价内容		
学习过程	1.预习与复习情况 2.跟随教师思路，理解授课内容与笔记情况 3.课堂参与情况 4.作业完成情况		
学习效果	1.课程所传授的知识与技能掌握程度 2.课程所传授的素质与思政目标达成程度 3.提出、分析、解决问题能力的提高程度		
姓名		班级	
自评等级	（　）A　（　）B　（　）C　（　）D		
互评等级	学生1：（　）A　（　）B　（　）C　（　）D 学生2：（　）A　（　）B　（　）C　（　）D 学生3：（　）A　（　）B　（　）C　（　）D		
提升思考			

【教学评价】

指导教师评价如表 1-1-4 所示。

表 1-1-4　指导教师评价

评价项目	评价内容		
学习纪律	1.出勤情况 2.遵守课堂纪律情况 3.学习主动性、积极性		
学习过程	1.预习与复习情况 2.跟随教师思路，理解授课内容与笔记情况 3.课堂参与情况 4.作业完成情况		
学习效果	1.课程所传授的知识与技能掌握程度 2.课程所传授的素质与思政目标达成程度 3.提出、分析、解决问题能力的提高程度		
指导教师		班级	
评价等级	（　）A　（　）B　（　）C　（　）D		
提升建议			

【学生笔记】

学生笔记如表 1-1-5 所示。

表 1-1-5　学生笔记

任务名称	
学习日期	
指导教师	

学习记录：

记录人：

任务二　掌握旅游大数据相关法律法规

【任务导引】

　　数据是新时代重要的生产要素，既是国家基础性战略资源，也是数字经济发展的核心力量。党的十八大以来，我国深入实施网络强国战略、国家大数据战略，积极出台相关法律，推动数字经济蓬勃发展并取得了举世瞩目的发展成就，总体规模连续多年位居世界第二，对经济社会发展的引领支撑作用日益凸显。在国家层面，相继颁布实施《中华人民共和国网络安全法》《中华人民共和国电子商务法》《中华人民共和国数据安全法》《中华人民共和国个人信息保护法》等法律，标志着我国网络空间治理框架逐步完善，网络空间法治进程迈入新时代。在地方层面，各省市积极颁布实施相关大数据条例、数据条例、数字经济条例等地方性法规，促进和规范大数据、数字经济高质量发展。

【学习目标】

　　1.知识目标：了解我国大数据分析相关法律文件；掌握大数据在旅游行业中应用的相关规定。

　　2.能力目标：能够说出我国大数据分析相关法律文件；能够根据法律法规，辨析大数据在旅游行业中应用的正确场景。

　　3.素质目标：具有"文旅担当、时代使命"的家国情怀；具有"行业洞察、前瞻布局"的战略眼光。

【任务书】

　　学习任务书如表 1-2-1 所示。

表1-2-1　学习任务书

姓名		班级	
所在小组		指导老师	
任务名称	掌握旅游大数据相关法律法规		
任务内容及要求： 1.任务内容 （1）掌握旅游大数据相关法律法规知识储备内容 （2）明确我国大数据相关法律文件及大数据在旅游行业中应用的相关规定 （3）进行任务同步训练——掌握旅游大数据相关法律法规			

2.要求

（1）高质量完成全部学习任务

（2）以小组形式完成任务同步训练

（3）同步训练成果在规定时间内提交至教学平台

进度安排：

1.课前预习　　　　年　　月　　日

2.课堂学习　　　　年　　月　　日，第　节

3.笔记整理　　　　年　　月　　日

4.作业提交　　　　年　　月　　日

5.其　　他　　　　年　　月　　日

【任务分组】

本次学习任务为"掌握旅游大数据相关法律法规"，5~6 人为一组，共同完成任务同步训练，各小组力求发挥成员优势，全员参与，高质量完成学习任务。学习任务分配如表 1-2-2 所示。

表 1-2-2　学习任务分配

班级		组号		指导老师	
组长		学号		任务分工	
组员1		学号		任务分工	
组员2		学号		任务分工	
组员3		学号		任务分工	
组员4		学号		任务分工	
组员5		学号		任务分工	

【知识储备】

随着现代社会的快速发展、信息化的快速膨胀和互联网的迅猛传播，海量的各种数据化信息被不停地生产、收集、存储、处理与利用，大数据时代随之来临。这不仅带来了全方位的社会变革，也带来了新的安全挑战，数据泄露、数据滥用、隐私安全等日渐成为明患隐忧。

一、国家大数据法律文件

（一）《中华人民共和国网络安全法》

为了保障网络安全，维护网络空间主权和国家安全、社会公共利益，保护公民、法人和其他组织的合法权益，促进经济社会信息化健康发展，2016 年 11 月 7 日，第

十二届全国人民代表大会常务委员会第二十四次会议通过了《中华人民共和国网络安全法》。在中华人民共和国境内建设、运营、维护和使用网络，以及网络安全的监督管理，均适用该法。

《中华人民共和国网络安全法》在法律层面对个人信息进行了明确定义："个人信息，是指以电子或者其他方式记录的能够单独或者与其他信息结合识别自然人个人身份的各种信息，包括但不限于自然人的姓名、出生日期、身份证件号码、个人生物识别信息、住址、电话号码等。"

《中华人民共和国网络安全法》高度重视与大数据安全紧密相关的个人信息保护，并对个人信息收集和使用范围作出了限制。其中，"第四章 网络信息安全"重点规范个人信息保护。

链接资源

中华人民共和国网络安全法（节选）
第四章　网络信息安全

第四十条　网络运营者应当对其收集的用户信息严格保密，并建立健全用户信息保护制度。

第四十一条　网络运营者收集、使用个人信息，应当遵循合法、正当、必要的原则，公开收集、使用规则，明示收集、使用信息的目的、方式和范围，并经被收集者同意。

网络运营者不得收集与其提供的服务无关的个人信息，不得违反法律、行政法规的规定和双方的约定收集、使用个人信息，并应当依照法律、行政法规的规定和与用户的约定，处理其保存的个人信息。

第四十二条　网络运营者不得泄露、篡改、毁损其收集的个人信息；未经被收集者同意，不得向他人提供个人信息。但是，经过处理无法识别特定个人且不能复原的除外。

网络运营者应当采取技术措施和其他必要措施，确保其收集的个人信息安全，防止信息泄露、毁损、丢失。在发生或者可能发生个人信息泄露、毁损、丢失的情况时，应当立即采取补救措施，按照规定及时告知用户并向有关主管部门报告。

第四十三条　个人发现网络运营者违反法律、行政法规的规定或者双方的约定收集、使用其个人信息的，有权要求网络运营者删除其个人信息；发现网络运营者收集、存储的其个人信息有错误的，有权要求网络运营者予以更正。网络运营者应当采取措施予以删除或者更正。

第四十四条　任何个人和组织不得窃取或者以其他非法方式获取个人信息，不得非法出售或者非法向他人提供个人信息。

第四十五条　依法负有网络安全监督管理职责的部门及其工作人员，必须对在履行职责中知悉的个人信息、隐私和商业秘密严格保密，不得泄露、出售或者非法向他人提供。

第四十六条　任何个人和组织应当对其使用网络的行为负责，不得设立用于实施诈骗，传授犯罪方法，制作或者销售违禁物品、管制物品等违法犯罪活动的网站、通讯群组，不得利用网络发布涉及实施诈骗，制作或者销售违禁物品、管制物品以及其他违法犯罪活动的信息。

第四十七条　网络运营者应当加强对其用户发布的信息的管理，发现法律、行政法规禁止发布或者传输的信息的，应当立即停止传输该信息，采取消除等处置措施，防止信息扩散，保存有关记录，并向有关主管部门报告。

第四十八条　任何个人和组织发送的电子信息、提供的应用软件，不得设置恶意程序，不得含有法律、行政法规禁止发布或者传输的信息。

电子信息发送服务提供者和应用软件下载服务提供者，应当履行安全管理义务，知道其用户有前款规定行为的，应当停止提供服务，采取消除等处置措施，保存有关记录，并向有关主管部门报告。

第四十九条　网络运营者应当建立网络信息安全投诉、举报制度，公布投诉、举报方式等信息，及时受理并处理有关网络信息安全的投诉和举报。

网络运营者对网信部门和有关部门依法实施的监督检查，应当予以配合。

第五十条　国家网信部门和有关部门依法履行网络信息安全监督管理职责，发现法律、行政法规禁止发布或者传输的信息的，应当要求网络运营者停止传输，采取消除等处置措施，保存有关记录；对来源于中华人民共和国境外的上述信息，应当通知有关机构采取技术措施和其他必要措施阻断传播。

资料来源：中华人民共和国工业和信息化部官方网站
https://www.miit.gov.cn/jgsj/zfs/fl/art/2020/art_85f74fb2531449ddbe0d14b0484d2507.html

（二）《中华人民共和国数据安全法》

为了规范数据处理活动，保障数据安全，促进数据开发利用，保护个人、组织的合法权益，维护国家主权、安全和发展利益，2021年6月10日，第十三届全国人民代表大会常务委员会第二十九次会议通过了《中华人民共和国数据安全法》。在中华人民共和国境内开展数据处理活动及其安全监管，均适用该法。

《中华人民共和国数据安全法》第七条规定："国家保护个人、组织与数据有关的权益，鼓励数据依法合理有效利用，保障数据依法有序自由流动，促进以数据为关键要素的数字经济发展。"在第二章"数据安全与发展"板块明确指出："国家实施大数据战略，推进数据基础设施建设，鼓励和支持数据在各行业、各领域的创新应用。省级以上人民政府应当将数字经济发展纳入本级国民经济和社会发展规划，并根据需要制定数字经济发展规划。"

中华人民共和国数据安全法（节选）
第四章　数据安全保护义务

第二十七条　开展数据处理活动应当依照法律、法规的规定，建立健全全流程数据安全管理制度，组织开展数据安全教育培训，采取相应的技术措施和其他必要措施，保障数据安全。利用互联网等信息网络开展数据处理活动，应当在网络安全等级保护制度的基础上，履行上述数据安全保护义务。

重要数据的处理者应当明确数据安全负责人和管理机构，落实数据安全保护责任。

第二十八条　开展数据处理活动以及研究开发数据新技术，应当有利于促进经济社会发展，增进人民福祉，符合社会公德和伦理。

第二十九条　开展数据处理活动应当加强风险监测，发现数据安全缺陷、漏洞等风险时，应当立即采取补救措施；发生数据安全事件时，应当立即采取处置措施，按照规定及时告知用户并向有关主管部门报告。

第三十条　重要数据的处理者应当按照规定对其数据处理活动定期开展风险评估，并向有关主管部门报送风险评估报告。

风险评估报告应当包括处理的重要数据的种类、数量，开展数据处理活动的情况，面临的数据安全风险及其应对措施等。

第三十一条　关键信息基础设施的运营者在中华人民共和国境内运营中收集和产生的重要数据的出境安全管理，适用《中华人民共和国网络安全法》的规定；其他数据处理者在中华人民共和国境内运营中收集和产生的重要数据的出境安全管理办法，由国家网信部门会同国务院有关部门制定。

第三十二条　任何组织、个人收集数据，应当采取合法、正当的方式，不得窃取或者以其他非法方式获取数据。

法律、行政法规对收集、使用数据的目的、范围有规定的，应当在法律、行政法规规定的目的和范围内收集、使用数据。

第三十三条　从事数据交易中介服务的机构提供服务，应当要求数据提供方说明数据来源，审核交易双方的身份，并留存审核、交易记录。

第三十四条　法律、行政法规规定提供数据处理相关服务应当取得行政许可的，服务提供者应当依法取得许可。

第三十五条　公安机关、国家安全机关因依法维护国家安全或者侦查犯罪的需要调取数据，应当按照国家有关规定，经过严格的批准手续，依法进行，有关组织、个人应当予以配合。

第三十六条　中华人民共和国主管机关根据有关法律和中华人民共和国缔结或者参加的国际条约、协定，或者按照平等互惠原则，处理外国司法或者执法机构关于提供数据的请求。非经中华人民共和国主管机关批准，境内的组织、个人不得向外国司法或者执法机构提供存储于中华人民共和国境内的数据。

资料来源：中华人民共和国工业和信息化部官方网站
https://www.miit.gov.cn/zwgk/zcwj/flfg/art/2022/art_284b390b84484f10b0e43eeafaad0f6d.html

（三）《中华人民共和国个人信息保护法》

为了保护个人信息权益，规范个人信息处理活动，促进个人信息合理利用，根据宪法，2021年8月20日，第十三届全国人民代表大会常务委员会第三十次会议通过了《中华人民共和国个人信息保护法》。在中华人民共和国境内处理自然人个人信息的活动，均适用该法。

《中华人民共和国个人信息保护法》明确规定："个人信息是以电子或者其他方式记录的与已识别或者可识别的自然人有关的各种信息，不包括匿名化处理后的信息。个人信息的处理包括个人信息的收集、存储、使用、加工、传输、提供、公开、删除等。""自然人的个人信息受法律保护，任何组织、个人不得侵害自然人的个人信息权益。"进一步对应用程序过度收集个人信息、一揽子授权、强制同意、大数据"杀熟"等侵害公民个人信息权益的行为进行了限制。

链接资源

中华人民共和国个人信息保护法（节选）
第二章　个人信息处理规则

第一节　一般规定

第十三条　符合下列情形之一的，个人信息处理者方可处理个人信息：

（一）取得个人的同意；

（二）为订立、履行个人作为一方当事人的合同所必需，或者按照依法制定的劳动规章制度和依法签订的集体合同实施人力资源管理所必需；

（三）为履行法定职责或者法定义务所必需；

（四）为应对突发公共卫生事件，或者紧急情况下为保护自然人的生命健康和财产安全所必需；

（五）为公共利益实施新闻报道、舆论监督等行为，在合理的范围内处理个人信息；

（六）依照本法规定在合理的范围内处理个人自行公开或者其他已经合法公开的个人信息；

（七）法律、行政法规规定的其他情形。

依照本法其他有关规定，处理个人信息应当取得个人同意，但是有前款第二项至第七项规定情形的，不需取得个人同意。

第十四条　基于个人同意处理个人信息的，该同意应当由个人在充分知情的前提下自愿、明确作出。法律、行政法规规定处理个人信息应当取得个人单独同意或者书面同意的，从其规定。

个人信息的处理目的、处理方式和处理的个人信息种类发生变更的，应当重新取得个人同意。

第十五条　基于个人同意处理个人信息的，个人有权撤回其同意。个人信息处理者应当提供便捷的撤回同意的方式。

个人撤回同意，不影响撤回前基于个人同意已进行的个人信息处理活动的效力。

第十六条　个人信息处理者不得以个人不同意处理其个人信息或者撤回同意为由，拒绝提供产品或者服务；处理个人信息属于提供产品或者服务所必需的除外。

第十七条　个人信息处理者在处理个人信息前，应当以显著方式、清晰易懂的语言真实、准确、完整地向个人告知下列事项：

（一）个人信息处理者的名称或者姓名和联系方式；

（二）个人信息的处理目的、处理方式，处理的个人信息种类、保存期限；

（三）个人行使本法规定权利的方式和程序；

（四）法律、行政法规规定应当告知的其他事项。

前款规定事项发生变更的，应当将变更部分告知个人。

个人信息处理者通过制定个人信息处理规则的方式告知第一款规定事项的，处理规则应当公开，并且便于查阅和保存。

第十八条　个人信息处理者处理个人信息，有法律、行政法规规定应当保密或者不需要告知的情形的，可以不向个人告知前条第一款规定的事项。

紧急情况下为保护自然人的生命健康和财产安全无法及时向个人告知的，个人信息处理者应当在紧急情况消除后及时告知。

第十九条　除法律、行政法规另有规定外，个人信息的保存期限应当为实现处理目的所必要的最短时间。

第二十条 两个以上的个人信息处理者共同决定个人信息的处理目的和处理方式的，应当约定各自的权利和义务。但是，该约定不影响个人向其中任何一个个人信息处理者要求行使本法规定的权利。

个人信息处理者共同处理个人信息，侵害个人信息权益造成损害的，应当依法承担连带责任。

第二十一条 个人信息处理者委托处理个人信息的，应当与受托人约定委托处理的目的、期限、处理方式、个人信息的种类、保护措施以及双方的权利和义务等，并对受托人的个人信息处理活动进行监督。

受托人应当按照约定处理个人信息，不得超出约定的处理目的、处理方式等处理个人信息；委托合同不生效、无效、被撤销或者终止的，受托人应当将个人信息返还个人信息处理者或者予以删除，不得保留。

未经个人信息处理者同意，受托人不得转委托他人处理个人信息。

第二十二条 个人信息处理者因合并、分立、解散、被宣告破产等原因需要转移个人信息的，应当向个人告知接收方的名称或者姓名和联系方式。接收方应当继续履行个人信息处理者的义务。接收方变更原先的处理目的、处理方式的，应当依照本法规定重新取得个人同意。

第二十三条 个人信息处理者向其他个人信息处理者提供其处理的个人信息的，应当向个人告知接收方的名称或者姓名、联系方式、处理目的、处理方式和个人信息的种类，并取得个人的单独同意。接收方应当在上述处理目的、处理方式和个人信息的种类等范围内处理个人信息。接收方变更原先的处理目的、处理方式的，应当依照本法规定重新取得个人同意。

第二十四条 个人信息处理者利用个人信息进行自动化决策，应当保证决策的透明度和结果公平、公正，不得对个人在交易价格等交易条件上实行不合理的差别待遇。

通过自动化决策方式向个人进行信息推送、商业营销，应当同时提供不针对其个人特征的选项，或者向个人提供便捷的拒绝方式。

通过自动化决策方式作出对个人权益有重大影响的决定，个人有权要求个人信息处理者予以说明，并有权拒绝个人信息处理者仅通过自动化决策的方式作出决定。

第二十五条 个人信息处理者不得公开其处理的个人信息，取得个人单独同意的除外。

第二十六条 在公共场所安装图像采集、个人身份识别设备，应当为维护公共安全所必需，遵守国家有关规定，并设置显著的提示标识。所收集的个人图像、身份识别信息只能用于维护公共安全的目的，不得用于其他目的；取得个人单独同意的除外。

第二十七条　个人信息处理者可以在合理的范围内处理个人自行公开或者其他已经合法公开的个人信息；个人明确拒绝的除外。个人信息处理者处理已公开的个人信息，对个人权益有重大影响的，应当依照本法规定取得个人同意。

第二节　敏感个人信息的处理规则

第二十八条　敏感个人信息是一旦泄露或者非法使用，容易导致自然人的人格尊严受到侵害或者人身、财产安全受到危害的个人信息，包括生物识别、宗教信仰、特定身份、医疗健康、金融账户、行踪轨迹等信息，以及不满十四周岁未成年人的个人信息。

只有在具有特定的目的和充分的必要性，并采取严格保护措施的情形下，个人信息处理者方可处理敏感个人信息。

第二十九条　处理敏感个人信息应当取得个人的单独同意；法律、行政法规规定处理敏感个人信息应当取得书面同意的，从其规定。

第三十条　个人信息处理者处理敏感个人信息的，除本法第十七条第一款规定的事项外，还应当向个人告知处理敏感个人信息的必要性以及对个人权益的影响；依照本法规定可以不向个人告知的除外。

第三十一条　个人信息处理者处理不满十四周岁未成年人个人信息的，应当取得未成年人的父母或者其他监护人的同意。

个人信息处理者处理不满十四周岁未成年人个人信息的，应当制定专门的个人信息处理规则。

第三十二条　法律、行政法规对处理敏感个人信息规定应当取得相关行政许可或者作出其他限制的，从其规定。

第三节　国家机关处理个人信息的特别规定

第三十三条　国家机关处理个人信息的活动，适用本法；本节有特别规定的，适用本节规定。

第三十四条　国家机关为履行法定职责处理个人信息，应当依照法律、行政法规规定的权限、程序进行，不得超出履行法定职责所必需的范围和限度。

第三十五条　国家机关为履行法定职责处理个人信息，应当依照本法规定履行告知义务；有本法第十八条第一款规定的情形，或者告知将妨碍国家机关履行法定职责的除外。

第三十六条　国家机关处理的个人信息应当在中华人民共和国境内存储；确需

向境外提供的，应当进行安全评估。安全评估可以要求有关部门提供支持与协助。

第三十七条 法律法规授权的具有管理公共事务职能的组织为履行法定职责处理个人信息，适用本法关于国家机关处理个人信息的规定。

资料来源：中华人民共和国中央人民政府官方网站

http://www.gov.cn/xinwen/2021-08/20/content_5632486.htm

（四）《关键信息基础设施安全保护条例》

为了保障关键信息基础设施安全，维护网络安全，根据《中华人民共和国网络安全法》，2021年4月27日，国务院第133次常务会议通过了《关键信息基础设施安全保护条例》。"关键信息基础设施，是指公共通信和信息服务、能源、交通、水利、金融、公共服务、电子政务、国防科技工业等重要行业和领域的，以及其他一旦遭到破坏、丧失功能或者数据泄露，可能严重危害国家安全、国计民生、公共利益的重要网络设施、信息系统等。"

《关键信息基础设施安全保护条例》明确规定："运营者依照本条例和有关法律、行政法规的规定以及国家标准的强制性要求，在网络安全等级保护的基础上，采取技术保护措施和其他必要措施，应对网络安全事件，防范网络攻击和违法犯罪活动，保障关键信息基础设施安全稳定运行，维护数据的完整性、保密性和可用性。"运营者须"履行个人信息和数据安全保护责任，建立健全个人信息和数据安全保护制度"。

链接资源

关键信息基础设施安全保护条例（节选）
第三章 运营者责任义务

第十二条 安全保护措施应当与关键信息基础设施同步规划、同步建设、同步使用。

第十三条 运营者应当建立健全网络安全保护制度和责任制，保障人力、财力、物力投入。运营者的主要负责人对关键信息基础设施安全保护负总责，领导关键信息基础设施安全保护和重大网络安全事件处置工作，组织研究解决重大网络安全问题。

第十四条 运营者应当设置专门安全管理机构，并对专门安全管理机构负责人和关键岗位人员进行安全背景审查。审查时，公安机关、国家安全机关应当予以协助。

第十五条 专门安全管理机构具体负责本单位的关键信息基础设施安全保护

工作，履行下列职责：

（一）建立健全网络安全管理、评价考核制度，拟订关键信息基础设施安全保护计划；

（二）组织推动网络安全防护能力建设，开展网络安全监测、检测和风险评估；

（三）按照国家及行业网络安全事件应急预案，制定本单位应急预案，定期开展应急演练，处置网络安全事件；

（四）认定网络安全关键岗位，组织开展网络安全工作考核，提出奖励和惩处建议；

（五）组织网络安全教育、培训；

（六）履行个人信息和数据安全保护责任，建立健全个人信息和数据安全保护制度；

（七）对关键信息基础设施设计、建设、运行、维护等服务实施安全管理；

（八）按照规定报告网络安全事件和重要事项。

第十六条　运营者应当保障专门安全管理机构的运行经费、配备相应的人员，开展与网络安全和信息化有关的决策应当有专门安全管理机构人员参与。

第十七条　运营者应当自行或者委托网络安全服务机构对关键信息基础设施每年至少进行一次网络安全检测和风险评估，对发现的安全问题及时整改，并按照保护工作部门要求报送情况。

第十八条　关键信息基础设施发生重大网络安全事件或者发现重大网络安全威胁时，运营者应当按照有关规定向保护工作部门、公安机关报告。

发生关键信息基础设施整体中断运行或者主要功能故障、国家基础信息以及其他重要数据泄露、较大规模个人信息泄露、造成较大经济损失、违法信息较大范围传播等特别重大网络安全事件或者发现特别重大网络安全威胁时，保护工作部门应当在收到报告后，及时向国家网信部门、国务院公安部门报告。

第十九条　运营者应当优先采购安全可信的网络产品和服务；采购网络产品和服务可能影响国家安全的，应当按照国家网络安全规定通过安全审查。

第二十条　运营者采购网络产品和服务，应当按照国家有关规定与网络产品和服务提供者签订安全保密协议，明确提供者的技术支持和安全保密义务与责任，并对义务与责任履行情况进行监督。

第二十一条　运营者发生合并、分立、解散等情况，应当及时报告保护工作部门，并按照保护工作部门的要求对关键信息基础设施进行处置，确保安全。

资料来源：中华人民共和国中央人民政府官方网站

http://www.gov.cn/gongbao/content/2021/content_5636138.htm

（五）《网络数据安全管理条例》

为了规范网络数据处理活动，保障网络数据安全，促进网络数据依法合理有效利用，保护个人、组织的合法权益，维护国家安全和公共利益，根据《中华人民共和国网络安全法》《中华人民共和国数据安全法》《中华人民共和国个人信息保护法》等法律，2024 年 8 月 30 日，国务院第 40 次常务会议通过了《网络数据安全管理条例》。在中华人民共和国境内开展网络数据处理活动及其安全监督管理，均适用该条例。

《网络数据安全管理条例》为规范数据安全管理、数据处理活动等提供了有效遵循。"数据处理者处理个人信息，应当具有明确、合理的目的，遵循合法、正当、必要的原则。"并规定"互联网平台运营者应当建立与数据相关的平台规则、隐私政策和算法策略披露制度，及时披露制定程序、裁决程序，保障平台规则、隐私政策、算法公平公正"。

链接资源

网络数据安全管理条例（节选）
第二章　一般规定

第八条　任何个人、组织不得利用网络数据从事非法活动，不得从事窃取或者以其他非法方式获取网络数据、非法出售或者非法向他人提供网络数据等非法网络数据处理活动。

任何个人、组织不得提供专门用于从事前款非法活动的程序、工具；明知他人从事前款非法活动的，不得为其提供互联网接入、服务器托管、网络存储、通讯传输等技术支持，或者提供广告推广、支付结算等帮助。

第九条　网络数据处理者应当依照法律、行政法规的规定和国家标准的强制性要求，在网络安全等级保护的基础上，加强网络数据安全防护，建立健全网络数据安全管理制度，采取加密、备份、访问控制、安全认证等技术措施和其他必要措施，保护网络数据免遭篡改、破坏、泄露或者非法获取、非法利用，处置网络数据安全事件，防范针对和利用网络数据实施的违法犯罪活动，并对所处理网络数据的安全承担主体责任。

第十条　网络数据处理者提供的网络产品、服务应当符合相关国家标准的强制性要求；发现网络产品、服务存在安全缺陷、漏洞等风险时，应当立即采取补救措施，按照规定及时告知用户并向有关主管部门报告；涉及危害国家安全、公共利益的，网络数据处理者还应当在 24 小时内向有关主管部门报告。

第十一条　网络数据处理者应当建立健全网络数据安全事件应急预案，发生网络数据安全事件时，应当立即启动预案，采取措施防止危害扩大，消除安全隐患，并按照规定向有关主管部门报告。

网络数据安全事件对个人、组织合法权益造成危害的，网络数据处理者应当及时将安全事件和风险情况、危害后果、已经采取的补救措施等，以电话、短信、即时通信工具、电子邮件或者公告等方式通知利害关系人；法律、行政法规规定可以不通知的，从其规定。网络数据处理者在处置网络数据安全事件过程中发现涉嫌违法犯罪线索的，应当按照规定向公安机关、国家安全机关报案，并配合开展侦查、调查和处置工作。

第十二条　网络数据处理者向其他网络数据处理者提供、委托处理个人信息和重要数据的，应当通过合同等与网络数据接收方约定处理目的、方式、范围以及安全保护义务等，并对网络数据接收方履行义务的情况进行监督。向其他网络数据处理者提供、委托处理个人信息和重要数据的处理情况记录，应当至少保存3年。

网络数据接收方应当履行网络数据安全保护义务，并按照约定的目的、方式、范围等处理个人信息和重要数据。

两个以上的网络数据处理者共同决定个人信息和重要数据的处理目的和处理方式的，应当约定各自的权利和义务。

第十三条　网络数据处理者开展网络数据处理活动，影响或者可能影响国家安全的，应当按照国家有关规定进行国家安全审查。

第十四条　网络数据处理者因合并、分立、解散、破产等原因需要转移网络数据的，网络数据接收方应当继续履行网络数据安全保护义务。

第十五条　国家机关委托他人建设、运行、维护电子政务系统，存储、加工政务数据，应当按照国家有关规定经过严格的批准程序，明确受托方的网络数据处理权限、保护责任等，监督受托方履行网络数据安全保护义务。

第十六条　网络数据处理者为国家机关、关键信息基础设施运营者提供服务，或者参与其他公共基础设施、公共服务系统建设、运行、维护的，应当依照法律、法规的规定和合同约定履行网络数据安全保护义务，提供安全、稳定、持续的服务。

前款规定的网络数据处理者未经委托方同意，不得访问、获取、留存、使用、泄露或者向他人提供网络数据，不得对网络数据进行关联分析。

第十七条　为国家机关提供服务的信息系统应当参照电子政务系统的管理要求加强网络数据安全管理，保障网络数据安全。

第十八条　网络数据处理者使用自动化工具访问、收集网络数据，应当评估对网络服务带来的影响，不得非法侵入他人网络，不得干扰网络服务正常运行。

第十九条　提供生成式人工智能服务的网络数据处理者应当加强对训练数据

和训练数据处理活动的安全管理，采取有效措施防范和处置网络数据安全风险。

第二十条　面向社会提供产品、服务的网络数据处理者应当接受社会监督，建立便捷的网络数据安全投诉、举报渠道，公布投诉、举报方式等信息，及时受理并处理网络数据安全投诉、举报。

资料来源：中华人民共和国中央人民政府官方网站

https://www.gov.cn/zhengce/zhengceku/202409/content_6977767.htm

（六）《中华人民共和国电子商务法》

为了保障电子商务各方主体的合法权益，规范电子商务行为，维护市场秩序，促进电子商务持续健康发展，2018年8月31日，第十三届全国人民代表大会常务委员会第五次会议通过了《中华人民共和国电子商务法》。中华人民共和国境内的电子商务活动，均适用该法。《中华人民共和国电子商务法》对"电子商务"的概念进行了界定，"指通过互联网等信息网络销售商品或者提供服务的经营活动。"

《中华人民共和国电子商务法》明确指出："电子商务经营者从事经营活动，应当遵循自愿、平等、公平、诚信的原则，遵守法律和商业道德，公平参与市场竞争，履行消费者权益保护、环境保护、知识产权保护、网络安全与个人信息保护等方面的义务，承担产品和服务质量责任，接受政府和社会的监督。"

链接资源

中华人民共和国电子商务法（节选）
第二章　电子商务经营者
第一节　一般规定

第九条　本法所称电子商务经营者，是指通过互联网等信息网络从事销售商品或者提供服务的经营活动的自然人、法人和非法人组织，包括电子商务平台经营者、平台内经营者以及通过自建网站、其他网络服务销售商品或者提供服务的电子商务经营者。

本法所称电子商务平台经营者，是指在电子商务中为交易双方或者多方提供网络经营场所、交易撮合、信息发布等服务，供交易双方或者多方独立开展交易活动的法人或者非法人组织。

本法所称平台内经营者，是指通过电子商务平台销售商品或者提供服务的电子商务经营者。

第十条　电子商务经营者应当依法办理市场主体登记。但是，个人销售自产农副产品、家庭手工业产品，个人利用自己的技能从事依法无须取得许可的便民劳务活动和零星小额交易活动，以及依照法律、行政法规不需要进行登记的除外。

第十一条　电子商务经营者应当依法履行纳税义务，并依法享受税收优惠。

依照前条规定不需要办理市场主体登记的电子商务经营者在首次纳税义务发生后，应当依照税收征收管理法律、行政法规的规定申请办理税务登记，并如实申报纳税。

第十二条　电子商务经营者从事经营活动，依法需要取得相关行政许可的，应当依法取得行政许可。

第十三条　电子商务经营者销售的商品或者提供的服务应当符合保障人身、财产安全的要求和环境保护要求，不得销售或者提供法律、行政法规禁止交易的商品或者服务。

第十四条　电子商务经营者销售商品或者提供服务应当依法出具纸质发票或者电子发票等购货凭证或者服务单据。电子发票与纸质发票具有同等法律效力。

第十五条　电子商务经营者应当在其首页显著位置，持续公示营业执照信息、与其经营业务有关的行政许可信息、属于依照本法第十条规定的不需要办理市场主体登记情形等信息，或者上述信息的链接标识。

前款规定的信息发生变更的，电子商务经营者应当及时更新公示信息。

第十六条　电子商务经营者自行终止从事电子商务的，应当提前三十日在首页显著位置持续公示有关信息。

第十七条　电子商务经营者应当全面、真实、准确、及时地披露商品或者服务信息，保障消费者的知情权和选择权。电子商务经营者不得以虚构交易、编造用户评价等方式进行虚假或者引人误解的商业宣传，欺骗、误导消费者。

第十八条　电子商务经营者根据消费者的兴趣爱好、消费习惯等特征向其提供商品或者服务的搜索结果的，应当同时向该消费者提供不针对其个人特征的选项，尊重和平等保护消费者合法权益。

电子商务经营者向消费者发送广告的，应当遵守《中华人民共和国广告法》的有关规定。

第十九条　电子商务经营者搭售商品或者服务，应当以显著方式提请消费者注意，不得将搭售商品或者服务作为默认同意的选项。

第二十条　电子商务经营者应当按照承诺或者与消费者约定的方式、时限向消费者交付商品或者服务，并承担商品运输中的风险和责任。但是，消费者另行选择快递物流服务提供者的除外。

第二十一条　电子商务经营者按照约定向消费者收取押金的，应当明示押金退还的方式、程序，不得对押金退还设置不合理条件。消费者申请退还押金，符合押金退还条件的，电子商务经营者应当及时退还。

第二十二条 电子商务经营者因其技术优势、用户数量、对相关行业的控制能力以及其他经营者对该电子商务经营者在交易上的依赖程度等因素而具有市场支配地位的，不得滥用市场支配地位，排除、限制竞争。

第二十三条 电子商务经营者收集、使用其用户的个人信息，应当遵守法律、行政法规有关个人信息保护的规定。

第二十四条 电子商务经营者应当明示用户信息查询、更正、删除以及用户注销的方式、程序，不得对用户信息查询、更正、删除以及用户注销设置不合理条件。

电子商务经营者收到用户信息查询或者更正、删除的申请的，应当在核实身份后及时提供查询或者更正、删除用户信息。用户注销的，电子商务经营者应当立即删除该用户的信息；依照法律、行政法规的规定或者双方约定保存的，依照其规定。

第二十五条 有关主管部门依照法律、行政法规的规定要求电子商务经营者提供有关电子商务数据信息的，电子商务经营者应当提供。有关主管部门应当采取必要措施保护电子商务经营者提供的数据信息的安全，并对其中的个人信息、隐私和商业秘密严格保密，不得泄露、出售或者非法向他人提供。

第二十六条 电子商务经营者从事跨境电子商务，应当遵守进出口监督管理的法律、行政法规和国家有关规定。

第二节 电子商务平台经营者

第二十七条 电子商务平台经营者应当要求申请进入平台销售商品或者提供服务的经营者提交其身份、地址、联系方式、行政许可等真实信息，进行核验、登记，建立登记档案，并定期核验更新。

电子商务平台经营者为进入平台销售商品或者提供服务的非经营用户提供服务，应当遵守本节有关规定。

第二十八条 电子商务平台经营者应当按照规定向市场监督管理部门报送平台内经营者的身份信息，提示未办理市场主体登记的经营者依法办理登记，并配合市场监督管理部门，针对电子商务的特点，为应当办理市场主体登记的经营者办理登记提供便利。

电子商务平台经营者应当依照税收征收管理法律、行政法规的规定，向税务部门报送平台内经营者的身份信息和与纳税有关的信息，并应当提示依照本法第十条规定不需要办理市场主体登记的电子商务经营者依照本法第十一条第二款的规定办理税务登记。

第二十九条　电子商务平台经营者发现平台内的商品或者服务信息存在违反本法第十二条、第十三条规定情形的，应当依法采取必要的处置措施，并向有关主管部门报告。

第三十条　电子商务平台经营者应当采取技术措施和其他必要措施保证其网络安全、稳定运行，防范网络违法犯罪活动，有效应对网络安全事件，保障电子商务交易安全。

电子商务平台经营者应当制定网络安全事件应急预案，发生网络安全事件时，应当立即启动应急预案，采取相应的补救措施，并向有关主管部门报告。

第三十一条　电子商务平台经营者应当记录、保存平台上发布的商品和服务信息、交易信息，并确保信息的完整性、保密性、可用性。商品和服务信息、交易信息保存时间自交易完成之日起不少于三年；法律、行政法规另有规定的，依照其规定。

第三十二条　电子商务平台经营者应当遵循公开、公平、公正的原则，制定平台服务协议和交易规则，明确进入和退出平台、商品和服务质量保障、消费者权益保护、个人信息保护等方面的权利和义务。

第三十三条　电子商务平台经营者应当在其首页显著位置持续公示平台服务协议和交易规则信息或者上述信息的链接标识，并保证经营者和消费者能够便利、完整地阅览和下载。

第三十四条　电子商务平台经营者修改平台服务协议和交易规则，应当在其首页显著位置公开征求意见，采取合理措施确保有关各方能够及时充分表达意见。修改内容应当至少在实施前七日予以公示。

平台内经营者不接受修改内容，要求退出平台的，电子商务平台经营者不得阻止，并按照修改前的服务协议和交易规则承担相关责任。

第三十五条　电子商务平台经营者不得利用服务协议、交易规则以及技术等手段，对平台内经营者在平台内的交易、交易价格以及与其他经营者的交易等进行不合理限制或者附加不合理条件，或者向平台内经营者收取不合理费用。

第三十六条　电子商务平台经营者依据平台服务协议和交易规则对平台内经营者违反法律、法规的行为实施警示、暂停或者终止服务等措施的，应当及时公示。

第三十七条　电子商务平台经营者在其平台上开展自营业务的，应当以显著方式区分标记自营业务和平台内经营者开展的业务，不得误导消费者。

电子商务平台经营者对其标记为自营的业务依法承担商品销售者或者服务提供者的民事责任。

第三十八条　电子商务平台经营者知道或者应当知道平台内经营者销售的商

品或者提供的服务不符合保障人身、财产安全的要求，或者有其他侵害消费者合法权益行为，未采取必要措施的，依法与该平台内经营者承担连带责任。

对关系消费者生命健康的商品或者服务，电子商务平台经营者对平台内经营者的资质资格未尽到审核义务，或者对消费者未尽到安全保障义务，造成消费者损害的，依法承担相应的责任。

第三十九条　电子商务平台经营者应当建立健全信用评价制度，公示信用评价规则，为消费者提供对平台内销售的商品或者提供的服务进行评价的途径。

电子商务平台经营者不得删除消费者对其平台内销售的商品或者提供的服务的评价。

第四十条　电子商务平台经营者应当根据商品或者服务的价格、销量、信用等以多种方式向消费者显示商品或者服务的搜索结果；对于竞价排名的商品或者服务，应当显著标明"广告"。

第四十一条　电子商务平台经营者应当建立知识产权保护规则，与知识产权权利人加强合作，依法保护知识产权。

第四十二条　知识产权权利人认为其知识产权受到侵害的，有权通知电子商务平台经营者采取删除、屏蔽、断开链接、终止交易和服务等必要措施。通知应当包括构成侵权的初步证据。

电子商务平台经营者接到通知后，应当及时采取必要措施，并将该通知转送平台内经营者；未及时采取必要措施的，对损害的扩大部分与平台内经营者承担连带责任。

因通知错误造成平台内经营者损害的，依法承担民事责任。恶意发出错误通知，造成平台内经营者损失的，加倍承担赔偿责任。

第四十三条　平台内经营者接到转送的通知后，可以向电子商务平台经营者提交不存在侵权行为的声明。声明应当包括不存在侵权行为的初步证据。

电子商务平台经营者接到声明后，应当将该声明转送发出通知的知识产权权利人，并告知其可以向有关主管部门投诉或者向人民法院起诉。电子商务平台经营者在转送声明到达知识产权权利人后十五日内，未收到权利人已经投诉或者起诉通知的，应当及时终止所采取的措施。

第四十四条　电子商务平台经营者应当及时公示收到的本法第四十二条、第四十三条规定的通知、声明及处理结果。

第四十五条　电子商务平台经营者知道或者应当知道平台内经营者侵犯知识产权的，应当采取删除、屏蔽、断开链接、终止交易和服务等必要措施；未采取必要措施的，与侵权人承担连带责任。

> 第四十六条　除本法第九条第二款规定的服务外，电子商务平台经营者可以按照平台服务协议和交易规则，为经营者之间的电子商务提供仓储、物流、支付结算、交收等服务。电子商务平台经营者为经营者之间的电子商务提供服务，应当遵守法律、行政法规和国家有关规定，不得采取集中竞价、做市商等集中交易方式进行交易，不得进行标准化合约交易。
>
> 资料来源：全国人民代表大会官方网站
>
> http://www.npc.gov.cn/npc/c1773/c1848/c21114/c31834/c31841/201905/t20190521_266893.html

二、旅游行业大数据相关法规文件

（一）《在线旅游经营服务管理暂行规定》

为保障旅游者合法权益，规范在线旅游市场秩序，促进在线旅游行业可持续发展，依据《中华人民共和国旅游法》《中华人民共和国消费者权益保护法》《中华人民共和国网络安全法》《中华人民共和国电子商务法》《旅行社条例》等相关法律、行政法规，2020年7月20日，文化和旅游部部务会议审议通过了《在线旅游经营服务管理暂行规定》。在中华人民共和国境内提供在线旅游经营服务，均适用该规定。

《在线旅游经营服务管理暂行规定》对"在线旅游经营服务"作了具体界定，"指通过互联网等信息网络为旅游者提供包价旅游服务或者交通、住宿、餐饮、游览、娱乐等单项旅游服务的经营活动"。在线旅游经营者"是指从事在线旅游经营服务的自然人、法人和非法人组织，包括在线旅游平台经营者、平台内经营者以及通过自建网站、其他网络服务提供旅游服务的经营者。"平台经营者"是指为在线旅游经营服务交易双方或者多方提供网络经营场所、交易撮合、信息发布等服务的法人或者非法人组织"。平台内经营者"是指通过平台经营者提供旅游服务的在线旅游经营者"。

《在线旅游经营服务管理暂行规定》明确规定："在线旅游经营者提供在线旅游经营服务，应当遵守社会主义核心价值观的要求，坚守人身财产安全、信息内容安全、网络安全等底线，诚信经营、公平竞争，承担产品和服务质量责任，接受政府和社会的监督。"

其中有两条内容对"大数据"做出了具体规定：

"第六条　各级文化和旅游主管部门应当积极协调相关部门在财政、税收、金融、保险等方面支持在线旅游行业发展，保障在线旅游经营者公平参与市场竞争，充分发挥在线旅游经营者在旅游目的地推广、旅游公共服务体系建设、旅游大数据应用、景区门票预约和流量控制等方面的积极作用，推动旅游业高质量发展。"

"第十五条 在线旅游经营者不得滥用大数据分析等技术手段，基于旅游者消费记录、旅游偏好等设置不公平的交易条件，侵犯旅游者合法权益。"

（二）《文化和旅游统计管理办法》

为规范文化和旅游统计工作，加强文化和旅游统计管理，保障文化和旅游统计资料的真实性、准确性、完整性和及时性，将防范和惩治统计造假、弄虚作假纳入各级文化和旅游行政部门依法行政、依法履职责任范围，根据《中华人民共和国统计法》及其实施条例，结合文化和旅游统计工作实际，文化和旅游部制定了《文化和旅游统计管理办法》。

《文化和旅游统计管理办法》第二十六条规定："文化和旅游统计调查综合运用年度常规调查、抽样调查、重点调查、普查等方法，并充分开发利用行政记录和大数据。运用大数据进行调查时，要符合文化和旅游统计调查所采用的指标含义、分类目录和统计编码，相关计算方法要进行充分论证。"

【实施步骤】

步骤 1：了解《中华人民共和国网络安全法》《中华人民共和国数据安全法》《中华人民共和国个人信息保护法》《关键信息基础设施安全保护条例》《网络数据安全管理条例》《中华人民共和国电子商务法》等国家大数据法律法规文件。

步骤 2：了解《在线旅游经营服务管理暂行规定》《文化和旅游统计管理办法》等旅游行业大数据相关法规文件。

【能力拓展】

大数据"杀熟"：随着互联网的高速发展，大数据时代的来临，消费者一方面在享受便捷服务的同时，也面临着许许多多的陷阱。从旅行平台、电商平台、打车软件到外卖平台，不少互联网企业，都曾被曝光利用大数据"杀熟"。2021 年 2 月 7 日，《国务院反垄断委员会关于平台经济领域的反垄断指南》重磅出台，明确对大数据"杀熟"等行为进行约束和限制。

【同步训练】

任务：完成"掌握旅游大数据相关法律法规"。

目的：明确我国大数据相关法律文件及大数据在旅游行业中应用的相关规定。

要求：

①坚持数据价值导向，增强德法兼修的职业素养。

②在完成任务的过程中，小组成员应充分表达想法，发挥各自优势，形成团队合力。

【内容小结】

大数据正在成为旅游产业从高速度增长走向高质量发展的新动能，是游客消费决策和消费评价的重要因素，正在成为影响消费行为和品牌建构的关键指标。然而一些旅游经营者利用在线旅游平台的技术和服务优势，侵犯旅游者合法权益，扰乱市场秩序的情况时有发生。《中华人民共和国网络安全法》《中华人民共和国数据安全法》《中华人民共和国个人信息保护法》《关键信息基础设施安全保护条例》《网络数据安全管理条例》《中华人民共和国电子商务法》《在线旅游经营服务管理暂行规定》《文化和旅游统计管理办法》等为在线旅游市场的行为规范作出了明确而细致的规定。

【教学评价】

学生自评与互评如表 1-2-3 所示。

表 1-2-3　学生自评与互评

评价项目	评价内容		
学习纪律	1.出勤情况 2.遵守课堂纪律情况 3.学习主动性、积极性		
学习过程	1.预习与复习情况 2.跟随教师思路，理解授课内容与笔记情况 3.课堂参与情况 4.作业完成情况		
学习效果	1.课程所传授的知识与技能掌握程度 2.课程所传授的素质与思政目标达成程度 3.提出、分析、解决问题能力的提高程度		
姓名		班级	
自评等级	（　）A　（　）B　（　）C　（　）D		
互评等级	学生1：（　）A　（　）B　（　）C　（　）D 学生2：（　）A　（　）B　（　）C　（　）D 学生3：（　）A　（　）B　（　）C　（　）D		
提升思考			

【教学评价】

指导教师评价如表 1-2-4 所示。

表 1-2-4　指导教师评价

评价项目	评价内容
学习纪律	1.出勤情况 2.遵守课堂纪律情况 3.学习主动性、积极性
学习过程	1.预习与复习情况 2.跟随教师思路，理解授课内容与笔记情况 3.课堂参与情况 4.作业完成情况
学习效果	1.课程所传授的知识与技能掌握程度 2.课程所传授的素质与思政目标达成程度 3.提出、分析、解决问题能力的提高程度
指导教师		班级	
评价等级	（　）A　（　）B　（　）C　（　）D
提升建议	

【学生笔记】

学生笔记如表 1-2-5 所示。

表 1-2-5　学生笔记

任务名称	
学习日期	
指导教师	
学习记录： 　　　　　　　　　　　　　　　　　　　　　　　　　　记录人：	

任务三　调研旅游大数据分析平台

【任务导引】

　　近年来，我国旅游市场快速增长，在线旅游企业和旅游大数据平台的数量不断增多，方便了广大人民群众出游，促进了旅游消费，带动了行业发展。大数据将颠覆传统旅游产业的价值链，使以生产、采购为中心的生产模式向信息时代以旅游者为中心的生产模式转变。大数据的处理和分析技术能实时洞察旅游者的消费需求，将旅游者的消费意图及时反馈到旅游生产者手中。旅游者实际上介入了企业，驱动旅游组织价值链向智能化和柔性化方向转变，柔性化和个性化生产与消费将得到真正实现。大数据技术和旅游产业对接，将使旅游业迸发出前所未有的巨大影响力。

【学习目标】

　　1. 知识目标：了解我国旅游大数据分析平台的发展现状；掌握我国主要的旅游大数据分析平台的应用情况。

　　2. 能力目标：能够正确认识旅游大数据分析平台的作用；能够撰写旅游大数据分析平台调研报告。

　　3. 素质目标：具有"文旅担当、时代使命"的家国情怀；具有"行业洞察、前瞻布局"的战略眼光。

【任务书】

　　学习任务书如图表 1-3-1 所示。

表 1-3-1　学习任务书

姓名		班级	
所在小组		指导老师	
任务名称	调研旅游大数据分析平台		
任务内容及要求： 1.任务内容 （1）掌握我国旅游大数据分析平台发展现状相关知识储备内容 （2）明确我国主要的旅游大数据分析平台的应用情况 （3）进行任务同步训练——调研旅游大数据分析平台			

2.要求

（1）高质量完成全部学习任务

（2）以小组形式完成任务同步训练

（3）同步训练成果在规定时间内提交至教学平台

进度安排：

1.课前预习　　　　年　　　月　　　日

2.课堂学习　　　　年　　　月　　　日，第　　节

3.笔记整理　　　　年　　　月　　　日

4.作业提交　　　　年　　　月　　　日

5.其　　他　　　　年　　　月　　　日

【任务分组】

本次学习任务为"调研旅游大数据分析平台"，5~6 人为一组，共同完成任务同步训练，各小组力求发挥成员优势，全员参与，高质量完成学习任务。学习任务分配如表 1-3-2 所示。

表 1-3-2　学习任务分配

班级		组号		指导老师	
组长		学号		任务分工	
组员1		学号		任务分工	
组员2		学号		任务分工	
组员3		学号		任务分工	
组员4		学号		任务分工	
组员5		学号		任务分工	

【知识储备】

随着网络技术和信息技术的飞速发展，旅游业作为第三产业的重要组成部分也正走在逐步转型的道路上。旅游大数据分析平台充分运用物联网、云计算、移动通信、信息处理、数据挖掘、数据分析等先进技术收集各种旅游资源信息，并对旅游资源信息进行最大限度的开发利用，以更加及时、准确、智能的方式为旅游者、旅游企业、旅游管理机构提供各种信息服务和应用。

旅游大数据分析平台通过对自有数据和外部数据的融合，实现对客流量、游客来源地、游客属性、游客消费能力、交通出行方式以及实时客流分布的分析；通过大数据分析报告、API、SaaS 等方式，帮助旅游主管部门、景区、旅游公司等提升开放区域的接待、安置和疏导能力、潜客识别能力及精准营销能力。

一、天翼云旅游大数据平台

（一）产品功能简介

1. 客流量分析

按月 / 按天等统计省 / 市 / 景区的客流量、流入量、流出量，分析变化趋势；分析游客景点游玩、住宿、消费场所的分布特征；根据出行距离和目的地停留时间分析游客的停留规律。

2. 来源地分析

通过景区移动用户数据，分析出景区游客来源地构成情况。可根据归属地和常驻地按省和市进行游客来源地分析。根据游客职住地行为规律判断游客常驻地并建立模型。

3. 属性分析

通过景区移动用户数据，分析出景区游客构成情况，包括性别、年龄、民族等分类。数据采自 CRM 系统，来源真实准确。

4. 消费分析

分析游客出行交通方式；分析游客终端及价格；分析游客电信消费能力；分析游客刷卡能力；分析游客消费场所特征；综合分析游客消费潜力指数。

5. 景区热图

直观热图展示；实时客流量监控；某时段内总客流量分布热度分析；获取信令数据 OIDD 判断位置信息；15 分钟更新频率；去除本地人和过路人。

（二）应用场景

1. 实时监测，预测预警，挖掘规划

通过对旅游景区进行实时客流监测，及时掌握客流分布及密度。根据历史游客量变化对景区的游客趋势进行预测及预警，挖掘热门景点，规划热门旅游线路。

2. 画像分析

通过对游客属性、来源地、出行工具、住宿及消费等分析，洞察游客画像，挖掘游客多方面行为特征，揭示旅游规律及因素关系、游客商业影响力，提高区域商业影响力。

3. 助力扶贫，履行责任

响应国家精准扶贫政策，在清华大学及文化和旅游部的指导下，通过数据分析，发展旅游经济，助力旅游扶贫。

4. 量身定制，以小见大

可分析黄金周或小长假旅游数据指标，并可视化数据，结合旅游行业特点，加工为专业旅游咨询报告，及时进行潜客挖掘及市场营销。

二、智慧文旅大数据分析平台——百度地图慧眼

智慧文旅大数据分析平台是百度地图面向文旅管理部门、景区、涉旅企业打造的一款游客洞察分析平台。该平台以 SaaS 形式，为用户提供客流分析、营销决策分析、潜客分析、景区评价等多维度数据分析服务，助力实现智能化监管和多维度精细化运营，高效赋能旅游产业融合发展。

（一）产品功能简介

1. 客流分析

通过对客流实时监测、对历史数量与客流热力分布进行分析，整体把握景区游客密度，实现景区流量监测，确保景区平稳、有予地运行，实现"限量、错峰"，提高旅游统计的时效性、科学性和精准性。

2. 游客画像分析

通过对游客画像进行分析，掌握不同城市或景区游客人群特征，以便科学地调整景区基础设施和周边布局，强化品牌引领，提升文旅目的地营销成效。

3. 消费分析

通过对游客消费进行分析，实现智能化监管服务，促进景区商业化进程，提升城市整体旅游体验。

4. 交通分析

通过对景区周边区域和道路的拥堵指数、拥堵速度、拥堵距离分析，掌握景区周边交通状况，辅助景区 / 文旅监管部门做基础设施规划和游客疏解，引导旅游资源优化配置。

（二）应用场景

1. 全域旅游

着眼全域旅游资源管理，构筑城市文旅大脑，为文化旅游监管部门（省 / 市州 / 区县）提供科学的决策依据。

2. 智慧景区

构筑多维度、精细化运营，助力景区数字化升级，强化品牌引领。

3. 游客服务

聚焦个性化需求，打造吃住行游购娱一键游，全方位服务游客。

【实施步骤】

步骤 1：确定调研课题。

步骤2：设计调查方案。

步骤3：收集资料。

步骤4：整理与分析资料。

步骤5：撰写调查研究报告。

【能力拓展】

常用调研方法：

①实地观察法。调查者通过实地观察获得直接、生动的感性认识和真实可靠的第一手资料。但该方法所观察到的往往是事物的表面现象或外部联系，带有一定的偶然性，且受调查者主观因素影响较大，因此，不能进行大样本观察，需结合其他调查方法共同使用。通常适用于对那些不能够、不需要或不愿意进行语言交流的情况进行调查。

②访谈调查法。该法是比实地观察法更深一层次的调查方法，能获得更多、更有价值的信息，适用于调查的问题比较深入，调查的对象差别较大，调查的样本较小，或者调查的场所不易接近等情况，包括个别访谈法、集体访谈法、电话访谈法等。但由于访谈标准不一，其结果难以进行定量研究，且访谈过程耗时长、成本较高、隐秘性差、受周围环境影响大，难以大规模进行。

③会议调查法。这种方法是访谈调查法的扩展和延伸，因为其简便易行，所以在调查研究工作中比较常用。通过邀请若干调查对象以座谈会的形式来搜集资料、分析和研究社会问题。最突出的优点是工作效率高，可以较快地了解到比较详细、可靠的社会信息，节省人力和时间。但由于这种做法不能完全排除被调查者之间的社会心理因素影响，调查结论往往难以全面反映真实的客观情况。且受时间条件的限制，很难做深入细致地交谈，调查的结论和质量在很大程度上受调查者自身因素影响。

④问卷调查法。即间接的书面访问，该法最大优点是能突破时空的限制，在广阔的范围内，对众多的调查对象同时进行调查。适用于对现实问题、较大样本、较短时期、相对简单的调查，被调查对象应有一定文字理解能力和表达能力，如对某地区农村党员教育培训情况调查、中小学教师队伍科研现状的调查等。由于问卷调查法只能获得书面的社会信息，而不能了解到生动、具体的社会情况，不能代替实地考察，特别是对那些新事物、新情况、新问题的研究，应配合其他调查方法共同完成。

⑤专家调查法。这是一种预测方法，即以专家作为索取信息的对象，依靠其知识和经验，通过调查研究，对问题做出判断和评估。最大优点是简便直观，特别适用于缺少信息资料和历史数据，而又较多地受到社会的、政治的、人为的因素影响的信息分析与预测课题。广泛应用于对某一方案做出评价，或对若干个备选方案评价，排出相对名次，选出最优者；对达到某一目标的条件、途径、手段及它们的相对重要程度做出估计等。

⑥抽样调查法。指按照一定方式，从调查总体中抽取部分样本进行调查，并用所得结果说明总体情况。它最大的优点是节约人力、物力和财力，能在较短的时间内取得相对准确的调查结果，具有较强的时效性。组织全面调查范围广、耗时长、难度大，常采用抽样调查的方法进行检查和验证。比如开展全省党风廉政建设社会民意调查、流动党员现状社会调查等。局限性在于抽样数目不足时会影响调查结果的准确性。

⑦典型调查法。指在特定范围内选出具有代表性的特定对象进行调查研究，借以认识同类事物的发展变化规律及本质的一种方法。在调查样本太大时，可以采用此种方法。但必须注意对象的选择，要准确地选择对总体情况比较了解、有代表性的对象，如某地级市开展对区县市农村党员致富情况的调查，应选取经济发展较快、农村党员致富能力较强的区县市作为典型调查对象。

⑧统计调查法。通过分析固定统计报表的形式，把下边的情况反映上来的一种调查方法。由于统计报表的内容是比较固定的，适用于分析某项事物的发展轨迹和未来走势，如通过党员统计年报表，可以分析出某地全年党员的发展、转接、流动等情况，并能分析出比上年同期增减情况，还可对下一步趋势做出预测。运用统计调查法，特别应注意统计口径要统一，以统计部门的数字为准，报表分析和实际调查相结合，不能就报表进行单纯分析。如某一个数据大幅度上升或下降的原因，报表中难以反映出来，只有通过实际调查才能形成完整概念。

⑨文献调查法。通过对文献的搜集和摘取，以获得关于调查对象信息的方法。适用于研究调查对象在一段时期内的发展变化，研究角度往往是探寻一种趋势，或弄清一个演变过程。这种方法能突破时空的限制，进行大范围地调查，调查资料便于汇总整理和分析。同时，还具有资料可靠、用较小的人力物力收到较大效果等优点。但它往往是一种先行的调查方法，一般只能作为调查的先导，而不能作为调查结论的现实依据。

【同步训练】

任务：完成"调研旅游大数据分析平台"。

目的：明确我国主要的旅游大数据分析平台的应用情况。

要求：

①坚持数据价值导向，增强德法兼修的职业素养。

②在完成任务的过程中，小组成员应充分表达想法，发挥各自优势，形成团队合力。

【内容小结】

在现代通信新技术的应用支撑下，在大数据的基础上，采用结构化系统，构建一个资源统筹、信息贯通、应用丰富的综合服务平台，以创新旅游管理、优化旅游资源利用、改善旅游体验、提升旅游服务。

【教学评价】

学生自评与互评如表 1-3-3 所示。

表 1-3-3　学生自评与互评

评价项目	评价内容		
学习纪律	1.出勤情况 2.遵守课堂纪律情况 3.学习主动性、积极性		
学习过程	1.预习与复习情况 2.跟随教师思路，理解授课内容与笔记情况 3.课堂参与情况 4.作业完成情况		
学习效果	1.课程所传授的知识与技能掌握程度 2.课程所传授的素质与思政目标达成程度 3.提出、分析、解决问题能力的提高程度		
姓名		班级	
自评等级	（　）A　（　）B　（　）C　（　）D		
互评等级	学生1：（　）A　（　）B　（　）C　（　）D 学生2：（　）A　（　）B　（　）C　（　）D 学生3：（　）A　（　）B　（　）C　（　）D		
提升思考			

【教学评价】

直到教室评价如表 1-3-4 所示。

表 1-3-4　指导教师评价

评价项目	评价内容
学习纪律	1.出勤情况 2.遵守课堂纪律情况 3.学习主动性、积极性
学习过程	1.预习与复习情况 2.跟随教师思路，理解授课内容与笔记情况 3.课堂参与情况 4.作业完成情况

评价项目	评价内容		
学习效果	1.课程所传授的知识与技能掌握程度 2.课程所传授的素质与思政目标达成程度 3.提出、分析、解决问题能力的提高程度		
指导教师		班级	
评价等级	（　）A　（　）B　（　）C　（　）D		
提升建议			

【学生笔记】

学生笔记如表 1-3-5 所示。

表 1-3-5　学生笔记

任务名称	
学习日期	
指导教师	

学习记录：

记录人：

模块二　旅游大数据收集与采集

模块导读

在了解旅游大数据分析的基础上，我们开始学习旅游大数据收集与采集。旅游工作会同步产生大量的数据信息，有来自旅游企业供应和销售的数据，也有来自游客的点评和消费数据。对旅游企业经营和管理而言，存在大数据收集与采集需求。旅游大数据的采集是一项系统工程，需要根据采集目的，按照一定的计划、步骤和方法来执行。旅游数据收集与采集工作实施之前需要做好数据采集计划，为数据采集来源、渠道、标准、数据存储与管理方案等一系列操作做出安排部署。在收集与采集实施过程中，需要充分考虑数据的标准化与合理化，充分利用不同采集方法和采集渠道之长，减少数据漏项等对数据收集与采集后续工作的影响。因此，本模块学习任务包括制定旅游数据采集计划、熟悉常见涉旅数据采集、熟悉互联网数据智能采集、了解基于Python 的数据采集等内容。

模块导图

任务一　制订旅游数据采集计划

任务二　熟悉常见涉旅数据采集

模块二　旅游大数据收集与采集

任务三　熟悉互联网智能数据采集

任务四　了解基于Python的数据采集

任务一　制订旅游数据采集计划

【任务导引】

随着旅游产业的持续发展，旅游数据急速生成和累积，依托移动互联网、物联网、区块链和云服务等技术，大量数据得以精准记录和存储。在旅游需求、旅游供给、旅游行政管理与服务等各个层面，均需要采集和挖掘旅游数据价值。例如，旅游需求方面，根据中国互联网络信息中心数据，我国互联网普及率达71.6%，网民中使用手机上网的比例为99.6%。他们对旅游产品的消费偏好有哪些？更乐意接受哪种形式的旅游产品介绍？旅游供给方面，随着国家政策、人民消费偏好的不断演化，旅游新模式、新产品不断涌现，旅游目的地项目开发、旅游产品设计等都有赖于对数据的深层次挖掘和运用。旅游行政管理与服务方面，需要对旅游饭店、旅游景区、旅行社的动态调整进行实时监测，对游客投诉信息进行处理等。因此，为进行旅游需求分析、旅游供给分析、旅游行政管理与服务等特定任务，需要制订科学、合理的旅游数据采集计划。

【学习目标】

1. 知识目标：了解制订旅游数据采集计划的作用；掌握制定旅游数据采集计划的工作重点。

2. 能力目标：能够独立分析数据采集需要和业务问题；能够制订数据采集计划，并不断完善数据采集计划。

3. 素质目标：激发"活用工具、拓展边界"的创新精神；养成"合法合规、诚信采集"的职业素养。

【任务书】

学习任务书如表2-1-1所示。

表2-1-1　学习任务书

姓名		班级	
所在小组		指导老师	
任务名称	制订旅游数据采集计划		
任务内容及要求： 1.任务内容 （1）掌握旅游数据采集计划知识储备内容			

续表

（2）明确制订旅游数据采集计划的实施步骤
（3）进行任务同步训练——制订给定任务的数据采集计划
2. 要求
（1）高质量完成全部学习任务
（2）以小组形式完成任务同步训练
（3）同步训练成果在规定时间内提交至教学平台

进度安排：
1.课前预习　　　　年　　　月　　　日
2.课堂学习　　　　年　　　月　　　日，第　　节
3.笔记整理　　　　年　　　月　　　日
4.作业提交　　　　年　　　月　　　日
5.其　　他　　　　年　　　月　　　日

【任务分组】

本次学习任务为"制订旅游数据采集计划"，建议 5~6 人为一组，共同完成任务同步训练，各小组力求发挥成员优势，全员参与，高质量完成学习任务。学习任务分配表如表 2-1-2 所示。

表 2-1-2　学习任务分配

班级		组号		指导老师	
组长		学号		任务分工	
组员1		学号		任务分工	
组员2		学号		任务分工	
组员3		学号		任务分工	
组员4		学号		任务分工	
组员5		学号		任务分工	

【知识储备】

按照上海棕榈电脑系统有限公司 2021 年 4 月发布的《旅游大数据分析职业技能等级标准》（中级、高级）要求，"能够结合实际业务需求，独立制订合理的旅游数据采集计划"。进一步梳理，对于该条标准可以拆分为两个板块：一个板块是旅游业务需求，可以扩展到旅游消费者需求、旅游企业业务问题、旅游行政管理部门需求等多个维度；另一个板块是制订旅游大数据采集计划，这个计划必须是科学、合理的，经得起实践检验的。

一、旅游业务需求

旅游大数据采集计划是针对旅游企业具体业务或旅游行政管理部门主要需求而制订的。需求和供给相互依存，在进行旅游企业业务问题剖析和旅游行政管理部门需求分析的同时，对旅游消费者需求的分析也同等重要。

（一）旅游消费者需求

通过旅游大数据采集，捕捉到旅游消费者需求变化是一项典型的旅游数据采集与收集工作。当旅游外在环境和产业内部条件发生变化时，旅游消费者需求可能会发生一定程度的变化。我们将其总结为三种类型：

1. 需求增加

这里的需求是指有效需求，也就是说消费者有购买的愿望和购买的能力。当政策变化、突发事件、产业技术革新、产品创新或相关产业带动等情况发生时，旅游消费者需求可能会表现出增加的情况。2017 年 8 月 8 日，四川省北部阿坝州九寨沟县发生 7.0 级地震，九寨沟核心景区遭到不同程度破坏，景区随即停止接待游客。旅游消费者在短期调整后，将旅游出行的目光投向了四川省甘孜州稻城亚丁等旅游资源，一定程度上促使稻城亚丁等旅游景区旅游者消费需求激增。

链接资源

携程旅游发布成都人出游意愿
省内稻城亚丁排名第一（节选）

作者：稻城亚丁景区管理局　分类：政务新闻

日期：2017 年 9 月 16 日

"十一"黄金周马上就要到了，今年中秋、"十一"撞档，连成了最长的国庆假日。素来喜欢耍的成都人将如何度过黄金周？日前，携程旅游基于百万级用户预订出行数据，发布《2017 十一黄金周成都市民出游报告》。报告显示，黄金周成都市民出游意愿旺盛，出游意愿达到 7 成以上。

成都人黄金周出游意愿超 7 成

今年"十一"黄金周，是史上最长的黄金周，请 1 天假可以连休 9 天、请 6 天假可以连休 16 天，在多重利好因素影响下，成都人国庆出游意愿旺盛，特别是国内、出境长线游火爆。

根据携程旅游对成都用户的黄金周出境意愿调查，70% 以上成都市民国庆有出游意愿，出境游、国内游、周边游都有涉及。而携程旅游截至 9 月 15 日的跟团自由行预订数据显示，60% 的成都人选择出境游，不过未来两周内，国内游预订热度还将持续。

"我们 7 月中旬就已经定了去英国的行程了，这次假期特别长，人民币兑英镑的汇率也比较好，就和朋友计划了出游行程。现在签证已经下来了，就等国庆出游了。"在成都一家公司做财务的黄小姐表示，国庆期间她预订了携程旅游的"英国苏格兰＋英格兰 10 日 8 晚跟团游"，打算领略英伦独特风情。

而市民陈先生的"十一"度假计划还分"上下半场"，9 月 30 日先和家人去海南来个"三亚 5 日 4 晚的自由行"，紧接着马上转回省内，和朋友一起去稻城亚丁赏秋色。10 月 10 日才回去上班。

受九寨地震影响，"十一"黄金周来成都的游客会减少

2016 "十一"黄金周，成都作为最热门的目的地之一，接待游客近 1200 万人次。旅游专家预计，受此前地震影响，黄金周九寨沟旅游全部暂停。而以往黄金周赴四川旅游的游客，有 60% 以上走的是"成都＋九寨沟线"。

携程国内旅游专家介绍，代替"成都＋九寨沟线路"，2017 年携程成都＋四姑娘山、成都＋稻城、成都＋峨眉山线路预订人数有比较明显的增长，同比增长 30%~40%。

资料来源：稻城亚丁景区官网
https://cn.yadingtour.com/e-news/news/200-2019-11-14-08-41-09

2. 需求减少

当政策变化、突发事件等情况发生时，旅游消费者需求同样可能会表现出减少的情况。2020 年新冠疫情暴发，旅游业一度趋于停滞。随着新冠疫情逐渐得到控制，沉寂的旅游业也开始复苏了。杭州、南京、成都等知名旅游城市陆续开放旅游景区，全国各地超过 1000 家景区对医护人员免费开放，尽管如此，从全球经济和我国旅游业发展情况来看，当年国内旅游人次比上年下降 50% 以上，旅游消费者有效需求降幅巨大。

链接资源

2020年文化和旅游发展统计公报发布

发布时间：2021-07-05 08:15   来源：中国旅游报   编辑：李晓霞

为进一步向国内外全面客观展示我国文化建设和旅游发展成就，充分发挥统计数据客观性、简洁性、权威性特点，文化和旅游部近日发布《2020 年文化和旅游发展统计公报》（以下简称《公报》）。

《公报》选取现行统计年报中的部分核心数据，并充分利用了文化和旅游部行

政管理记录以及国家统计局等部门正式发布数据，全方位、多角度地直观展现了2020年我国文化建设和旅游发展全貌，为社会各界了解我国文化和旅游发展情况提供重要参考。

《公报》显示，截至2020年年末，全国各类文化和旅游单位34.16万个，比上年末减少0.63万个。艺术表演团体17581个，比上年末减少214个；全年演出观众人次8.93亿，下降27.4%。公共图书馆3212个，比上年末增加16个；图书总藏量11.79亿册，增长6.1%；全年全国公共图书馆总流通人次5.41亿，比上年下降39.9%。群众文化机构43687个，比上年末减少386个；全年共组织开展各类文化活动192.65万场次，比上年下降21.4%；服务56327.04万人次，下降28.4%。全年国内旅游人次28.79亿，比上年下降52.1%。文物机构11314个，比上年末增加752个；全年接待观众61631.70万人次，比上年下降53.2%。2020年全国文化和旅游事业费1088.26亿元，比上年增加23.51亿元，增长2.1%；全国人均文化和旅游事业费77.08元，比上年增加1.01元，增长1.3%。

资料来源：中华人民共和国文化和旅游部官网

https://www.mct.gov.cn/whzx/whyw/202107/t20210705_926196.htm

3. 需求呈趋势性变化

在未受到突发事件等因素的直接和关联影响下，旅游消费者需求具有一定的趋势性变化特征。纵观2011—2019年我国旅游业主要发展指标，国内旅游人次和出境旅游人次呈现稳步增长，旅游消费者有效需求持续释放。

链接资源

中华人民共和国文化和旅游部
2019年文化和旅游发展统计公报（节选）

发布时间：2020-06-20 09:39

来源：文化和旅游部政府门户网站　编辑：李晓霞

2019年，在党中央、国务院坚强领导下，全国文化和旅游系统坚持以习近平新时代中国特色社会主义思想为指导，全面贯彻党的十九大和十九届二中、三中、四中全会精神，不断增强"四个意识"，坚定"四个自信"，做到"两个维护"，坚持新发展理念，坚持以人民为中心的工作导向，坚持稳中求进的工作总基调，坚持和完善繁荣发展社会主义先进文化的制度，不断推进文化和旅游领域治理体系和治理能力现代化，以高质量发展为目标，以文化和旅游融合发展为主线，以改革创新为动力，着力提供优秀文化产品和优质旅游产品，我国文化建设和旅游发展再上新的台阶。

2019 年国内旅游市场和出境旅游市场稳步增长，入境旅游市场基础更加牢固。全年国内旅游人数 60.06 亿人次，比上年同期增长 8.4%；入境旅游人数 14531 万人次，比上年同期增长 2.9%；出境旅游人数 15463 万人次，比上年同期增长 3.3%；全年实现旅游总收入 6.63 万亿元，同比增长 11.1%。

2011—2019 年旅游业主要发展指标

年份（年）	国内旅游人数（亿人次）	国内旅游收入（亿元）	入境旅游人数（万人次）	入境旅游收入（亿美元）	出境旅游人数（万人次）	旅游总收入（万亿元）
2011	26.41	19305	13542	484.64	7025	2.25
2012	29.57	22706	13241	500.28	8318	2.59
2013	32.62	26276	12908	516.64	9819	2.95
2014	36.11	30312	12850	1053.80	10728	3.73
2015	39.90	34195	13382	1136.50	11689	4.13
2016	44.35	39390	13844	1200.00	12203	4.69
2017	50.01	45661	13948	1234.17	13051	5.40
2018	55.39	51278	14120	1271.03	14972	5.97
2019	60.06	57251	14531	1313.00	15463	6.63

资料来源：中华人民共和国文化和旅游部官网
http://zwgk.mct.gov.cn/zfxxgkml/tjxx/202012/t20201204_906491.html

因此，旅游企业和旅游行政管理部门进行数据采集时，需要充分考虑到旅游消费者需求的影响因素和需求变动情况，并调整重点采集数据，做出相应的业务调整和服务跟进。

（二）旅游企业业务问题

旅游消费者需求变动最终汇集到旅游企业业务问题，包括其对相关数据的采集、管理、分析和业务应用。受到政策、技术革新、突发事件和相关产业带动等因素影响，旅游企业迅速组织调研、分析，并适时做出业务调整。企业能够根据业务数据变化适时进行调整，被认为是企业创新能力和可持续发展能力的体现，也是企业进行自我研判的重要依据。例如，周边游的逐渐盛行给旅游企业带来积极信号，各大旅游企业迅速抢滩周边游市场。

中青旅联合体"接盘"古北水镇股权

蒋梦惟

2019 年 03 月 15 日 07:36　来源：北京商报

这一轮中青旅联合体"接盘"京能集团 10% 古北水镇股权的事情终于落下帷幕。3 月 14 日晚间，中青旅控股股份有限公司（以下简称"中青旅"）发布公告称，北京市商务局已批复同意北京能源集团有限责任公司（以下简称"京能集团"）将其所持的北京古北水镇旅游有限公司（以下简称"古北水镇"）5.1613%股权转让给中青旅，将所持的古北水镇 4.8387% 股权转让给珠海嘉伟士杰股权投资合伙企业（有限合伙）（以下简称"嘉伟士杰"）。至此，中青旅、嘉伟士杰与京能集团签署的产权交易合同正式生效。

2018 年 11 月 2 日，京能集团再次准备"转手"古北水镇股权，挂牌转让股权比例为 10%，转让底价 8.5 亿元，价款支付方式为一次性支付。当月底，中青旅公告称拟联合嘉伟士杰共同参与受让京能集团公开转让的古北水镇 10% 股权。股权转让完成后，京能集团持股比例从 20% 降至 10%，变为第五大股东。

2019 年 2 月 26 日晚间，中青旅又发布关于拟参与受让古北水镇股权项目的进展公告。根据公告，当日中青旅、嘉伟士杰与京能集团正式签署合同，成为古北水镇 10% 股权项目的最终受让方，受让价为 8.5 亿元，与挂牌转让底价持平，中青旅受让股权比例为 5.1613%。在本次股权受让交易完成前，中青旅作为古北水镇第一大股东，合计持股 41.29%，加上原本持有的股权，目前中青旅所持古北水镇股权比例仍不足 50%。

资料来源：人民网

http://travel.people.com.cn/n1/2019/0315/c41570-30976943.html

中青旅全力参与乡村振兴

侯梦迪

2021 年 04 月 23 日 09:08　来源：人民网—人民日报海外版

在北京近日召开的以"文旅赋能 乡村振兴"为主题的服务乡村振兴发布会上，中青旅表示，将发挥 40 年深耕文旅综合优势，全力参与乡村振兴。

中青旅党委书记、董事长康国明表示，乡村振兴是旅游央企承担的光荣使命。中青旅将着力从产业振兴、人才振兴、文化振兴等三大路径全力参与，形成富有使命担当的中青旅方案。一是围绕产业振兴，大力发展"中央厨房＋订单农业＋

优质团餐"完整业态。在县域建立"中央厨房"，连接辖区内的订单农业，为辖区内的学校、医院、机关、企事业单位提供高性价比的优质团餐业务，特别是在特殊场景下的应急物资保障作用，打造县域市场化、专业化、职业化的商业模式。二是围绕人才振兴，充分借助对口帮扶机制，系统实施研学旅行，特别是在连接城乡方面，一方面组织更多的城市的孩子走进民族地区、落后地区、欠发达地区、边远地区等，把消费留在当地，支持城市的孩子形成对国情更深刻的认识和观察；另一方面帮助农村的孩子、落后地区的孩子，走出大山，到城市来感受现代的生活文明，更多体会社会的关爱。三是围绕文化振兴，推动"一部手机游中国"智慧文旅发展。中青旅将利用乡村优质的农副产品、有价值的文创产品等消费场景，借助互联网手段，向都市、国外以及更大范围的客群精准营销，架起都市和乡村的有效桥梁和纽带。特别是中青旅将发挥综合优势，结合入境出境业务、线上线下业务、中青旅联盟合作等有效工作机制，衔接中国光大集团金融赋能效应，共同形成中青旅版本特色文旅平台。

为更好以文旅综合赋能，落实中青旅服务乡村振兴战略，为乡村振兴提供强有力的专业支持和咨询保障，中青旅与中国青少年发展基金会、中国外文局教育培训中心、江苏省新沂市、河北省蔚县、湖南省新化县等 5 家机构签署战略合作协议，发挥各自领域专业优势，拓展乡村振兴合作空间，打造乡村振兴样板。

资料来源：人民网

http://gs.people.com.cn/n2/2021/0423/c366766-34690856.html

（三）旅游行政管理部门需求

旅游行政管理部门是旅游市场的服务者和协调者，既有常规的数据采集任务，又有受到政策、技术革新、突发事件等因素影响所进行的数据研判和指标调整。

链接资源

2021年文化和旅游发展统计公报发布

发布时间：2022 年 07 月 01 日

为进一步向国内外全面客观展示我国文化建设和旅游发展成就，充分发挥统计数据客观性、简洁性、权威性特点，近日，文化和旅游部正式发布《中华人民共和国文化和旅游部 2021 年文化和旅游发展统计公报》（以下简称《公报》）。

《公报》选取现行统计年报中的部分核心数据，并充分利用了文化和旅游部行政管理记录以及国家统计局等部门正式发布数据，全方位、多角度地直观展现了

2021年我国文化建设和旅游发展全貌，为社会各界了解我国文化和旅游发展情况提供重要参考。

《公报》显示，截至2021年年末，纳入统计范围的全国各类文化和旅游单位32.46万个，比上年末减少1.70万个；从业人员484.41万人，比上年末减少11.89万人。全年国内旅游总人次32.46亿，同比增长12.8%；国内旅游收入（旅游总消费）2.92万亿元，同比增长31.0%。文物机构10545个，比上年末减少769个；全年接待观众84590.57万人次，比上年增长37.3%。2021年，全国文化和旅游事业费1132.88亿元，比上年增加44.62亿元，增长4.1%；全国人均文化和旅游事业费80.20元，比上年增加3.12元，增长4.0%。

下阶段，文化和旅游部将继续编发一系列统计产品，更好地为社会各界提供全面优质的统计服务。

资料来源：中华人民共和国文化和旅游部官网

http://zwgk.mct.gov.cn/zfxxgkml/zcfg/zcjd/202207/t20220701_934437.html

新冠疫情以来，旅游产业发展受到重创，文化演艺、博物馆、图书馆消费等在一定程度上替代了跨区域旅游的消费需求，而出境旅游和入境旅游还在有序恢复中，不能充分反映国家或地区旅游产业发展水平。因此，在以上《公报》的数据采集和表达中，强调了文化产业数据，未表达入境旅游和出境旅游数据。

总之，坚持数据价值导向，以对传统旅游数据和大数据价值挖掘从而赋能旅游服务、营销和管理为目的，通过分析需求或业务问题，才能更好地制订数据采集计划。

二、旅游数据采集计划构架

数据采集，又称数据获取，指利用采集工具或设备，收集和获取各种数据的过程。

旅游数据采集计划是在数据采集目标的指引下，在一定的时间、人力、物力和财力等条件基础上，拟定数据采集范围、采集方法、采集内容和数据更新等内容。旅游数据采集计划框架如下。

（一）采集目标

旅游数据采集目标是横向融合旅游产业信息资源，达到数据采集的目的。同时，保证旅游数据信息资源的准确性、及时性和开放性，从而挖掘数据价值，实现数据信息资源的共享。

（二）采集人员和时限

结合旅游数据采集工作实际需要，明确旅游数据采集工作的人员要求，对数据采集的总时长进行界定。数据采集人员需要对具体的业务内容和工作进度有充分的了解，能够利用系统接口、填报平台等按照时间节点科学、合理、准确地采集数据。对于数据采集的总时长，一般由业务工作的周期来决定。

（三）采集范围

根据采集目的设置采集范围。例如，全国旅游要素基础数据项的采集，采集内容包括但不局限于：旅游景区（尤其是国家 5A 级、4A 级旅游景区）、旅游饭店、旅行社、旅游交通以及其他旅游相关信息。

采集数据类型为常规数据信息，也包含图片、视频、音频等多媒体数据信息。

（四）采集方式

1. 手工输入

基于 WPS 等常用办公软件完成静态数据报表设置，进行手工输入。若为对外采集数据，需要制定规范表格，发送至相关企业或部门，待相关企业或部门收齐数据后，及时收回报表。

2. 在线平台填报

依托互联网、云存储等技术，建立旅游数据信息填报系统，通过网络快速获取和及时更新旅游信息。

3. 接口或中间件

通过接口与现有主要的信息化系统进行对接，完成数据采集和维护、更新。使各地区可以把辖区内景区、酒店、旅行社等要素信息整合到旅游基础数据库中并且进行定期或者实时更新、维护。

4. 网上数据抓取

充分利用互联网资源，从互联网上获取各类相关信息，通过搜索引擎、互联网智能采集工具和编程软件实现数据的自动抓取，审核后存入数据库。

（五）采集内容

对旅游要素基础数据项的采集包含的数据内容广泛，采用面向不同的问题和项目的分类方法对采集的数据进行分类归纳。例如，旅游目的地可以从经济发展、旅游资源、旅游项目、旅游活动、旅游管理部门、旅游投资企业等方面进行数据采集。

（六）数据更新

根据数据特性，涉旅数据分为动态信息数据和静态信息数据两种类型。旅游景区名称和所在行政区域等，一般不经常发生变化，此类信息属于静态信息数据；旅游收入和游客人数等随时都可能发生变化，在国庆黄金周等旅游旺季的每日动态都具有重要的数据采集价值，此类信息需要及时、按需更新，以保证数据的准确性和适用性，此类信息属于动态信息数据。更新审核是重要的工作内容，需按照"谁采集（提供）、谁负责，谁审核、谁负责"的原则进行分级管理，责任落实到位。

（七）成本预算

根据旅游数据采集工作实际需要，对一定时限内的数据采集工作成本进行核定，包括数据获取成本、设备费用、人员经费等内容。

（八）保障措施

在旅游数据采集工作中可能会遇到数据采集失败等风险，因此，需要明确支撑项目、资金、组织与人员等保障措施，保障数据采集计划落地实施。

【实施步骤】

步骤1：深度分析旅游数据采集需求，明确数据采集目的和目标。

步骤2：根据数据采集需求罗列旅游数据指标或指定数据范围。

步骤3：结合实际确定旅游数据采集方式。

步骤4：进行数据采集的可行性分析，确定数据采集内容。在旅游数据采集范围内，根据指标的重要性将数据指标从高到低依次排序。主要考虑从数据的可获取性、数据获取的稳定性、数据获取的成本三个方面进行分析。通过分析，确定具体任务的采集数据指标。

步骤5：分类别写出数据更新的时间设定。

步骤6：计算旅游数据采集的成本。

步骤7：明确旅游数据采集计划的保障措施，要求简明扼要、扎实有力。

步骤8：按照给定的旅游数据采集计划框架顺序形成完整的旅游数据采集计划。

【能力拓展】

甘特图是基于作业顺序目的，将活动与时间联系起来的最早尝试之一。甘特图内在思想简单，即以图示的方式通过活动列表和时间刻度形象地表示出任何特定项目的活动顺序与持续时间。基本是一张线条图，横轴表示时间，纵轴表示活动（项目），线条表示在整个期间上计划和实际的活动完成情况。它直观地表明任务计划在什么时候进行，及实际进展与计划要求的对比。可以通过甘特图对旅游数据采集计划做进一步的表达（图 2-1-1）。

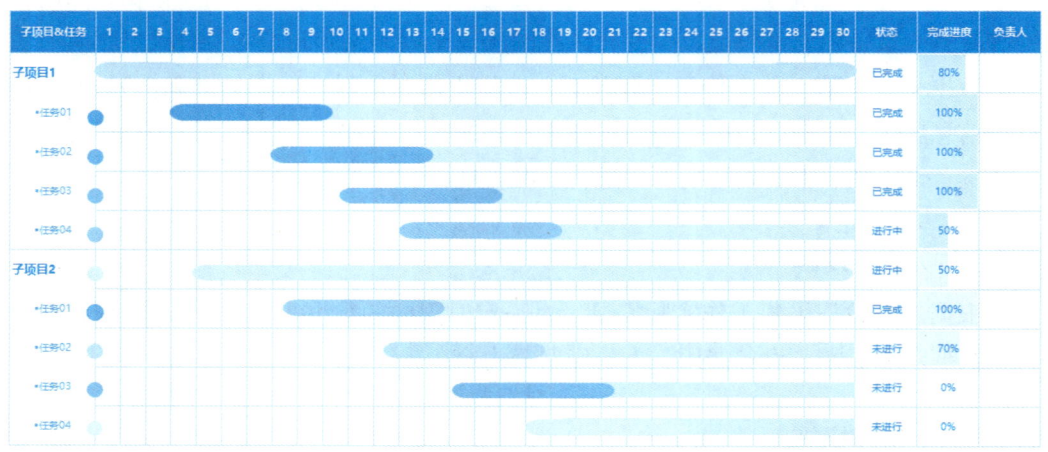

图 2-1-1　某旅游数据采集计划甘特图

【同步训练】

任务：完成"成都旅游发展水平数据采集计划"。

目的：掌握旅游数据采集计划步骤，能够制订旅游数据采集计划。

要求：

①严格按照制订旅游数据采集计划的八大步骤执行。

②在形成完整采集计划的过程中，小组成员应充分表达想法，发挥各自优势，形成团队合力。

③采集计划制订之前，需要对数据的可获取性、数据获取的稳定性、数据获取的成本进行分析，最终形成"成都旅游发展水平数据采集计划"。

【内容小结】

旅游数据采集计划的制订，主要分为需求分析和目标确定、确定数据采集范围、确定数据采集方式、确定数据采集内容、设定数据更新时间、计算数据采集成本、明确保障措施、形成完整采集计划八大步骤，每个步骤环环相扣，均需保证完成质量。

旅游数据采集计划是后续数据整理、数据分析及可视化呈现的基础，但是执行旅游数据采集计划后，不一定能够得到正确的数据分析结果。因此，当旅游数据采集计划实施后，可能需要对部分数据采集进行调整，以便开启下一轮采集计划。

【教学评价】

学生自评与互评如表 2-1-3 所示。

表 2-1-3　学生自评与互评

评价项目	评价内容		
学习纪律	1.出勤情况 2.遵守课堂纪律情况 3.学习主动性、积极性		
学习过程	1.预习与复习情况 2.跟随教师思路，理解授课内容与笔记情况 3.课堂参与情况 4.作业完成情况		
学习效果	1.课程所传授的知识与技能掌握程度 2.课程所传授的素质与思政目标达成程度 3.提出、分析、解决问题能力的提高程度		
姓名		班级	
自评等级	（　）A（　）B（　）C（　）D		
互评等级	学生1：（　）A（　）B（　）C（　）D 学生2：（　）A（　）B（　）C（　）D 学生3：（　）A（　）B（　）C（　）D		
提升思考			

【教学评价】

指导教师评价如表 2-1-4 所示。

表 2-1-4　指导教师评价

评价项目	评价内容
学习纪律	1.出勤情况 2.遵守课堂纪律情况 3.学习主动性、积极性
学习过程	1.预习与复习情况 2.跟随教师思路，理解授课内容与笔记情况 3.课堂参与情况 4.作业完成情况

续表

评价项目	评价内容		
学习效果	1.课程所传授的知识与技能掌握程度 2.课程所传授的素质与思政目标达成程度 3.提出、分析、解决问题能力的提高程度		
指导教师		班级	
评价等级	（　）A　（　）B　（　）C　（　）D		
提升建议			

【学生笔记】

学生笔记如表 2-1-5 所示。

表 2-1-5　学生笔记

任务名称	
学习日期	
指导教师	
学习记录：	

记录人：

任务二　熟悉常见涉旅数据采集

【任务导引】

现代数据采集技术源于计算机技术的不断发展，进入 21 世纪，随着互联网技术的高速发展，人们的生活发生了重大转变，与数据相关的一切都如雨后春笋般涌现。我们今天所说的数据采集，主要指从互联网资源中获取数据，同时也包括通过在线调查工具采集数据、将纸质文件转化为电子数据等。例如，不同消费者有不同的需求偏好，消费者本身是旅游数据的重要来源之一；旅游企业留存的内部纸质资料，旅游企业考察得到的外部纸质资料，也是重要的数据来源。因此，为采集以上类别数据，需要熟悉在线调查工具采集数据的流程，能够将纸质文件转化为电子数据加以保存，能够准确找出文旅产业监测平台的数据项。

【学习目标】

1. 知识目标：掌握在线调查工具采集数据的流程；了解成都职业技术学院旅游大数据实训系统基本功能和数据项。

2. 能力目标：能够独立运用在线工具收集和采集数据；能够准确、规范地将纸质文件转化为电子数据。

3. 素质目标：激发"活用工具、拓展边界"的创新精神；养成"合法合规、诚信采集"的职业素养。

【任务书】

学习任务书如表 2-2-1 所示。

表 2-2-1　学习任务书

姓名		班级	
所在小组		指导老师	
任务名称	熟悉常见涉旅数据采集		
任务内容及要求： 1. 任务内容 （1）掌握常见涉旅数据旅游知识储备内容 （2）明确用在线调查工具进行调查设计、实施和统计的步骤			

续表

（3）进行任务同步训练——借助在线调查工具，收集所在地大学生旅游偏好的数据
2.要求
（1）高质量完成全部学习任务
（2）以小组形式完成任务同步训练
（3）同步训练成果在规定时间内提交至教学平台

进度安排：
1.课前预习 　　　　年　　月　　日
2.课堂学习 　　　　年　　月　　日，第　节
3.笔记整理 　　　　年　　月　　日
4.作业提交 　　　　年　　月　　日
5.其　　他 　　　　年　　月　　日

【任务分组】

本次学习任务为"熟悉常见涉旅数据采集"，建议5~6人为一组，共同完成任务同步训练，各小组力求发挥成员优势，全员参与，高质量完成学习任务。学习任务分配表如表2-2-2所示。

表2-2-2　学习任务分配

班级		组号		指导老师	
组长		学号		任务分工	
组员1		学号		任务分工	
组员2		学号		任务分工	
组员3		学号		任务分工	
组员4		学号		任务分工	
组员5		学号		任务分工	

【知识储备】

按照上海棕榈电脑系统有限公司2021年4月发布的《旅游大数据分析职业技能等级标准》（中级）要求，"能够借助常用的办公软件（如Word、Excel等）、相关数据软件，独立将线下纸质文件中的数据信息转化为电子数据。""能够了解旅游监管软件相关的基本功能、核心管理逻辑和流程，筛选出旅游分析所需要的数据项。""能够通过在线调查工具（如问卷星等）进行在线问卷设计；独立进行在线调研、调研统计。"《旅游大数据分析职业技能等级标准》（高级）要求，"能够借助常用的办公软件（如Word、Excel等）、相关数据软件，将线下纸质文件中的数据信息转化为电子数据。""能够了解旅游监管软件相关的基本功能、核心管理逻辑和流程，筛选出旅游分析所需要的数据项。""熟练掌握旅游监管软件相关的功能、管理逻辑和流程，有效筛选出旅游

分析所需要的数据项，了解旅游监管的主要职能和监管软件业务流程、旅游行业管理专业知识。"对标该职业标准内容，本部分内容分为数据源及其分类、运用在线调查工具收集数据、将纸质文件转化为电子数据和基于文旅产业监测平台采集数据。

一、数据源及其分类

（一）数据来源

旅游行业的产业综合程度高，涉及交通、房地产、餐饮等领域，同时信息高度密集，游客、管理者、运营者等行业参与者皆处于一种高度活跃的数据产生状态。在大数据快速发展的背景下，旅游行业的数据源得到迅速的扩展。根据数据产生的地理空间区别可分为本地数据和外部数据两大类。

（二）数据分类

1. 本地数据

本地数据主要包括目的地及景区自有数据、本地设备收集数据、本地系统日志三部分。

目的地及景区自有数据是基于门票预售系统、游客 GPS、射频识别技术（Radio Frequency Identification，RFID）、景区 Wi-Fi 连接情况等产生的数据，可生成分析图表、景区客流动态趋势，对景区内滞留人数进行实时统计和监控。一方面，便于管理人员对客流量进行管控和疏导，预防安全事故；另一方面，可为景区线路合理规划，设置信息服务点、紧急避难所以及景区精准营销提供依据。这些数据中，有一种数据是来自对消费者的调查数据，能够反映消费者的偏好。

本地设备收集数据指除以上渠道通过传感器获取的数据。传感器，即物联网的"五官"，用于采集各类信息并转换为特定信号的器件，可以采集身份标识、运动状态、地理位置、姿态、压力、温度、湿度、光线、声音、气味等信息。广义的传感器包括传统意义上的敏感元器件、RFID、条形码、二维码、雷达、摄像头、读卡器、红外感应元件等。传感器除了用于监测空气污染、噪声和其他环境条件，还会在垃圾箱需要清空或路灯烧坏、关掉时有所指示。埋在路面下的传感器可检测露天停车位，将信息转发至安装有数字显示器的主要路口，帮助引导司机寻找最近的停车位。另外，游客可以使用智能手机，利用位于旅游景点、商店、公交车站等处由光学和无线标签组成的"增强现实"系统，方便地在线获得关于这些地点的各类相关信息。

本地系统日志是记录系统中硬件、软件和系统问题的信息，同时可以监视系统中发生的事件。采集相关日志，一方面，可以通过分析用户访问情况，提升系统的性能，从而提高系统的承载量，及时发现系统承载瓶颈；另一方面，可以方便技术人员进行系统优化。很多互联网企业都有自己的海量数据采集工具，多用于系统日志采集，如 Hadoop 的 Chukwa、Cloudera Flume Facebook 的 Scribe 等。这些数据采集工具均采用分布式架构，能满足每秒数百兆字节的日志数据采集和传输需求。日志采集需要服务运维开放权限供操作者访问服务集群或主控软件。得益于技术的发展，现今一般企业对外开放的日志信息都是已经采集好并实时同步输入数据库的结构化数据，操作者仅需访问服务方提供的开放接口即可。

2. 外部数据

外部数据主要包括通信运营商数据、互联网在线数据、市政公共服务数据、其他行业（非本地）数据。同时，对于旅游企业而言，文旅产业监测平台数据也是其外部数据。

（1）通信运营商数据

通信运营商是固定电话、移动电话和互联网接入的提供者，是移动终端入口的掌握者。这两项功能的背后蕴含的上亿级别客户不间断产生的数据流量，是业界公认的一座金矿。

通信运营商数据具有实时、连续、准确的特点，用户因通信行为产生的数据就成为通信运营商的数据源。通信运营商的数据源包括实名制的身份数据、用户实时的上网行为、实时的位置数据，以及基于通信的社交数据，等等。比如用户在使用手机的过程中，主动或被动都能触发的信令事件，通过对这些信令事件发生的时间、地点进行搜集，能够真切地反映出用户的时空行为活动，而信令数据的连续性，也使得利用其进行长期观测研究成为可能。

与其他数据来源相比，通信运营商数据具有数据体量大且维度全面、数据准确性高、数据具有连续和可追溯性的优势。通过对游客客源、游客行为、旅行轨迹、景区交通等进行分析，运营商大数据可以提供游前旅游趋势预测及智慧营销、旅游中的人流量监控及预警、游后客源分析的全生命周期旅游大数据产品和服务，为旅游管理和旅游营销提供决策支持。

（2）互联网在线数据

互联网在线数据主要来源于以 BAT（百度、阿里巴巴、腾讯）为代表的互联网公司，和以携程、途牛为代表的 OTA（Online Travel Agency，在线旅行社），以及以微博为代表的社交网络平台。

BAT 旅游大数据三家各有千秋。百度拥有基于用户搜索行为的需求数据，阿里巴巴掌握着交易以及信用数据，腾讯则掌握着社交关系数据。

百度搜索引擎平均每天搜索量可以达到上百亿次，大量的游客搜索数据构成了百度的大数据。同时，用户每一次通过百度地图进行定位、导航，数据都会被存储、记录，另外，百度旗下产品还包括百度糯米、手机百度、百度输入法、百度新闻等。因此百度大数据更加侧重于搜索数据及 LBS（Location Based Service，基于位置的服务）

定位数据等。基于百度自身的海量数据资源，针对旅游行业百度推出了多项旅游大数据产品，包括游客画像、客流管理、搜索分析等。

阿里巴巴的数据主要基于淘宝、天猫等购物网站，以及高德地图、优酷、阿里云等平台产品。通过掌握游客的购物行为，阿里巴巴可以获取用户的消费数据，以及用户属性、收入水平、消费偏好等。

腾讯凭借微信、QQ 两大优势产品，并通过这两个平台沉淀了海量的用户社交数据、消费数据、用户属性、社会关系、性格禀赋等。目前，腾讯在旅游大数据领域的旅游大数据平台开发、客流迁徙等方面进行了拓展。

OTA 平台包括携程、美团、同程、途牛等互联网企业，积累了大量的用户数据，包括酒店、机票、景区门票、旅行社等的交易和用户操作数据，基于这些数据可以挖掘用户消费水平、消费偏好等信息，描绘用户画像。目前，OTA 平台的旅游大数据主要应用在政府营销及产业监管方面。

微博旅游大数据源于大量的 UGC（User Generated Content，用户原创内容）和用户行为，包括搜索、阅读、转发、评论、点赞、关注以及基于 LBS 的微博签到。旅游者发布微博时经常会附上一定的文本信息，通过自然语言处理技术能够对这些文本信息进行挖掘，同时微博签到数据包含大量的人群分布和人群移动的时空数据。这些数据可用于分析舆情、旅游营销影响力研究、用户偏好兴趣等。

（3）市政公共服务数据

市政公共服务数据是通过整合各类政府业务数据、社会数据、视频图像数据，形成的基础信息资源库、主题库、专题库，用以提升城市运行管理、政务信息服务、综合管理决策和应急指挥等四大综合能力，为各类应用提供种类丰富的数据支撑，增强基于大数据的城市运行监测、综合分析、预警预测、辅助决策等能力，全面提升城市智能化管理水平，打造城市管理新模式。在社会管理中，通过采集驾驶员手机的 GPS 数据，可分析出当前哪些道路正在堵车，交警部门可以及时发布道路交通提醒；通过采集汽车的 GPS 数据，可分析城市的哪些区域停车较多、有着较为活跃的人群，这些数据对于分析预测旅游旺季重大群体性事件非常重要。

（4）其他行业（非本地）数据

除互联网、OTA 以外的其他行业同样是旅游大数据的重要来源。例如，中国民航信息网络股份有限公司（以下简称"中航信"），为中国航空公司提供航空信息技术服务、结算及清算、系统集成服务和数据网络服务，也是全球第四大 GDS（Global Distribution System，全球分销系统）旅游分销系统提供商，拥有全球最大的 BSP（Billing and Settlement Plan，开账与结算计划）数据处理中心，为国内航空公司和 300 余家外国及地区航空公司提供电子旅游分销，拥有 3000 万注册用户。"中航信"根据航班票务数据，对目的地客流量进行预测，对游客客源地和出行方式分析统计，刻画游客画像，为旅客提供准确、方便、快捷的预订酒店、订车等个性化、智能化的服务。与之类似的数据机构还包括中石油、银联卡、医院等，它们都依托各自业务掌握大量与旅游产业具有弱关联属性的用户数据，可以为旅游大数据所用。

总之，内部数据由本企业或本部门产生并存储，在数据采集的过程中，主要是做好事先规划，设定好承载内部系统的基本功能、字段和数据项等，若为客户调查，需要设计好调查问卷，以便采集到需要的数据。外部数据是其他单位形成、总结的数据，需要结合数据特点、数据采集成本等多方面因素进行数据采集。

二、运用在线调查工具收集数据

在线调查一般指网络调查，是通过互联网平台发布问卷，由上网的消费者自行选择填答的调查方法。在互联网日益普及的背景下网络调查是经常采用的调查方法，其主要优势是访问者与被访者可以互动，即访问者可以即时浏览调查结果。从样本来源角度看，网络调查可以在更为广泛的范围内对更多的人进行数据收集，资料庞大，同时调查中主要的误差包括抽样、对目标总体的覆盖程度以及测量误差等。随着移动互联网技术的发展，网上调查将从一股新生力量向主流形式发展，并将最终取代传统的入户调查和街头随时访问等调查方式。在合理设计调查问卷和实施调查的前提下，能够适时收集到客户群体的偏好数据和满意度数据。

（一）常见的在线调查工具

1. 问卷星

问卷星是一个专业的在线问卷调查、考试、测评、投票平台，专注于为用户提供功能强大、人性化的在线设计问卷、采集数据、自定义报表、调查结果分析等系列服务。2019年8月，有才天下猎聘斥8.27亿元收购网上问卷调查平台问卷星。

与传统调查方式和其他调查网站或调查系统相比，问卷星具有快捷、易用、低成本的明显优势，已经被大量企业和个人广泛使用。不同版本问卷星的自主服务功能有所区别：

免费版——完全免费，无限期使用，适合学生或个人用户，可用于各类公开的在线调查、投票、评选、测试、报名、信息登记等。

企业版——适合企业、咨询公司、政府机关、高校教师及科研机构。可用于满意度调查、市场调查、人才测评、民意调查、科研课题。支持考试高级功能，如题库抽题、考试时间控制等。

尊享版——适合企业、咨询公司、政府机关、高校教师及科研机构。可使用360评估、企业内部多用户管理、答题者体系、消息回复等功能。

旗舰版——适合企业、咨询公司、政府机关、高校教师及科研机构。在尊享版的基础上提供丰富的 API 接口，可与系统打通，提供数据云地化部署。

2. 问卷网

问卷网是由上海众言网络科技有限公司创办，是中国的免费网络调查平台，能够为企业或个人提供问卷创建、发布、管理、收集及分析服务。

问卷网具有以下几个特点：用户可在线设计调查问卷，并可自定义主题；拥有多种调查问卷模板，简单修改即能制作一份调查问卷；支持十余种常见题型，专业逻辑跳转功能保证用户快速完成调研流程；多渠道、多方式推送发布，快速到达样本，便捷收获调研数据；提供图形分析界面，并支持导出为 Excel 文件。

3. 腾讯问卷

腾讯问卷，是腾讯公司推出的完全免费专业的在线问卷调查平台。提供多种方式创建问卷，简单高效的编辑方式，强大的逻辑设置功能，专业的数据统计和样本甄别，让用户轻松开启调研工作。是撰写调研报告、写论文、市场调查、用户调查等的重要工具。产品优势包括：

（1）完全免费使用，无任何限制

腾讯问卷是一个完全免费的在线调研平台，用 QQ 号就可以直接登录使用，无论是数十人的小型问卷调查，还是上万、十万的企业问卷调查，都可以通过该平台完成，没有使用人数和问卷回收数量的限制。

（2）界面简洁轻量，容易上手

腾讯问卷最大的特色是界面简洁轻量，简单好用。无须复杂的操作，只要利用拖拉、点选等方式即可轻松创建、编辑一份完整的线上问卷，非常容易上手。

（3）模板丰富专业，创建方式灵活

腾讯问卷根据用户使用习惯，提供选择模板、文本导入、创建空白问卷三种问卷创建方式，其中腾讯问卷提供的模板均为行业专业问卷模板，文本导入只需使用规范的题目格式即可批量导入问卷，并实现可视化效果。

（4）多终端自适应，问卷投放灵活

腾讯问卷除在 PC 端使用，还可以在移动端（手机、平板等）自适应，只需将问卷链接或者二维码投放到目标地址，用户就可以随时随地填写问卷。

（5）数据实时在线统计，专业快速

腾讯问卷可以实时在线统计问卷，回收数据，并以图表形式展示结果，还可以将结果导出 Excel 进行个性化分析，同时，能够直接在线上进行交叉和筛选分析，只需选择相应的交叉或者筛选条件即可在线查看分析结果，功能强大。

（二）在线调查步骤

1. 确定目标

互联网是企业与顾客有效的沟通渠道。企业可以充分利用该渠道直接与顾客进行沟通，了解企业的产品和服务是否满足顾客的需求，同时了解顾客对企业潜在的期望和改进的建议。在确定网上直接调查目标时，企业需要考虑的是被调查对象是否上网，网民中是否存在着被调查群体，规模有多大。只有网民中的有效调查对象足够多时，网上调查才可能得出有效结论。

2. 确定方法

网上直接调查方法主要是问卷调查法，因此设计网上调查问卷是网上直接调查的关键。由于互联网交互机制的特点，网上调查可以采用调查问卷分层设计。这种方式可以借助层次的过滤寻找适合的回答者，适合过滤性的调查活动，因为有些特定问题只限于一部分调查者。

3. 选择方式

被动调查方法是网上直接调查时采取较多的方法，将调查问卷放到网站等待被调查对象自行访问和接受调查。因此，吸引访问者参与调查是关键，为提高访问者参与的积极性可提供免费礼品等。另外，必须向被调查者承诺并且做到有关个人隐私的任何信息不会被泄露和传播。

4. 分析结果

分析结果是市场调查能否发挥作用的关键。可以说，与传统调查的结果分析类似，也要尽量排除不合格的问卷，这就需要对大量回收的问卷进行综合分析和论证。

5. 撰写调查报告

撰写调查报告是在线调查的最后一步，也是调查成果的体现。撰写调查报告主要是在分析调查结果基础上对调查的数据和结论进行系统的说明，并对有关结论进行探讨性的说明。

（三）在线调查的注意事项

利用互联网进行在线调查的确具有很多优点，比如快速、方便、费用低、不受时间和地理区域限制等。另外，由于不需要和用户进行面对面的交流，也避免了当面访谈可能造成的主持人倾向误导，或者被访问者顾及对方面子而不好意思选择不利于企业的问题。尽管在线调查有其优越的一面，但也有一定的缺陷，主要表现在调查表的设计、样本的数量和质量、个人信息保护等因素的影响。

1. 在线调查表的设计

在大多数情况下，无论采取什么调查方法，设计相应的调查表并预先进行测试是必不可少的，而且调查表设计水平的高低直接关系到调查结果的质量。由于在线调查占用被访问者的上网时间，在设计上应该简洁玥了，尽可能减少填写表单的时间和上网费用（如果一份问卷需要 10 分钟以上的时间，相信多数人没有这种耐心），避免被访问者产生抵触情绪而拒绝填写或者敷衍了事。

2. 样本的数量

样本的数量难以保证也许是在线调查最大的局限之一。如果没有足够数量的样本，调查结果就不能反映总体的实际状况，也就没有实际价值。足够的访问量是一个网站进行在线调查的必要条件之一。

3. 样本的质量

由于在线调查的对象仅限于上网的用户，从网民中随机抽样取得的调查结果可能与消费者总体之间有误差。另外，用户地理分布的差别和不同网站拥有特定的用户群体也是影响调查结果的不可忽视的因素。

4. 个人信息保护

为了尽量在人们不反感的情况下获取足够的信息，在线调查应尽可能避免调查最敏感的资料，如住址、家庭电话、身份证号码等。

5. 被调查者的因素

被调查者提供信息的真实性直接影响到在线调查结果的准确性。所以，对于网上被调查者的某些信息（尤其是个人信息）的真实性和准确度要大打折扣。

6. 建立信息分析处理体系

信息收集后必须能有效地处理。最好是由专人完成信息收集与处理的工作，用数据库将信息组织管理，以备将来查询。若为邮件收取的形式收集问卷，在调查过程中，经常会收到很多垃圾邮件；在网上查到的资讯有些不是很准确，比如说同行业网上公开的信息很多带有水分，所以必须当作客户去了解才可得到比较准确的信息。因此一个高效的信息分析处理系统非常重要。

三、将纸质文件转化为电子数据

在办公过程中经常要接触各种文件。有的文件是纸质版的，需要将纸质版的文件扫描成电子版的，以便数据提取与管理。在文件数量少、人力足够的情况下，可以手动将纸质文件输入至 Word、Excel 等中。如果纸质文件数量较多，且为常规性工作，可采用打印机扫描功能进行扫描，或使用具备扫描功能的手机 App 进行扫描。

（一）使用打印机扫描功能

打印机、扫描仪和一体机是旅游主管部门和旅游企业常用的办公设备之一，其中，大部分设备均具备扫描功能。以佳能 DR–S150 为例，进行功能介绍。

1. 扫描任务从用户的计算机或扫描仪触摸板执行

该扫描仪可以直接通过 Wi-Fi 或有线局域网连接，并可以在同一网络上的任何计算机上操作。用户可以在办公室的任何地方工作，甚至可以使用自己的智能设备。在扫描仪上，用户可以使用大幅面彩色触摸屏的直观界面。只需触摸屏幕上显示的任务标题，就可以选择并执行所需的操作。这个扫描仪通过消除人为错误，将办公室的协作任务顺利完成，因此即使不熟悉其操作的人也可以立即开始工作。

2. 轻松使用多种设备

用户可以从计算机操作扫描仪和发送扫描数据到指定的文件夹或应用程序。另外，用户可以从该智能设备上直接下载扫描数据到另一台智能设备上，或者在其他设备之间共享数据。

3. 任务可以在扫描仪中全部完成

使用扫描仪的触摸面板来选择和执行在网络上的计算机或智能设备上注册的任务。任务完成后不需要回到计算机前。另外，用户可以指定一个用于存储数据的共享文件夹，这样用户就可以在扫描仪上完成所有的扫描工作，而无须使用计算机。

（二）使用手机 App 扫描功能

在移动办公的情况下，如何便捷、高效地完成纸质文件扫描显得十分必要。目前，市面上能够实现扫描功能的手机 App 不断涌现，有扫描全能王、扫描宝等。以扫描全能王为例，进行功能介绍。

1. 用手机扫描文件

手机拍纸质文档，智能去除杂乱背景，生成高清 JPEG、PDF 文件。默认自动扫描，对准纸质文档自动拍照，解放双手。支持多种图像优化模式，可手动调节图像参数，将纸质文件快速转为清晰的扫描件。

2. 图片转文字神器

智能 OCR 识别文字，即使搜索对象是图片，也能输入关键词轻松定位，高亮显示。支持识别中、英、日、韩、葡、法等 41 种语言，还能一键复制、编辑图片上的文字，支持导出为 Word/Text 格式。

3. 个人文档管家

支持一键导入 PDF、图片、表格等多类型电子文档；标签归类，多文件夹保存，一站式管理保存工作、学习、生活中各类资料。手机、平板、计算机等多设备端，随时同步查看管理文档。

4.PDF 文件编辑修改

自由组合 PDF 文档，对多个文件进行页面删除、顺序调整、插入支持、页面合并等操作。支持一键涂抹、添加批注，轻松编辑文档；高级账户还能设置智能水印铺满，一键生成电子签名等功能，确保文档安全。

5.PDF 文件格式转换

PDF、Word、Excel、PPT 和图像文档之间格式互相转换，一键分享或下载到本地；格式转换后可保持文本、图像等文档的原始布局，实现版面还原。

（三）纸质文件转化为电子数据的注意事项

1. 确保纸质文件的质量可靠

纸质文件转化为电子数据，需要查清纸质文件是否为正确的文件。纸质文件来源不一，有通过外部获取的文件，有管理部门或企业内部存储的文件。在对纸质文件进行转化时，需要明确文件出处，对文件内容的准确性进行排查，确保出处可查。

转化过程中，如果为手动输入或者用工具提取文字，需要对转化后的电子数据进行检查、核对，确保数据收集准确无误。

2. 正确存储电子数据

若是将电子数据存在 Word、Excel 等文档中，首先应确定电子数据命名规则，如"原文件名 + 日期 + 录入人"，然后根据命名规则规范命名，以便存储和查找。

四、利用旅游大数据分析平台采集数据

随着大数据技术的不断普及，不仅在旅游目的地城市设置有大数据中心，而且在各高职院校也结合教学实际进行了旅游大数据实训系统打造。成都职业技术学院在"十三五"期间即打造了旅游大数据分析平台（图 2-2-1）。

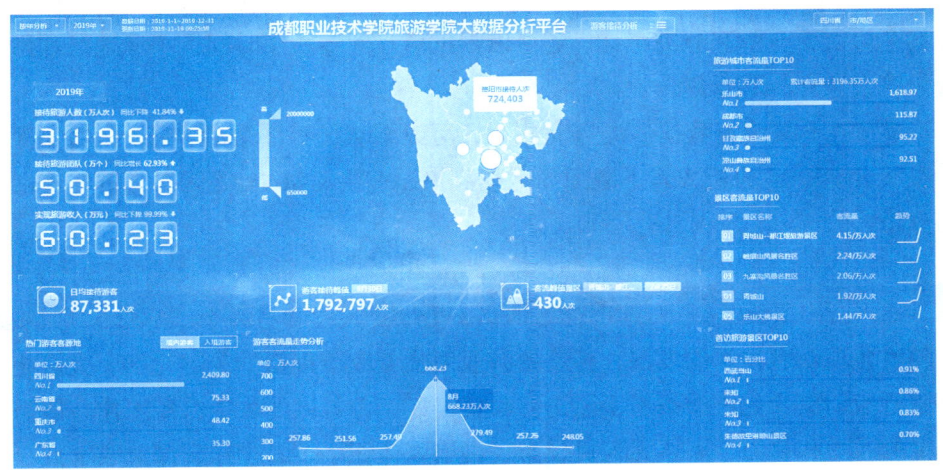

图 2-2-1　旅游大数据分析平台游客接待数据界面

相对于传统的数据库应用，大数据分析具有数据量大、类型多、价值密度低、处理速度快等特点。只有依靠大数据提供足够有利的资源，智慧旅游才能得以"智慧"发展。旅游大数据建立完善数据编目及数据交换、共享的相关标准，汇聚形成旅游数据中心。旅游数据中心主要分为游客接待数据、客源地数据等四个板块，以便有针对性地反映和解决相关问题。

旅游大数据实训系统的拥有者需要主动与业务主管部门对接，利用系统接口获取和定期更新数据，以便教师和学生对所关注的各类旅游信息进行分析和判断。

【实施步骤】

以问卷星为例，运用在线调查工具进行调查设计、实施和统计的步骤如下：

步骤 1：在线设计问卷。问卷星能够提供近 50 种题型以及信息栏和分页栏、并可以给选项设置分数，可以设置关联逻辑、引用逻辑、跳转逻辑，同时还提供了千万分量级专业问卷模板，为在线问卷的设计提供了便利。在线进行问卷设计的时候需要注意调查对象、问卷的有效性等。

步骤 2：发布问卷并设置属性。问卷设计好后可以直接发布或者设置相关属性后再发布，如对问卷进行分类、给出调查说明、设置公开级别和访问密码等。

步骤 3：发送问卷。通过微信、QQ、邮件、短信和微博等方式将问卷链接发给被调查者填写，或者通过发送邀请邮件、嵌入对应公司网站或者其他平台，还可与企业微信、钉钉、飞书等高度集成。

步骤 4：查看调查结果。确定时间对调查数据结果进行查看，可以通过柱状图、饼状图、圆环图、条形图等形式查看调查数据，对数据的整体情况进行了解。

步骤 5：创建自定义报表。自定义报表中可以设置一系列筛选条件，不仅可以根据答案来做交叉分析和分类统计，还可以根据填写问卷所用时间、来源地区和网站等筛选出符合条件的答卷集合。

步骤 6：下载调查数据。调查完成后，可以下载统计图表到 Word 文件保存、打印，在线 SPSSAU 分析或者下载原始数据到 Excel 导入 SPSS 等调查分析软件做进一步的分析。

【能力拓展】

随着各项新型技术的发展，传统旅游业面临着改革创新的关键时期。大量旅游数据还需要借助更为先进的技术手段进行收集，如旅游景区的数据采集工作一般需要花费大量的人力和物力，利用无人机设备，可以以体积小、易操作、作业成本低、速度快等优势获取空间全景数据等优势，使得全景数据的采集工作变得简便易操作，并且，通过传感器精确收集的详细信息，可以建立起用于旅游规划的 3D 模型，帮助旅游景区的工作人员更好地对景区的各地进行实时的监管与调整。无人机收集的大量数据信息可以帮助景区开展景点模型演示，有效检验各种调整方案的优劣，预测出具体的实施效果，从而找出最佳方案，减少方案的缺陷，提高景区总体规划的效率和质量，缩短开发周期。

链接资源

无人机全景数据采集技术的应用（节选）

作者：周巍　朱孟伟

　　无人机采集的数据，可以建立起景区的三维模型，以此作为延伸点，将无人机的优势应用于旅游景区的发展建设，可以达成以下几点智慧化新形态。

　　（1）与 VR 技术相结合。无人机 +VR 技术，可以通过全景数据的采集提供第一人称视角，实现对景区景观远距离多角度的观察，既能使游客不必亲临现场就可以感受到旅游景区风光，又能够从全景角度对景区的整体景观进行考量，便于相关工作人员不断完善整体景观的设计。一方面，通过无人机采集的全景图像数据，可以借助计算机建立起相关的三维模型，对不便展示的文物和景点进行虚拟场景的建设，助力文化遗产的保护工作，让观众可以 360° 全方位互动体验，也能够让一些不便于到达旅游现场的游客有机会感受到旅游景区的风光。另一方面，这些虚拟现实的全景游览，不仅可以加深游客对旅游景区的认知程度，还可以提高旅游景区的影响力，吸引更多的游客。同时，丰富的内容展现不受时间、空间、环境等条件的限制，满足了游客个性化的审美需求。

　　（2）优化旅游景区整体监督与管理。景区三维模型的建立，可以使景区的规划人员通过三维的地图，将景区的景点进行有效的关联，设计出合理的观光线路，并针对相关的情况安排好治安巡查工作和服务人员配给。同时，通过对游客整体偏好的宏观数据整理，可以针对不同的受众群体制定个性化的游览线路，更好地提高旅游景区的管理职能。并且，无人机可投入治安巡查工作，有条件的情况下，可以将无人机的信息收集接入监控视频平台，以景区的地理信息为基础，可根据人流量、时间、地理情况等因素，及时操作无人机在景区上空辅助治安管理和险情预防工作。

　　（3）与智能终端相连接，满足个性化需求。旅游景区信息平台的建设，可以将无人机获取的全景数据，建立起地理三维模型，借助游客的智能手机，通过GPS 功能、网络定位特性，根据游客所处的位置，给游客提供各个景点的地理位置查询、信息查询，提供虚拟现实技术的支持，同时，将旅游景区的服务机构和各个景点与之进行关联，满足游客的服务需求。比如，游客可以在智能终端选择景区景点的一对一语音讲解服务；根据当前位置，采取三维形式的地图，为游客提供直观的路径导航；提供 VR 虚拟游览体验，对旅游景区的建筑、自然景观、地质地貌等内容，采取 360° 全景体验，让游客获得真实的感受；也可以通过景区景点的三维建模，让游客借助智能手机的触屏操控，在虚拟仿真的场景中自由选择观光的路径，以飞行或步行等方式对景区进行多维度的观赏。

总的来说，无人机的全景数据采集技术，满足智慧旅游景区的建设需求和游客需求，通过三维模型的建设，既能够优化景区的整体规划，有效利用旅游资源并提供保护，还能够打破时间、空间的限制，通过虚拟现实技术与无人机全景数据采集技术的结合，提高游客的体验感，促使旅游景区朝着智能化、个性化、精确化发展，值得深入推广。

资料来源：周巍，朱孟伟．旅游景区中无人机全景数据采集技术应用探析 [J]．中国设备工程，2020（3）．

【同步训练】

任务：借助在线调查工具，收集所在地大学生旅游偏好的数据。

目的：掌握在线调查工具的采集数据的流程。

要求：

①明确数据采集对象，调查人数为 100~200 人。

②针对任务进行调查问卷设计，收集问卷星全部默认分析数据和至少一组交叉分析数据。

③组员需全员参加，请在文档中添加简要表述的组员分工。

④正确命名文档并提交。

【内容小结】

在旅游产业发展过程中产生大量内部数据和外部数据。本任务中介绍了旅游数据的数据源及其具体类型，不同类型的数据具有不同的采集方式。本任务引导学习者运用常见的办公软件和在线调查工具进行数据采集的设计、实施和数据调查统计；学会将纸质文件的数据信息转化为电子数据；引导学习者了解旅游大数据分析平台的相关功能、管理逻辑和流程，并有效筛选出旅游分析所需要的数据项。

【教学评价】

学生自评与互评如表 2-2-3 所示。

表 2-2-3　学生自评与互评

评价项目	评价内容
学习纪律	1.出勤情况 2.遵守课堂纪律情况 3.学习主动性、积极性
学习过程	1.预习与复习情况 2.跟随教师思路，理解授课内容与笔记情况 3.课堂参与情况 4.作业完成情况
学习效果	1.课程所传授的知识与技能掌握程度 2.课程所传授的素质与思政目标达成程度 3.提出、分析、解决问题能力的提高程度

姓名		班级	
自评等级	（　）A　（　）B　（　）C　（　）D		
互评等级	学生1：（　）A　（　）B　（　）C　（　）D 学生2：（　）A　（　）B　（　）C　（　）D 学生3：（　）A　（　）B　（　）C　（　）D		
提升思考			

【教学评价】

指导教师评价如表 2-2-4 所示。

表 2-2-4　指导教师评价

评价项目	评价内容
学习纪律	1.出勤情况 2.遵守课堂纪律情况 3.学习主动性、积极性

续表

评价项目	评价内容		
学习过程	1.预习与复习情况 2.跟随教师思路，理解授课内容与笔记情况 3.课堂参与情况 4.作业完成情况		
学习效果	1.课程所传授的知识与技能掌握程度 2.课程所传授的素质与思政目标达成程度 3.提出、分析、解决问题能力的提高程度		
指导教师		班级	
评价等级	（ ）A （ ）B （ ）C （ ）D		
提升建议			

【学生笔记】

学生笔记如表 2-2-5 所示。

表 2-2-5 学生笔记

任务名称	
学习日期	
指导教师	
学习记录：	

记录人：

任务三　熟悉互联网智能数据采集

【任务导引】

随着云计算等技术的发展，数据的智能采集得到了全面发展，有大量的数据分析网站和数据采集工具涌现出来。例如，旅游企业战略规划和产品设计需要了解宏观环境信息和竞争对手产品信息，如何进行数据采集呢？本任务主要引导学习者熟悉常见数据分析网站、涉旅数据常见官方网站拥有哪些数据，数据存储的位置和形式，并能够通过精准查找或爬取的方式收集和采集数据。

【学习目标】

1. 知识目标：了解常见数据分析网站和涉旅数据常见的官方网站；掌握八爪鱼和后裔采集器的操作流程。

2. 能力目标：能够合理使用常见数据分析网站和涉旅数据常见官方网站的数据；能够合理选择常见涉旅网站数据；能够根据需求正确使用八爪鱼、后裔采集器采集数据。

3. 素质目标：激发"活用工具、拓展边界"的创新精神；养成"合法合规、诚信采集"的职业素养。

【任务书】

学习任务书如表 2-3-1 所示。

表 2-3-1　学习任务书

姓名		班级	
所在小组		指导老师	
任务名称	熟悉互联网智能数据采集		
任务内容及要求： 1. 任务内容 （1）掌握互联网智能数据采集知识储备内容 （2）明确用爬虫工具采集数据的步骤 （3）进行任务同步训练——采集携程网成都周边当地游数据、采集四川省文化和旅游厅文旅要闻列表页和详情页数据 2. 要求 （1）高质量完成全部学习任务			

续表

（2）以小组形式完成任务同步训练
（3）同步训练成果在规定时间内提交至教学平台

进度安排：
1. 课前预习　　　　年　　月　　　日
2. 课堂学习　　　　年　　月　　　日，第　节
3. 笔记整理　　　　年　　月　　　日
4. 作业提交　　　　年　　月　　　日
5. 其　　他　　　　年　　月　　　日

【任务分组】

本次学习任务为"熟悉互联网智能数据采集"，建议 5~6 人为一组，共同完成任务同步训练，各小组力求发挥成员优势，全员参与，高质量完成学习任务。学习任务分配如表 2-3-2 所示。

表 2-3-2　学习任务分配

班级		组号		指导老师	
组长		学号		任务分工	
组员1		学号		任务分工	
组员2		学号		任务分工	
组员3		学号		任务分工	
组员4		学号		任务分工	
组员5		学号		任务分工	

【知识储备】

按照上海棕榈电脑系统有限公司 2021 年 4 月发布的《旅游大数据分析职业技能等级标准》（中级）要求："了解互联网常见的数据分析网站，并能够根据业务需要，独立且正确登录和查询这些网站的相关数据。了解涉旅数据常见的官方网站，并能够根据业务需要，独立且正确登录和查询这些网站的相关数据。能够借助至少 2 种网络爬虫工具（如 Excel 网页爬虫、后羿采集器、八爪鱼爬虫软件、爬山虎采集器等），独立且正确爬取与旅游业务相关的有效网络数据"。对标该职业标准内容，本部分内容分为基于互联网常见的数据分析网站采集数据、基于涉旅数据常见的官方网站采集数据和运用爬虫工具采集数据。

一、基于互联网常见的数据分析网站采集数据

大数据时代的来临，各行各业都更为明确数据的重要性，专业的数据分析公司和数据分析师应运而生。常见的数据分析网站主要有百度、阿里云、腾讯等。

（一）百度

百度是拥有强大互联网基础的领先 AI 公司，是全球为数不多的提供 AI 芯片、软件架构和应用程序等全栈 AI 技术的公司之一，被国际机构评为全球四大 AI 公司之一。百度以"用科技让复杂的世界更简单"为使命，坚持技术创新，致力于"成为最懂用户，并能帮助人们成长的全球顶级高科技公司"。近年来，百度成为国内发布大数据的引擎。从使用者规模排序来看，百度是国内最大的中文网站分析平台，像网站统计、流量情况、竞价排名等，都可以用百度的相关功能去实现。百度指数、百度统计、百度移动统计、观星盘等是百度重要的数据采集和分析平台。

下面以百度指数（Baidu Index）为例，介绍其数据采集步骤。百度指数是以百度海量网民行为数据为基础的数据分析平台，是当前互联网乃至整个数据时代最重要的统计分析平台之一，自发布之日便成为众多企业营销决策的重要依据。

注册百度账号以后，就可以进入百度指数首页，在搜索框内输入一个关键词，点击"百度一下"按钮，即可看到对应的指数数据。百度指数支持以下特定字符：

1. 逗号——关键词数据比较检索

在多个关键词当中，用逗号将不同的关键词隔开，可以实现关键词数据的比较查询，并且，曲线图上会用不同颜色的曲线加以区分。例如，您可以检索"梨花节，桃花节，樱花节""北京，上海，成都，杭州，重庆"。百度指数最多支持 5 个关键词数据比较检索。

2. 加号——关键词数据累加检索

在多个关键词当中，利用加号将不同的关键词相连接，可以实现不同关键词数据相加，相加后的汇总数据作为一个组合关键词展现出来。例如，您可以检索"南京＋金陵""成都＋蓉城＋锦官城"。利用这个功能，您可以将若干同义词的数据相加。百度指数最多支持 3 个关键词数据累加检索。

通过对各类数据的采集和分析，百度指数四大特色功能得到充分展示。

第一，趋势研究——独家引入无线数据。PC 趋势积累了 2006 年 6 月至今的数据，移动趋势展现了从 2011 年 1 月至今的数据。用户不仅可以查看最近 7 天、最近 30 天的单日指数，还可以自定义时间查询。

第二，需求图谱——直接表达网民需求。每一个用户在百度的检索行为都是主动意愿的展示，每一次的检索行为都可能成为该消费者消费意愿的表达。百度指数的需

求图谱基于语义挖掘技术，向用户呈现关键词隐藏的关注焦点、消费欲望。

第三，资讯指数——媒体资源一网打尽。资讯指数以百度智能分发和推荐内容数据为基础，将网民的阅读、评论、转发、点赞、不喜欢等行为的数量加权求和、指数化处理后得出，全面衡量网民对智能分发和推荐内容的被动关注程度。资讯指数连同搜索指数形成完美闭环，从被动到主动，从信息触达到主动搜索，用"主动搜索＋内容关注"来表达和诠释网民对某一话题的关注程度。百度指数允许收藏最多50个关键词，对于市场、产品工作人员，需要长期监控自己品牌名、竞争对手舆情的，不需要每次进行多次输入，转而通过一张列表呈现。

第四，人群画像——立体展现。通过人群画像，以往需要花费精力开展的调研，输入关键词，可获得用户年龄、性别、区域、兴趣的分布特点，并真实且比较客观。

（二）阿里云

阿里云创立于 2009 年，是全球领先的云计算及人工智能科技公司，致力于以在线公共服务的方式，提供安全、可靠的计算和数据处理能力，让计算和人工智能成为普惠科技。阿里云服务着制造、金融、政务、交通、医疗、电信、能源等众多领域的领军企业，包括中国联通、12306、中石化、中石油、飞利浦、华大基因等大型企业客户，以及微博、知乎、锤子科技等明星互联网公司。在"天猫双 11"全球狂欢节、12306 春运购票等极富挑战的应用场景中，阿里云保持着良好的运行记录。主要的大数据产品有：

MaxCompute：原名 ODPS，是一种快速、完全托管的 TB/PB 级数据仓库解决方案。

Quick BI：高效数据分析与展现平台，通过对数据源的连接和数据集的创建，对数据进行即时的分析与查询。通过电子表格或仪表板功能，以拖拽的方式进行数据的可视化呈现。

大数据开发套件：提供可视化开发界面、离线任务调度运维、快速数据集成、多人协同工作等功能，拥有强大的 Open API 为数据应用开发者提供良好的再创作生态。

DataV 数据可视化：专精于业务数据与地理信息融合的大数据可视化，通过图形界面轻松搭建专业的可视化应用，满足用户日常业务监控、调度、会展演示等多场景使用需求。

关系网络分析：基于关系网络的大数据可视化分析平台，针对数据情报侦察场景赋能，如打击虚假交易、审理保险骗赔、案件还原研判等。

推荐引擎：推荐服务框架，用于实时预测用户对物品偏好，支持 A/B Test 效果对比。

公众趋势分析：利用语义分析、情感算法和机器学习，分析公众对品牌形象、热点事件和公共政策的认知趋势。

企业图谱：提供企业多维度信息查询，方便企业构建基于企业画像及企业关系网络的风险控制、市场监测等企业级服务。

数据集成：稳定高效、弹性伸缩的数据同步平台，为阿里云各个云产品提供离线（批量）数据进出通道。

分析型数据库：在毫秒级针对千亿级数据进行即时的多维分析透视和业务探索。

流计算：流式大数据分析平台，提供给用户在云上进行流式数据实时化分析工具。

（三）腾讯

腾讯于 1998 年 11 月成立，是一家互联网公司，通过技术丰富互联网用户的生活，助力企业数字化升级。微信（WeChat）是腾讯公司于 2011 年 1 月 21 日推出的一个为智能终端提供即时通信服务的免费应用程序。2017 年 3 月 23 日晚，微信官方推出了"微信指数"功能。微信指数是微信官方提供的基于微信大数据分析的移动端指数，其计算范围包含且只包含微信搜索、公众号文章及朋友圈公开转发的文章。

1. 使用方法

第一步，打开微信界面，在顶部搜索框内输入"微信指数"四个关键字。

第二步，再点击"微信指数"进入主页面，然后再点击微信指数里面的搜索框，输入自己想要的关键词，得出数据。

第三步，微信指数只支持 7 日、30 日、90 日内的三个阶段的数据。

或者在微信客户端最上方的搜索窗口，搜索"×× 微信指数"或"微信指数 ××"，点击下方"搜一搜"，也可获得某一词语的指数变化情况。

2. 应用场景

（1）捕捉热词，看懂趋势

微信指数整合了微信上的搜索和浏览行为数据，基于对海量数据的分析，可以形成当日、7 日、30 日以及 90 日的"关键词"动态指数变化情况，方便看到某个词语在一段时间内的热度趋势和最新指数动态。

（2）监测舆情动向，形成研究结果

微信指数可以提供社会舆情的监测，能实时了解互联网用户当前最为关注的社会问题、热点事件、舆论焦点等，方便政府、企业对舆情进行研究，从而形成有效的舆情应对方案。

（3）洞察用户兴趣，助力精准营销

微信指数提供的关键词的热度变化，可以间接获取用户的兴趣点及变化情况，比如日常消费、娱乐、出行等，从而既能对品牌企业的精准营销和投放形成决策依据，也能对品牌投放效果形成有效监测、跟踪和反馈。

最后微信官方也表示，微信指数还是一个尚未成熟的功能，接下来会慢慢优化改善。希望通过这一功能能帮助企业或自媒体完成更精确化营销。

二、基于涉旅数据常见的官方网站采集数据

在大数据时代背景下，旅游相关企业、行政管理部门和研究机构需要运用多种渠道收集数据，除了互联网常见的数据分析网站，还可以通过涉旅的常见官方网站收集数据。这类网站主要有文旅主管部门、各级统计部门和公共数据开放平台等。

（一）文旅主管部门

1. 国家级别文旅主管部门

根据党的十九届三中全会审议通过的《中共中央关于深化党和国家机构改革的决定》《深化党和国家机构改革方案》和第十三届全国人民代表大会第一次会议批准的《国务院机构改革方案》，2018 年 3 月，中华人民共和国文化和旅游部批准设立。其主要职责有 13 个方面，包括：

（1）贯彻落实党的文化工作方针政策，研究拟定文化和旅游政策措施，起草文化和旅游法律法规草案。

（2）统筹规划文化事业、文化产业和旅游业发展，拟定发展规划并组织实施，推进文化和旅游融合发展，推进文化和旅游体制机制改革。

（3）管理全国性重大文化活动，指导国家重点文化设施建设，组织国家旅游整体形象推广，促进文化产业和旅游产业对外合作和国际市场推广，制定旅游市场开发战略并组织实施，指导、推进全域旅游。

（4）指导、管理文艺事业，指导艺术创作生产，扶持体现社会主义核心价值观、具有导向性代表性示范性的文艺作品，推动各门类艺术、各艺术品种发展。

（5）负责公共文化事业发展，推进国家公共文化服务体系建设和旅游公共服务建设，深入实施文化惠民工程，统筹推进基本公共文化服务标准化、均等化。

（6）指导、推进文化和旅游科技创新发展，推进文化和旅游行业信息化、标准化建设。

（7）负责非物质文化遗产保护，推动非物质文化遗产的保护、传承、普及、弘扬和振兴。

（8）统筹规划文化产业和旅游产业，组织实施文化和旅游资源普查、挖掘、保护和利用工作，促进文化产业和旅游产业发展。

（9）指导文化和旅游市场发展，对文化和旅游市场经营进行行业监管，推进文化和旅游行业信用体系建设，依法规范文化和旅游市场。

（10）指导全国文化市场综合执法，组织查处全国性、跨区域文化、文物、出版、广播电视、电影、旅游等市场的违法行为，督查督办大案要案，维护市场秩序。

（11）指导、管理文化和旅游对外及对港澳台交流、合作和宣传、推广工作，指

导驻外及驻港澳台文化和旅游机构工作，代表国家签订口外文化和旅游合作协定，组织大型文化和旅游对外及对港澳台交流活动，推动中华文化走出去。

（12）管理国家文物局。

（13）完成党中央、国务院交办的其他任务。

中华人民共和国文化和旅游部内设机构共 15 个，包括办公厅、政策法规司、人事司、财务司、艺术司、公共服务司、科技教育司、非物质文化遗产司、产业发展司、资源开发司、市场管理司、文化市场综合执法监督局、国际交流与合作局（港澳台办公室）、机关党委（党组巡视工作领导小组办公室）和离退休干部局。各司局在履行职责中收集到大量、多样的文旅相关数据，并通过政务公开、数据服务等形式公开发布相关数据。

在中华人民共和国文化和旅游部官网政务公开统计信息页面（图 2-3-1），发布有全国星级饭店、全国旅行社和国内旅游数据、文化和旅游发展统计公报、中国旅游业统计公报、全国旅游教育培训统计等数据，显示的数据发布始于 2017 年 1 月 4 日。如果需要收集和采集在此时间之前的数据，在中华人民共和国文化和旅游部官网政务公开搜索"统计公报"和"数据"等关键词，可以搜索到 2001 年以来的相关数据，包括文旅部和原文化部、国家旅游局公布的重要数据信息。

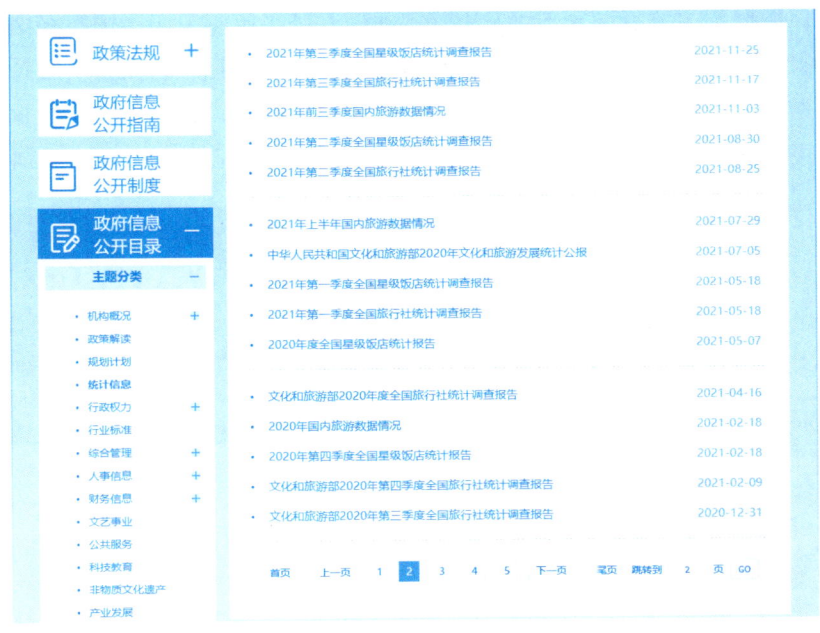

图 2-3-1　中华人民共和国文化和旅游部官网政务公开统计信息页面截图（局部）

在中华人民共和国文化和旅游部官网搜索统计公报，能够出现各年度文化和旅游统计公报（见图 2-3-2）。

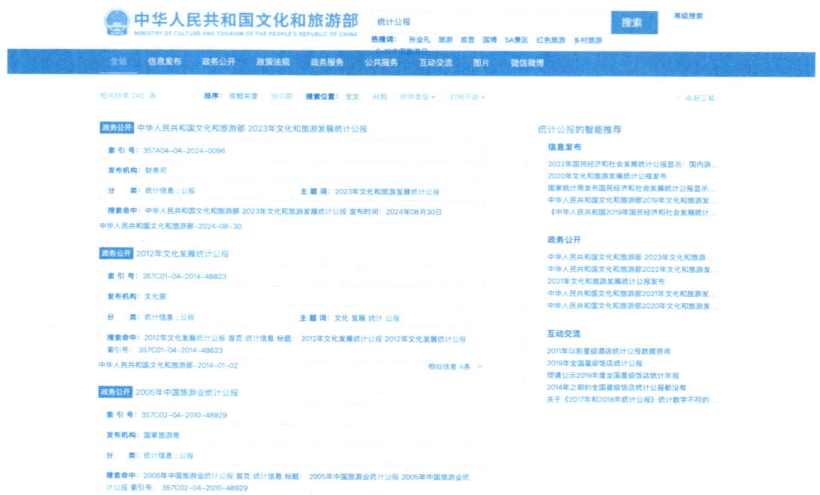

图 2-3-2　中华人民共和国文化和旅游部官网政务公开搜索"统计公报"页面截图（局部）

　　除了以上页面，在中华人民共和国文化和旅游部官网上的焦点新闻、新闻发布会等页面也有文旅产业相关的数据（图 2-3-3）。数据服务主要分为名单目录、数据集、数据报告和数据查询四个栏目。其中，名单目录显示了世界文化遗产、国家级文化生态保护（实验）区、全国乡村旅游重点村、社会艺术水平考级机构、国家级旅游度假区等数据；数据集主要有国家 5A 级旅游景区、五星级旅游饭店、国家级滑雪旅游度假地、国家级旅游休闲街区、国家工业旅游示范基地；数据报告主要有数说文旅这十年系列数据、全国星级饭店统计调查报告、全国旅行社统计调查报告；数据查询可以查询国家级非遗代表性传承人和国家级非遗代表性传承项目数量（图 2-3-4）。

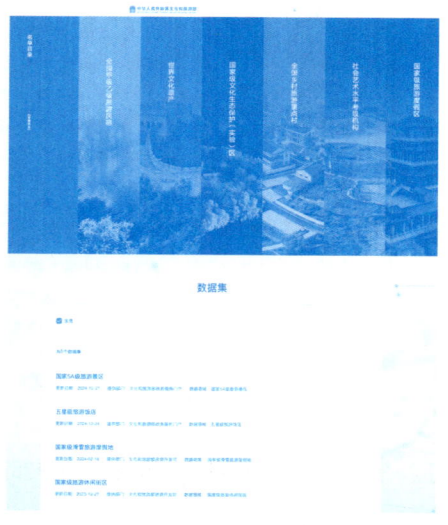

图 2-3-3 中华人民共和国文化和旅游部官网首页截图（局部）

图 2-3-4 中华人民共和国文化和旅游部官网数据服务页面截图（局部）

2. 地方厅局文旅主管部门

我国各省级行政区主管文化和旅游产业的厅局网站如表 2-3-3 所示。

表 2-3-3　地方厅局文旅主管部门官方网站

编号	名称	网址
1	北京市文化和旅游局	http://whlyj.beijing.gov.cn/
2	天津市文化和旅游局	https://whly.tj.gov.cn/
3	河北省文化和旅游厅	https://whly.hebei.gov.cn/
4	山西省文化和旅游厅	http://wlt.shanxi.gov.cn/
5	内蒙古自治区文化和旅游厅	http://wlt.nmg.gov.cn/
6	辽宁省文化和旅游厅	https://whly.ln.gov.cn/
7	吉林省文化和旅游厅	http://whhlyt.jl.gov.cn/
8	黑龙江省文化和旅游厅	https://wlt.hlj.gov.cn/
9	上海市文化和旅游局	http://whlyj.sh.gov.cn/
10	江苏省文化和旅游厅	http://wlt.jiangsu.gov.cn/
11	浙江省文化广电和旅游厅	http://ct.zj.gov.cn/
12	安徽省文化和旅游厅	https://ct.ah.gov.cn/
13	福建省文化和旅游厅	http://wlt.fujian.gov.cn/
14	江西省文化和旅游厅	http://dct.jiangxi.gov.cn/
15	山东省文化和旅游厅	http://whhly.shandong.gov.cn/
16	河南省文化和旅游厅	https://hct.henan.gov.cn/
17	湖北省文化和旅游厅	http://wlt.hubei.gov.cn/
18	湖南省文化和旅游厅	http://whhlyt.hunan.gov.cn/
19	广东省文化和旅游厅	http://whly.gd.gov.cn/
20	广西壮族自治区文化和旅游厅	http://wlt.gxzf.gov.cn/
21	海南省旅游和文化广电体育厅	http://lwt.hainan.gov.cn/
22	重庆市文化和旅游发展委员会	http://whlyw.cq.gov.cn/
23	四川省文化和旅游厅	http://wlt.sc.gov.cn/
24	贵州省文化和旅游厅	http://whhly.guizhou.gov.cn/

编号	名称	网址
25	云南省文化和旅游厅	http://dct.yn.gov.cn/
26	西藏自治区文化和旅游厅	https://wlt.xizang.gov.cn/
27	陕西省文化和旅游厅	http://whhlyt.shaanxi.gov.cn/
28	甘肃省文化和旅游厅	http://wlt.gansu.gov.cn/
29	青海省文化和旅游厅	http://whlyt.qinghai.gov.cn/
30	宁夏回族自治区文化和旅游厅	https://whhlyt.nx.gov.cn/
31	新疆维吾尔自治区文化和旅游厅	http://wlt.xinjiang.gov.cn/
32	新疆生产建设兵团文化体育广电和旅游局	http://wtgl.xjbt.gov.cn/

资料来源：根据中华人民共和国文化和旅游部主页链接整理

除以上列表信息外，香港旅游发展局、澳门特别行政区政府旅游局和台湾地区交通部观光局也提供了丰富的地方文化和旅游业发展数据。

（二）各级统计部门

1. 国家统计局

中华人民共和国国家统计局是国务院直属机构，成立于 1952 年 8 月，其主要职责有 13 个方面，包括：

（1）承担组织领导和协调全国统计工作，确保统计数据真实、准确、及时的责任。制定统计政策、规划、全国基本统计制度和国家统计标准，起草统计法律法规草案，制定部门规章，指导全国统计工作。

（2）建立健全国民经济核算体系，拟订国民经济核算制度，组织实施全国及省、自治区、直辖市国民经济核算制度和全国投入产出调查，核算全国及省、自治区、直辖市国内生产总值，汇编提供国民经济核算资料，监督管理各地区国民经济核算工作。

（3）会同有关部门拟订重大国情国力普查计划、方案，组织实施全国人口、经济、农业等重大国情国力普查，汇总、整理和提供有关国情国力方面的统计数据。

（4）组织实施农林牧渔业、工业、建筑业、批发和零售业、住宿和餐饮业、房地产业、租赁和商务服务业、居民服务和其他服务业、文化体育和娱乐业以及装卸搬运和其他运输服务业、仓储业、计算机服务业、软件业、科技交流和推广服务业、社会福利业等统计调查，收集、汇总、整理和提供有关调查的统计数据，综合整理和提供地质勘查、旅游、交通运输、邮政、教育、卫生、社会保障、公用事业等全国性基本统计数据。

（5）组织实施能源、投资、消费、价格、收入、科技、人口、劳动力、社会发展基本情况、环境基本状况等统计调查，收集、汇总、整理和提供有关调查的统计数据，综合整理和提供资源、房屋、对外贸易、对外经济等全国性基本统计数据。

（6）组织各地区、各部门的经济、社会、科技和资源环境统计调查，统一核定、管理、公布全国性基本统计资料，定期发布全国国民经济和社会发展情况的统计信息，组织建立服务业统计信息共享制度和发布制度。

（7）对国民经济、社会发展、科技进步和资源环境等情况进行统计分析、统计预测和统计监督，向党中央、国务院及有关部门提供统计信息和咨询建议。

（8）审批部门统计标准，依法审批或者备案各部门统计调查项目、地方统计调查项目，指导专业统计基础工作、统计基层业务基础建设，组织建立服务业统计信息管理制度，建立健全统计数据质量审核、监控和评估制度，开展对重要统计数据的审核、监控和评估，依法监督管理涉外调查活动。

（9）协助地方管理省、自治区、直辖市统计局局长和副局长，指导全国统计专业技术队伍建设，会同有关部门组织管理全国统计专业资格考试、职务评聘，监督管理地方政府统计部门由中央财政提供的统计经费和专项基本建设投资。

（10）组织管理全国统计工作的监督检查，查处重大统计违法行为。

（11）建立并管理国家统计信息自动化系统和统计数据库系统，组织制定各地区、各部门统计数据库和网络的基本标准和运行规则，指导地方统计信息化系统建设。

（12）收集、整理国际统计数据，组织实施统计工作方面的国际交流合作项目，组织实施国际统计资料交换和统计交流合作项目。

（13）承办国务院交办的其他事项。

国家统计局内设机构共 19 个，包括办公室（国际合作司、政策研究室）、统计执法监督局、统计设计管理司、国民经济综合统计司、国民经济核算司、工业统计司、能源统计司、固定资产投资统计司、贸易外经统计司、人口和就业统计司、社会科技和文化产业统计司、农村社会经济调查司、城市社会经济调查司、住户调查司、人事司、财务司、机关党委（党组巡视工作领导小组办公室）、机关纪委、离退休干部局。其中，各司局在履行职责中收集到大量与文化和旅游产业发展有关的数据，并通过其官方网站、中国统计出版社有限公司等渠道公开发布相关数据（表 2-3-4）。

表 2-3-4　国家统计局官网主要栏目

栏目	子栏目
时政要闻	中央精神、国务院信息

栏目	子栏目
走进统计	国家统计局、派驻纪检组、机构职能
统计数据	最新发布、数据查询、发布预告、数据解读、统计公报、指标解释、统计制度、统计标准、统计出版物
统计工作	统计动态、通知公告、图片新闻
统计知识	统计理论知识、统计实务知识、统计历史知识、统计文化知识
统计服务	微观数据申请、曝光台、行政处罚信息
信息公开	政策、公开指南、公开制度

资料来源：根据国家统计局官网整理

国家统计局官网和公开出版物不仅是重要的数据源，同时也是学习数据统计和科学决策的重要渠道。例如，为加快旅游业发展，科学界定旅游及相关产业的统计范围，依法开展旅游统计调查监测，依据《中华人民共和国统计法》《国务院关于促进旅游业改革发展的若干意见》（国发〔2014〕31号），参照《国民经济行业分类》（GB/T 4754—2017），国家统计局制定了《国家旅游及相关产业统计分类（2018）》，本分类分为旅游业和旅游相关产业两大部分，其中，旅游业包含7个大类，分别是旅游出行、旅游住宿、旅游餐饮、旅游游览、旅游购物、旅游娱乐、旅游综合服务；旅游相关产业包含2个大类，分别是旅游辅助服务、政府旅游管理服务。各大类又分为中类和小类，共27个种类、65个小类。以旅游综合服务为例，其又分为2个中类，4个小类，包含旅行社及相关服务、旅游活动策划服务、旅游电子平台服务和旅游企业管理服务（表2-3-5）。

表2-3-5 "旅游综合服务"分类

代码			名 称	说 明	行业分类代码
大类	中类	小类			
17	171	1710	旅游综合服务		7291
			旅行社及相关服务		
			其他旅游综合服务		
	172	1721	旅游活动策划服务	仅包括与旅游相关的活动策划、演出策划、体育赛事策划等服务	7297* 7298* 7299*
		1722	旅游电子平台服务	仅包括一揽子旅游电子商务平台的运营维护服务	6432* 6434* 6439* 6440* 6450*

续表

代码			名　称	说　明	行业分类代码
大类	中类	小类			
17	172	1723	旅游企业管理服务	仅包括旅游饭店、旅游景区、旅行社等单位的管理机构服务，以及与旅游相关的行业管理协会、联合会等行业管理服务	7215* 7219* 722* 9522*

在进行数据采集时候，有明确相关定义和数据范围，才能科学、合理地采集、分析和利用数据。

2. 地方统计部门

我国各省级行政区均设置有统计部门，以四川省统计局为例，其官网定期公布四川省统计和国民经济核算的重要数据（图 2-3-5）。

图 2-3-5　四川省统计局官网"数据发布"首页截图

四川省统计局官网的统计公报栏目公布全省全年旅游总收入、接待国内游客人次、国内旅游收入、接待入境游客人次、旅游外汇收入的绝对数和同比变化，以及旅行社组织出境游客人次和同比变动情况。

截至 2023 年，四川省统计局官网"统计年鉴"栏目发布了 2022 年至今的《四川统计年鉴》，对旅游发展情况、接待入境游客情况、各市（州）旅游发展情况均有统一口径的指标（图 2-3-6）。

市(州)	Region	星级饭店数 （个） Number of Star-rated Hotels (unit)	国内旅游人数 （万人次） Number of Domestic Visitors (10 000 person-times)	国内旅游收入 （亿元） Earnings from Domestic Tourism (100 million yuan)
全省	Sichuan	339	63641.06	7059.94
成都市	Chengdu	80	16378.75	1811.37
自贡市	Zigong	14	1606.81	127.04
攀枝花市	Panzhihua	15	1339.49	114.24
泸州市	Luzhou	17	4194.95	403.99
德阳市	Deyang	14	2292.03	154.65
绵阳市	Mianyang	22	7963.38	811.47
广元市	Guangyuan	21	1495.95	236.60
遂宁市	Suining	15	2256.07	179.81
内江市	Neijiang	4	5056.19	364.60
乐山市	Leshan	21	3751.33	339.23
南充市	Nanchong	16	3815.43	381.44
眉山市	Meishan	7	3387.41	170.54
宜宾市	Yibin	12	8546.44	696.93
广安市	Guangan	7	2468.69	195.75
达州市	Dazhou	9	1519.82	216.51
雅安市	Yaan	11	2481.00	243.26
巴中市	Bazhong	12	1321.13	79.28
资阳市	Ziyang	3	6103.74	263.24
阿坝藏族羌族自治州	Aba	14	962.12	120.97
甘孜藏族自治州	Ganzi	3	1362.63	109.47
凉山彝族自治州	Liangshan	22	615.69	39.57

注：国内旅游人数全省合计对重复统计人数进行了剥离，故各市州加总不等于全省合计。

a) The data of domestic visitors stripped the number of repeated statistics,

　　so the sum number of cities and states is not equal to the total of the province.

图 2-3-6　四川统计年鉴"各市（州）旅游发展情况（2022 年）"数据表截图

（三）公共数据开放平台

从 2021 年发布的《"十四五"数字经济发展规划》到 2022 年初发布的《要素市场化配置综合改革试点总体方案》，再到 2022 年 3 月发布的《中共中央　国务院关于加快建设全国统一大市场的意见》，均对加快数据要素市场化流通、形成数据要素市场体系等提出要求。截至 2022 年 6 月底，我国已有 23 个省级行政区建立了公共数据共享平台。这些共享平台提供了海量的数据，大部分平台提供数据下载和数据接口调用服务，为数据应用和共享提供支持。不同省市数据开放和平台建设程度不一致，北京、四川、浙江、山东等省市平台数据类别丰富、操作便捷、运行可靠，具有较大的社会价值。

以四川省公共数据开放网（图 2-3-7）为例，为加快公共数据开放共享，满足人民群众数据需求，不断提升政府满意度，由四川省人民政府办公厅和四川省发展和改革委员会主管、四川省大数据中心主办的四川省公共数据开放网于 2019 年 12 月 2 日正式上线运行。

图 2-3-7 四川公共数据开放网首页截图（局部）

四川省公共数据开放网围绕公众、企业需求，科学地将网站划分为数据目录、数据服务、数据应用、地图服务、数据统计、数据生态、开发者中心、互动交流 8 个功能板块，向社会公众提供政府数据资源的浏览、查询、下载、调用等基本服务，更好地满足公众和企业对政府开放数据的需求（图 2-3-8）。四川省公共数据开放网的使用是比较方便的，很多数据的查看和下载都可直接进行，但是，要利用网站上更多、更丰富的功能，建议进行注册和登录。

截至 2023 年 6 月，四川省文化和旅游厅在四川公共数据开放网提供了 38 个数据目录、47 个接口和 245547 条数据，均为无条件开放，且提供 xls、xml、json、csv、rdf、接口、链接等多种格式。

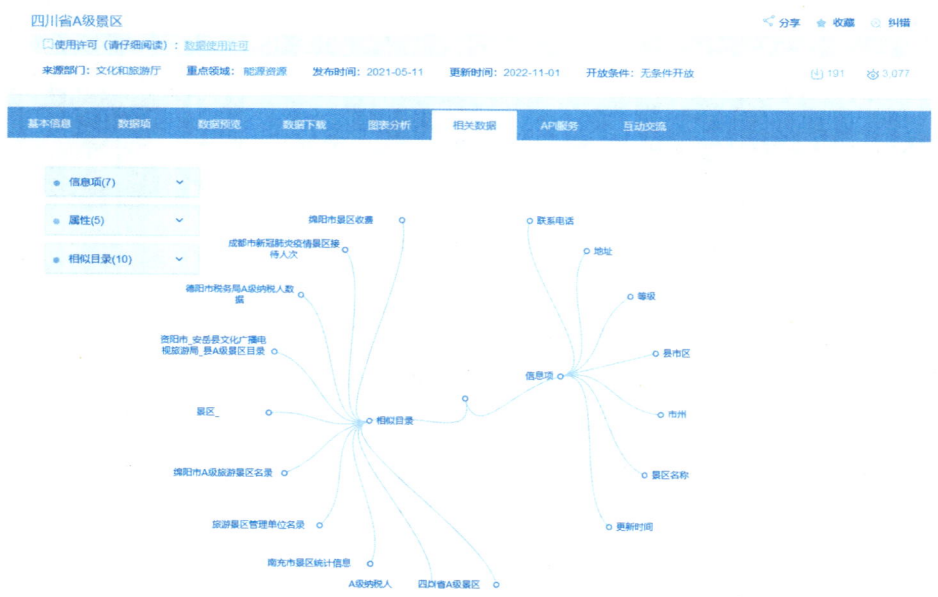

图 2-3-8　四川公共数据开放网"数据下载"截图

四川省公共数据开放网的相关数据设置有链接，突出了知识图谱的实用性，点击相关数据图谱中"相似目录"的次一级节点，可以看到相关数据列表，点击列表中任意一条信息，可根据提示查看详情，即跳转到相关数据（图 2-3-9）。

图 2-3-9　四川公共数据开放网"相关数据"截图

四川省公共数据开放网的 API 服务说明详细，在申请接口、在线接口调用时，可查看接口功能说明、调用说明和参数说明，提高工作效率。

三、运用爬虫工具采集数据

在现实生活中，可能没有条件和时间用编程工具去编写所需的爬虫代码，甚至有工程师表示"编写爬虫代码是世界上最无聊、最没有技术含量、最累的编程活动"。这么说是有原因的，如果是工程师自己去编写代码，采集特定需求的信息，首先，需要筛选目标并花费近三分之一的时间去解析目标网页，分析目标网页的结构、规则、呈现形式和数据分布规律；其次，需要花费近一半时间去测试所写的代码是否可行、是否有 BUG、是否响应及时等；最后，还要再花费一部分时间处理防封杀等反爬虫设定，每个网站机制不同、阈值不同，每次都需要花费不少时间测出，再想办法处理。最糟心的是，当处理完一切之后，准备接受胜利的果实时，却发现目标网站升级或改版了。

虽然自编爬虫代码有种种问题，但这仍然是当下最灵活、自动化程度最高的数据采集手段。那么我们有没有办法绕过复杂的前置环节和编程环节，直接进行目标数据的采集呢？答案是有，这就是下面要说的全自动（半自动）类爬虫工具（表 2-3-6）。

随着大数据时代的到来，海量的信息分布于互联网上，这些数据来源于方方面面，尤其在信息自由化和碎片化的现在，企业已经很难再雇用更多专业化的人力去构建自己的采集团队，因此爬虫技术普及化成了最近几年发展的新趋势。人们不再依靠专业的工程师去写代码抓取资源，而是开始利用市面上众多的成品化爬虫工具完成工作任务，众多依靠数据信息收集来运行的岗位，都不再需要员工具备非常专业的技术能力。相较于耗时、耗力的自写爬虫代码来说，成品化爬虫工具操作简单，能够快速通过可视化加工实现数据采集过程的自动化工具无疑是这些用户的首选。

表 2-3-6　当前主流爬虫工具

编号	工具名称	官方网址
1	八爪鱼采集器	https://www.bazhuayu.com/
2	火车采集器	http://www.locoy.com/
3	集搜客GooSeeker	http://www.gooseeker.com/
4	后裔采集器	https://www.houyicaiji.com/
5	爬山虎采集器	https://www.51pashanhu.com/

（一）八爪鱼采集器

八爪鱼采集器是一款全网通用的互联网数据采集器，模拟人浏览网页的行为，通过简单的页面点选，生成自动化的采集流程，从而将网页数据转化为结构化数据，存储于 Excel 或数据库等多种形式。并提供基于云计算的大数据云采集解决方案，实现数据采集。八爪鱼采集器是数据一键采集平台。

八爪鱼采集器以分布式云计算平台为核心，结合智能识别算法，可视化的操作界面，从不同的网站或者网页获取标准化数据，帮助需要从网页获取信息的客户实现数据自动化、标准化采集、导出，提高效率。八爪鱼采集器作为数据收集工具，服务于国内企业／单位，是一个四种语言版本的采集软件，覆盖汉语、英语、日语、西班牙语。该产品主要有以下五大功能。

1. 采集全行业、全场景、全类型数据

采集可存储的任务数无上限，实现全行业、全场景、全类型的互联网数据采集。

全行业：电商、新闻、社交媒体、招投标、金融、房产等全行业的互联网数据采集。行业网站已做好可用的模板。

全场景：列表页、详情页、搜索页、瀑布流页、登录、多层点击、下拉框、IP切换、验证码自动识别等场景采集。

全类型：支持文字、链接、图片、视频、音频、Html 源码、Json 格式等多种数据类型的采集。

2. 高速采集大规模数据

使用高性能的云服务集群，提供多节点高并发采集能力，能够完成大规模数据的采集。

高性能：企业版可使用独立的、高性能的云服务集群，无须排队即可开始数据采集。

快速度：提供 30/100 云节点高并发采集能力，能完成大规模数据的采集。如果当前云节点不够用，还可扩容。

3. 实时采集新增数据

支持设置灵活的定时采集策略＋多节点高并发采集＋自动去重／条件触发等功能，实时采集各个数据源的新增数据。

定时采集策略：按照网站更新频率和单次更新数据量，设置合理的定时策略，支持极高频率的定时。同时相同更新频次的网站可归为一组，进行分组定时。

多节点高并发：根据定时策略，将账号内的云节点合理分配给数据源，以完成每个数据源新增数据的采集。

自动去重／条件触发：新采集到的数据自动与原来采集到的数据对比去重和设置采集触发条件，满足条件的数据才会被采集，实现采集新增数据。

4. 提供 API 接口，采集结果同步

提供高负载高吞吐的 API 接口，可将采集结果秒级同步到企业数据库或内部系统中。除了 API 外，提供自动入库功能。

数据导出 API：提供高负载吞吐灵活的 API 接口，支持边采集边导出，将采集结果同步数据到企业的数据库或内部系统中。

自动入库：除了 API 调用数据外，还提供数据自动入库功能，几步设置即可实现数据自动入库。

任务控制 API：提供任务控制 API 接口，无须启动客户端即可控制任务启停、修改任务参数。

5. 支持 SaaS 版本与私有化部署版本

提供线上 SaaS 版本的软件服务，下载客户端即可使用。同时支持将整套采集系统部署到企业本地，搭建企业自己的大数据采集系统。

线上 SaaS 版本：在官网下载客户端，登录账号后即可使用。软件的各项功能与官网实时同步更新，使用过程中需联网运行。采集任务与数据均存储在云端服务器，可随时查询、导出，或运行新的采集任务。

私有化部署版本：企业私有化部署，可部署在隔离内网环境，提供定制化部署方案，满足多种数据安全级别，支持软件 OEM，去除八爪鱼 Logo，定制品牌 Logo，突出品牌信息。支持永久授权，区别于线上 SaaS 版按使用时长付费，私有化部署版一次授权，终身使用。涵盖线上版本的全部功能。具备多种管理权限：服务器集群资源管理、用户权限管理、任务调配管理，数据监控管理。具备各种数据 API 和 SDK 接口。支持二次开发，除成熟的采集功能外，还提供二次开发服务，包括但不限于系统集成、数据清洗、数据全文检索、数据可视化展示和数据分析应用。

（二）后羿采集器

后羿采集器是由谷歌前搜索技术团队基于人工智能技术研发的新一代网页采集软件。该软件功能强大，操作简单，是为广大无编程基础的产品、运营、销售、金融、新闻、电商和数据分析从业者，以及政府机关和学术研究等用户量身打造的一款产品。

后羿采集器不仅能够进行数据的自动化采集，而且在采集过程中还可以对数据进行清洗。在数据源头即可实现多种内容的过滤。通过使用后羿采集器，用户能够快速、准确地获取海量网页数据，从而彻底解决了人工收集数据所面临的各种难题，降低了获取信息的成本，提高了工作效率。

后羿采集器可通过智能模式和流程图模式两种模式采集数据，基本操作流程如下：

1. 运用智能模式进行数据采集基本操作流程

（1）输入正确的网址

找到需要采集数据的正确网址，完整输入后即可开始数据采集。后羿采集器支持单网址和多网址采集，支持从本地 TXT 文件中导入网址，也支持参数网址批量生成。

（2）选择页面类型及设置分页

在智能模式下，后羿采集器会自动识别网页。如果出现识别不准确的情况时，可以先手动自动识别一下；如果手动自动识别还不起效果，可以手动点选列表，从而辅助软件识别出正确的结果。

（3）预登录

在编辑任务过程中，有时候会遇到需要登录才能查看内容的网页，这时需要用到预登录功能，登录成功之后就能进行正常的数据采集。

（4）预执行操作

在编辑任务过程中，如果用户需要进行点击操作，可以使用预执行操作来满足用户需求。

（5）输入验证码

在编辑任务过程中，如果用户遇到验证码，可以点击右上角的验证码输入功能，进行手动输入操作。

（6）切换代理

在编辑任务过程中，如果用户遇到无法显示页面或验证码提示，也可以点击右上角的切换代理功能，进行操作。

（7）网络安全设置

在编辑任务过程中，用户如果遇到网页异常时，可以试着使用此功能，但是要注意打开此选项可能导致页面上的某些内容无法采集（如 iframe 中的内容）。

（8）切换浏览器模式

在编辑任务过程中，可以使用不同的浏览器模式来优化采集效果，具体使用场景需要根据实际情况来判断。

（9）设置提取字段

智能模式下，软件会自动识别网页中的数据并展示到采集结果预览窗口，用户可以根据自己的需求对字段进行设置。

（10）深入采集

如果用户需要采集详情页的信息，可以点击左上角的深入采集按钮，或者直接点击某一条链接，从而打开详情页，采集详情页的数据。

（11）设置数据筛选 / 采集范围

在编辑任务过程中，用户如果需要设置一些筛选条件或者设置采集范围，可以点击页面上相对应的按钮进行功能设置。

（12）采集任务的设置

在启动采集任务之前，我们需要对采集任务进行配置，包括定时启动、智能策略、自动导出、文件下载、加速引擎、数据去重及开发者设置。

（13）运行数据界面

启动任务之后会跳转到数据运行界面，在这个界面上用户可以看到数据采集情况。

（14）查看采集结果及导出数据

在采集任务结束之后，用户可以查看采集结果并导出数据。

2. 运用流程图模式进行数据采集基本操作流程

（1）输入正确的网址

流程图模式对输入网址的要求没有智能模式那么严格，但是您仍然需要按照软件的要求输入正确的网址格式。支持单网址和多网址采集，支持手动输入网址、从本地文件导入网址及批量生成网址。

（2）预登录

在编辑任务过程中，有时候会遇到需要登录才能查看内容的网页，这时需要用到预登录功能，登录成功之后就能进行正常的数据采集。

（3）输入验证码

在编辑任务过程中，如果用户遇到验证码，可以点击右上角的验证码输入功能，进行手动输入操作。

（4）网络安全设置

在编辑任务过程中，用户如果遇到网页异常的时候可以试着使用此功能，但是要注意打开此选项可能导致页面上的某些内容无法采集（如 iframe 中的内容）。

（5）切换浏览器模式

在编辑任务过程中，可以使用不同的浏览器模式来优化采集效果，具体使用场景需要根据实际情况来判断。

（6）网页点选搭建采集规则

流程图模式支持可视化网页点选操作，我们可以像浏览网页一样点击相关元素，然后根据按照软件提示进行操作，即可生成规则。

（7）设置提取字段

在流程图模式中，我们通过使用"提取数据"组件来设置提取字段。我们可以通过提示点击自动生成该组件或者从组件窗口中直接拖拽该组件。

（8）深入采集

如果需要采集详情页的信息，可以点击页面元素，根据软件提示进行深入采集。

（9）采集任务的设置

在启动采集任务之前，我们需要对采集任务进行配置，包括定时启动、智能策略、自动导出、文件下载、加速引擎、数据去重及开发者设置。

（10）运行数据界面

启动任务之后会跳转到运行界面，在这个界面上我们可以看到当前任务的运行情况。

（11）查看采集结果及导出数据

在采集任务结束之后，我们可以查看采集结果并导出数据。

（三）爬山虎采集器

爬山虎采集器是一款简单易用的网页数据采集工具，可以智能识别网页数据，采集快速高效，可以采集大部分网站。通过智能算法，能够自动识别网页数据结构，一键采集网页数据，无须专门学习技术代码。

爬山虎采集器内置大量网站采集模板，覆盖多个行业，点击模板，即可加载数据，只需简单配置，就可快速准确获取数据，满足各种采集需求。数据可以自动导出发布，支持多种格式导出，TXT、CSV、Excel、Access、MySQL、SQLServer、SQLite 以及发布到网站接口（API）等。同时，该产品可以支持图片、视频、文档等各种文件下载，支持自定义保存路径、文件名。

【实施步骤】

假设你是某旅行社的产品经理，客源主要在重庆，小长假游客高峰将至，请采集携程网重庆周边当地旅游数据，掌握目前主要销售的旅游产品有哪些。现以八爪鱼采集器采集数据为例，说明运用其进行携程网重庆周边当地旅游数据采集的步骤。

步骤 1：打开携程网官网，找到重庆周边当地旅游所在的页面（图 2-3-10）。

图 2-3-10　携程官网重庆周边当地旅游网页截图（局部）

步骤 2：查看重庆周边当地旅游页面，明确需要采集的数据字段（产品名、产品介绍、产品承诺、起步价格、评分、销售情况、点评数据量、供应商）。

步骤 3：将以上网页地址粘贴到八爪鱼采集器官网地址栏（图 2-3-11）。

图 2-3-11　粘贴携程官网重庆周边当地旅游网页到八爪鱼采集器官网地址栏截图（局部）

步骤 4：创建循环列表，采取产品列表页数据；创建循环翻页，采集多页数据；设置执行前等待；保存采集设置。

步骤 5：预览和编辑字段。在当前页面数据预览面板，双击字段名称，修改所需字段的字段名称为"产品名、产品介绍、产品承诺、起步价格、评分、销售情况、点评数据量、供应商"，并将多余字段删除。

步骤 6：启动采集。

步骤 7：获得采集结果，采集结果可导出为 Excel、CSV、HTML、数据库等多种格式。

步骤 8：查看导出的数据表，对没有采集到的数据进行补充，形成完成的重庆周边当地旅游数据表。

【能力拓展】

市面上主流的爬虫采集工具除了提供既定的免费服务，还有更多定制化、智能化的服务，如八爪鱼采集器，提供个人版、团队版、企业版等不同版本，可根据需要的服务选择不同类型的版本（表 2-3-7）。

表 2-3-7　八爪鱼采集器不同版本套餐主要功能

主要功能版本	免费版	个人版	团队版	企业版
简易模板采集	可用免费版	可用免费、个人版专属模板	可用免费、个人、团队版专属模板	可用免费、个人、团队、企业版专属模板

续表

主要功能版本	免费版	个人版	团队版	企业版
智能自动识别采集				
自定义采集				
JSON采集				
定时采集	—	本地（1个）	本地（4个）、云	本地（16个）、云
增量采集	—	—		
关机采集	—	—		
验证码	手动	手动	手动，自动	手动，自动
代理IP	—			
本地数据备份到云（含自动备份）	—	—	手动	手动、自动
数据导出到本地文件	Excel、CSV、HTML、JSON	Excel、CSV、HTML、JSON	Excel、CSV、HTML、JSON	Excel、CSV、HTML、JSON
数据导出到数据库	MySQL，Oracle，SQL Server（手动导出）	MySQL，Oracle，SQL Server（手动导出）	MySQL，Oracle，SQL Server（手动或自动导出）	MySQL，Oracle，SQL Server（手动或自动导出）
文件下载	仅支持图片	无类型限制	无类型限制	无类型限制
全能型API接口	—	—		
云节点自主调度	—	—	—	
云采集监控预警平台	—	—	—	支持

资料来源：根据八爪鱼采集器官方网站信息整理

【同步训练】

任务一：采集携程网成都周边当地旅游数据。

目的：掌握通过智能采集器自动识别功能采集数据。

要求：

①利用八爪鱼或者后裔采集器采集数据。

②数据量30条以上，字段名不少于6个。

③导出采集结果（Excel表格形式）。

④规范表格字段名，表格内容若为空白，应尽量查找数据源头进行补充。

⑤正确命名文档并提交。

任务二：采集四川省文化和旅游厅文旅要闻列表页和详情页数据。

目的：掌握通过智能采集器自助选择列表页和详情页内容采集数据。

要求：

①利用八爪鱼采集器或者后羿采集器采集数据；

②采集列表页采集要闻标题和发布时间，详情页采集作者和要闻第一段；

③导出采集结果（Excel 表格形式）；

④规范表格字段名，表格内容若为空白，应尽量查找数据源头进行补充；

⑤正确命名文档并提交。

【内容小结】

旅游大数据遍布各大网站，包括互联网常见的数据分析网站、涉旅数据常见的官方网站等，不同网站的数据收集和采集的方法有所区别。熟悉以上网站的数据类别和发布周期等，可以更快、更好地找到数据。学习者可以根据需要，自主查询适合的网站，精准定位到所需的相关数据。

网络爬虫工具可以在全网采集数据，能够满足学习者对于互联网数据采集的需求，八爪鱼采集器、后羿采集器和爬山虎采集器等是常见的数据采集器。

【教学评价】

学生自评与互评如表 2-3-8 所示。

表 2-3-8　学生自评与互评

评价项目	评价内容		
学习纪律	1.出勤情况 2.遵守课堂纪律情况 3.学习主动性、积极性		
学习过程	1.预习与复习情况 2.跟随教师思路，理解授课内容与笔记情况 3.课堂参与情况 4.作业完成情况		
学习效果	1.课程所传授的知识与技能掌握程度 2.课程所传授的素质与思政目标达成程度 3.提出、分析、解决问题能力的提高程度		
姓名		班级	
自评等级	（　）A（　）B（　）C（　）D		

续表

评价项目	评价内容
互评等级	学生1：（　）A（　）B（　）C（　）D 学生2：（　）A（　）B（　）C（　）D 学生3：（　）A（　）B（　）C（　）D
提升思考	

【教学评价】

指导教师评价如表2-3-9所示。

表2-3-9　指导教师评价

评价项目	评价内容		
学习纪律	1.出勤情况 2.遵守课堂纪律情况 3.学习主动性、积极性		
学习过程	1.预习与复习情况 2.跟随教师思路，理解授课内容与笔记情况 3.课堂参与情况 4.作业完成情况		
学习效果	1.课程所传授的知识与技能掌握程度 2.课程所传授的素质与思政目标达成程度 3.提出、分析、解决问题能力的提高程度		
指导教师		班级	
评价等级	（　）A（　）B（　）C（　）D		
提升建议			

【学生笔记】

学生笔记如表2-3-10所示。

表2-3-10　学生笔记

任务名称	
学习日期	

指导教师	
学习记录：	

记录人：

任务四　了解基于 Python 语言的数据采集

【任务导引】

　　随着大数据时代的来临，网络爬虫工具在互联网中的地位越来越重要。互联网中的数据是海量的，采集数据的方式也是多种多样的，如何高效地获取互联网数据成了旅游经营和研究的重点。例如，在进行旅游产品在线营销时，商家用到的宣传照片不尽相同，照片和产品销售量有没有必然联系也成了商家关注的焦点，那么，怎样可以下载到各商家的产品宣传照片呢？旅游产品销售量和价格等因素有没有必然联系呢？这里涉及了更多的数据下载和分析。因此，为了让学习者了解和掌握更多的网络爬虫工具，本任务将由浅入深引导学习者了解基于 Python 的数据采集基础知识和应用 Python 进行数据采集的实施步骤。

【学习目标】

　　1. 知识目标：了解基于 Python 的数据采集基础知识；了解应用 Python 进行数据采集的实施步骤。

　　2. 能力目标：能够独立分析数据采集需要和业务问题；能够独立或在老师的指导下应用 Python 进行数据采集。

　　3. 素质目标：激发"活用工具、拓展边界"的创新精神；养成"合法合规、诚信采集"的职业素养。

【任务书】

　　本任务是了解基于 Python 的数据采集，如表 2-4-1 所示。

表 2-4-1　了解基于 Python 的数据采集

姓名		班级	
所在小组		指导老师	
任务名称		了解基于Python的数据采集	
任务内容及要求： 1. 任务内容 （1）了解基于 Python 的数据采集知识储备内容			

续表

（2）了解应用 Python 进行数据采集的实施步骤
（3）进行任务同步训练——尝试运用 Python 采集携程网九寨沟旅游产品图片
2. 要求
（1）高质量完成全部学习任务
（2）以小组形式完成任务同步训练
（3）同步训练成果在规定时间内提交至教学平台

进度安排：
1.课前预习　　　　年　　月　　日
2.课堂学习　　　　年　　月　　日，第　节
3.笔记整理　　　　年　　月　　日
4.作业提交　　　　年　　月　　日
5.其　　他　　　　年　　月　　日

【任务分组】

本次学习任务为"了解基于 Python 的数据采集"，建议 5~6 人为一组，共同完成任务同步训练，各小组力求发挥成员优势，全员参与，高质量完成学习任务。学习任务分配如表 2-4-2 所示。

表 2-4-2　学习任务分配

班级		组号		指导老师	
组长		学号		任务分工	
组员1		学号		任务分工	
组员2		学号		仟务分工	
组员3		学号		仟务分工	
组员4		学号		任务分工	
组员5		学号		任务分工	

【知识储备】

按照上海棕榈电脑系统有限公司 2021 年 4 月发布的《旅游大数据分析职业技能等级标准》（高级）要求，"能够借助至少 3 种网络爬虫工具（如 Excel 网页爬虫、后羿爬虫软件、八爪鱼采集器、爬山虎采集器等）和至少 1 种编程抓取技术（如 Python 等），独立且正确爬取与旅游业务相关的有效网络数据"。对标该职业标准内容，在学习网络爬虫工具的基础上，本部分帮助学习者了解 Python 编程语言、基于 Python 的数据采集基础等内容。

一、Python编程语言介绍

Python 编程语言由荷兰数学和计算机科学研究学会的吉多·范罗苏姆于 20 世纪 90 年代初设计，不仅提供了高效的高级数据结构，还能简单有效地面向对象编程。Python 语法和动态类型，以及解释型语言的本质，使它成为多数平台上写脚本和快速开发应用的编程语言，随着版本的不断更新和语言新功能的添加，逐渐被用于独立的、大型项目的开发。

Python 解释器易于扩展，可以使用 C 语言、C++ 语言或者其他可以通过 C 语言调用的语言扩展新的功能和数据类型。Python 也可用于可定制化软件中的扩展程序语言。Python 丰富的标准库，提供了适用于各个主要系统平台的源码或机器码。

（一）用途

由于 Python 编程语言的简洁性、易读性以及可扩展性，在国外用 Python 做科学计算的研究机构日益增多，一些知名大学已经采用 Python 来教授程序设计课程。众多开源的科学计算软件包都提供了 Python 的调用接口，如著名的计算机视觉库 OpenCV、三维可视化库 VTK、医学图像处理库 ITK。而 Python 专用的科学计算扩展库就更多了，如 NumPy、SciPy 和 matplotlib3 个十分经典的科学计算扩展库，它们分别为 Python 提供了快速数组处理、数值运算以及绘图功能。因此，Python 语言及其众多的扩展库所构成的开发环境十分适合工程技术、科研人员处理实验数据、制作图表，甚至开发科学计算应用程序。

（二）优缺点

Python 作为一种优点用途广泛的高层语言，具有简单、易学、易读、易维护、运行速度快、免费、开源、可移植性、可嵌入性、可读性强等优点。

Python 的底层是用 C 语言写的，很多标准库和第三方库也都是用 C 语言写的，运行速度非常快。Python 标准库非常庞大，可以帮助处理各种工作，包括正则表达式、文档生成、单元测试、线程、数据库、网页浏览器、CGI、FTP、电子邮件、XML、XML-RPC、HTML、WAV 文件、密码系统、GUI（图形用户界面）、Tk 和其他与系统有关的操作。这被称作 Python 的"功能齐全"理念。除了标准库以外，还有许多其他高质量的库，如 wxPython、Twisted 和 Python 图像库等。

使用 Python 过程中也会面临一些问题：它用缩进来区分语句关系的方式给很多初学者带来了困惑，即便是很有经验的 Python 程序员，也可能陷入陷阱当中；单行语句和命令行输出也存在一些问题，很多时候不能将程序连写成一行，输出时也必须将程序写入一个".py 文件"；与 C 语言和 C++ 语言相比，运行速度慢。

二、基于Python的数据采集基础

（一）了解 Python 爬虫框架

1. 什么是 Python 爬虫框架

简单来说，Python 爬虫框架就是一些爬虫项目的半成品。比如可以将一些常见爬虫功能的实现代码部分写好，然后留下一些接口，在做不同的爬虫项目时，我们只需要根据实际情况，编写少量需要变动的代码部分，并按照需求调用这些接口，即可以实现一个爬虫项目。这里的"半成品"有两层含义：

①这些框架并不是爬虫项目的成品，需要用户根据具体爬虫任务更改之后才可以正常使用。

②在框架中已经实现了很多爬虫项目要实现的常见功能，所以能够让我们在使用框架开发爬虫项目时节省很多精力，从而更高效地开发出一些优质爬虫项目。

可以看到，爬虫框架主要将一些常见的功能代码、业务逻辑等进行封装，从而能让我们以更高的效率开发出对应的爬虫项目。

2. 常见的 Python 爬虫框架

在 Python 中，开源爬虫框架有很多，甚至我们自己也可以写一些爬虫框架。我们并不需要掌握每一种开源的爬虫框架，只需要深入地掌握一种爬虫框架，对其他的爬虫框架有一些基本了解即可。因为，在深入地掌握了一种爬虫框架以后，其他的爬虫框架也会很容易掌握。大部分爬虫框架实现的基本方式大同小异，而对其他的爬虫框架有一些基本的了解有助于我们拓宽知识面。

Python 中常见的爬虫框架主要有 Scrapy 框架、Crawley 框架、Portia 框架、newspaper 框架、python-goose 框架。

在本任务后续的操作中，我们会以 Python 爬虫框架中的 Scrapy 框架作为重点学习内容。

3. 认识 Scrapy 框架

Scrapy 框架是一套比较常用的 Python 爬虫框架，是使用 Python 开发的快速、高层次的信息爬虫框架，可以高效率地爬取 Web 页面并提取我们关注的结构化数据。Scrapy 框架的应用领域有很多，比如网络爬虫开发、数据挖掘、数据监测、自动化测试等。Scrapy 的官网地址是 https://scrapy.org/，官网界面如图 2-4-1 所示。

（1）Scrapy 优点

Scrapy 是一套开源的框架，开源也意味着我们能够看到并且免费使用 Scrapy 的所有代码。其优点可以简单概括为以下 5 点：

① Scrapy 使用 Twisted 异步网络框架处理网络通信，加快了爬取数据的速度。

② Scrapy 具有强大的统计及日志系统，方便查看返回内容以及统计信息。

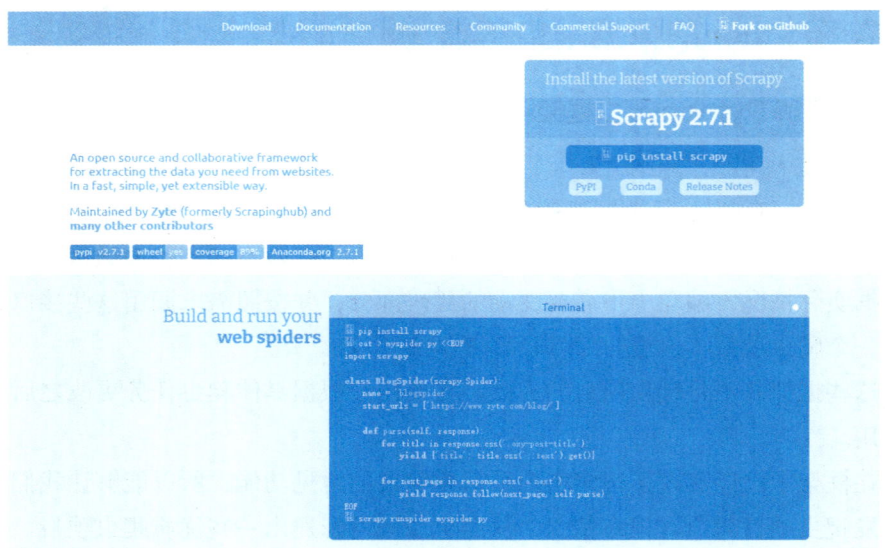

图 2-4-1   Scrapy 的官网界面

③ Scrapy 可同时采集多个不同网页的数据。

④ Scrapy 支持 Shell，方便独立调试。

⑤ Scrapy 运用管道的方式将数据存入数据库，操作灵活，可以保存多种形式的数据。

（2）Scrapy 工作流程

基于 Scrapy 多个组件之间相互的联系，Scrapy 整体工作流程大致如下：

① Scrapy 引擎从 Spiders 获取请求后，将请求发给调度器排队。

② Scrapy 引擎将从调度器处获取的需处理的请求发送给下载器。

③下载器根据请求从网络下载数据并封装成响应对象传递给 Scrapy 引擎，在传递过程中，下载器中间件对响应进行处理。

④ Scrapy 引擎将获取到的响应传递给爬虫进行处理。

⑤爬虫处理完后，生成一个包含需要继续爬取的网址的请求和 Items 对象组成结果，将结果发送给 Scrapy 引擎，在发送过程中会再次经过爬虫中间件并进行相应的处理。

⑥ Scrapy 引擎接收到爬虫传递的结果，将结果中的 Items 发送给项目管道处理。项目管道会对数据进行整理、清洗、保存，同时将 Requests 发给调度器排队。当调度器不存在 Requests 时，整个程序才会结束。

（二）配置本地 Python 环境

初学者推荐安装 Anaconda。Anaconda 包括 python 环境安装，并且在安装过程中配置好环境变量。配置了 2 个适合初学者的集成开发环境：Jupyter Notebook & Spyder 自动配置了多个常用工具包，包括 pandas、numpy、matplotlib、requests 等。版本建议：Anaconda 3.X 版本，64 位。配置步骤如下：

①点击安装包进行安装，弹出第一个对话框 Welcome to Anaconda3 2020.02（64-bit），如图 2-4-2 所示。

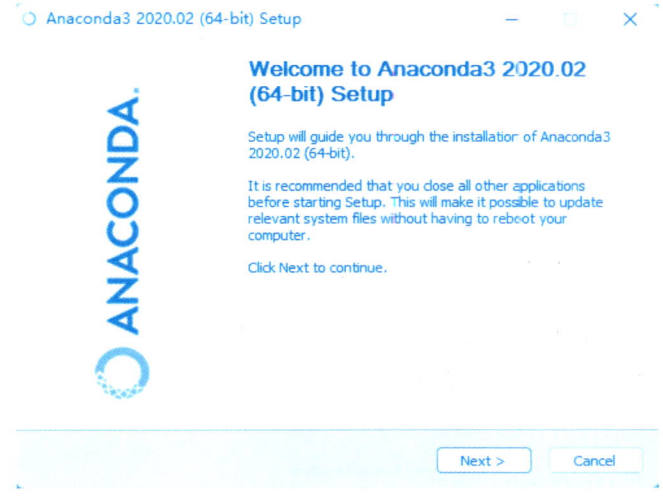

图 2-4-2　安装时弹出的第一个对话框

②在"License Agreement"对话框，点击"I Agree"，如图 2-4-3 所示。

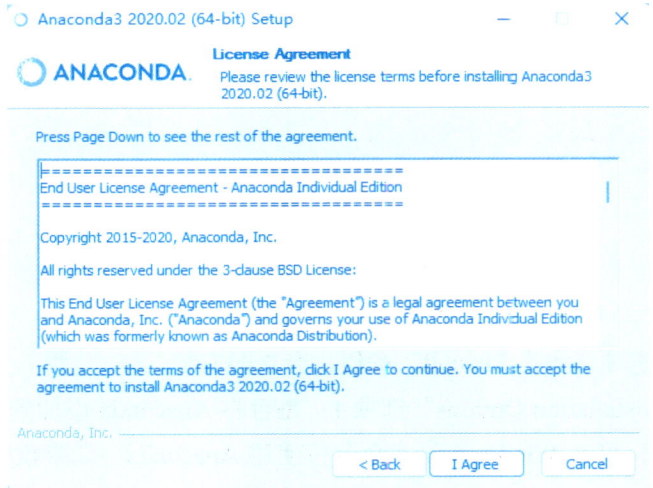

图 2-4-3　"License Agreement"对话框

③在"Select Installation Type"对话框，选择"仅自己使用"或"对所有用户均可使用"，如图 2-4-4 所示。

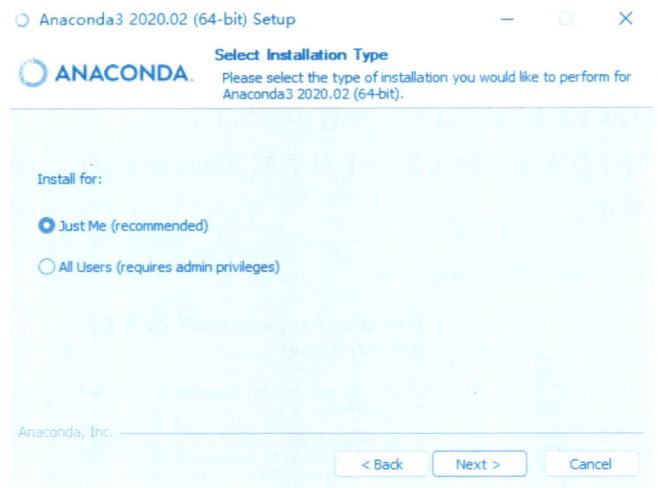

图 2-4-4　"Select Installation Type"对话框

④在"Choose Install Location"对话框，设置软件的安装目录，可以使用默认目录，也可以更改指定目录，如图 2-4-5 所示。

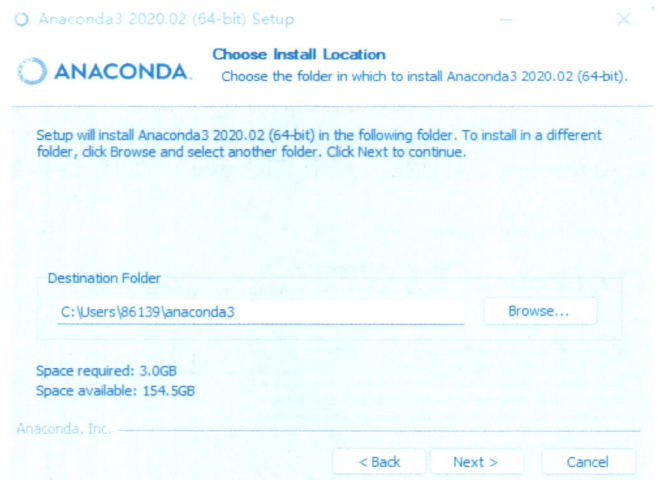

图 2-4-5　"Choose Install Location"对话框

⑤勾选两个选项，点击"Install"按钮，会立即安装。

"Advanced Installation Options"选项 1：是否将 Anaconda 添加到系统的 PATH 环境变量。勾选后，可在 Windows cmd 命令行使用 Anaconda。如果没有勾选，只能在电脑的开始菜单"Anaconda（64-bit）"中发现并使用 Anaconda。直接勾选即可。

"Advanced Installation Options"选项 2：是否将 Anaconda 中的 Python 编译器设置为系统默认的 Python 编译器。如果设置，此编译器可被 VSC，PyCharm 等软件检测并使用，直接勾选即可，如图 2-4-6 所示。

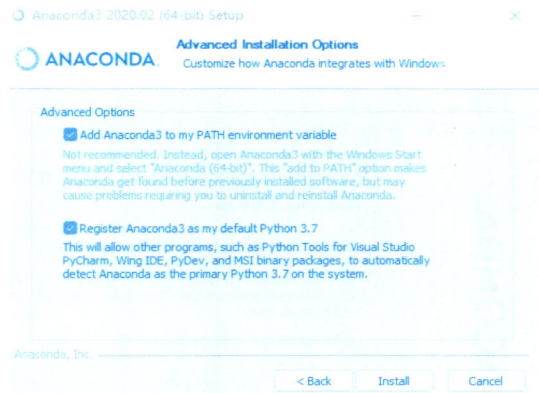

图2-4-6　"Advanced Installation Options"选项对话框

⑥需要等待一定的时间，等进度条全绿后，点击"Next"，如图2-4-7所示。

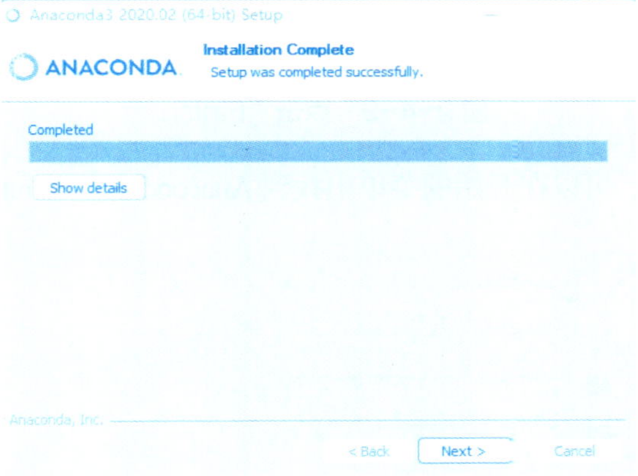

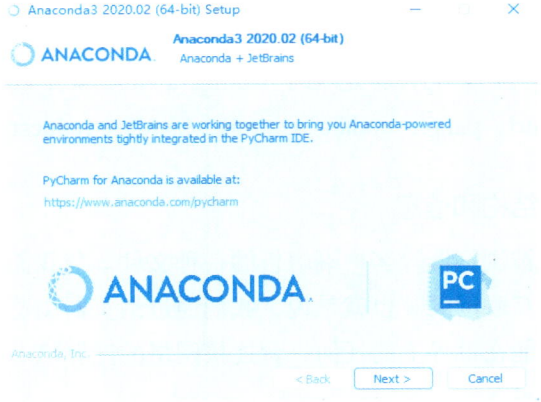

图2-4-7　点击"Next"

⑦如果不需要使用PyCharm，直接点击"Next"。成功安装后将显示对话框"Thanks for installing Anaconda"，如图2-4-8所示。

图2-4-8　安装成功界面

⑧无须勾选"Anaconda Individual Edition Tutorial"和"Learn More About Anaconda"，直接点击"Finish"，如图 2-4-9 所示。

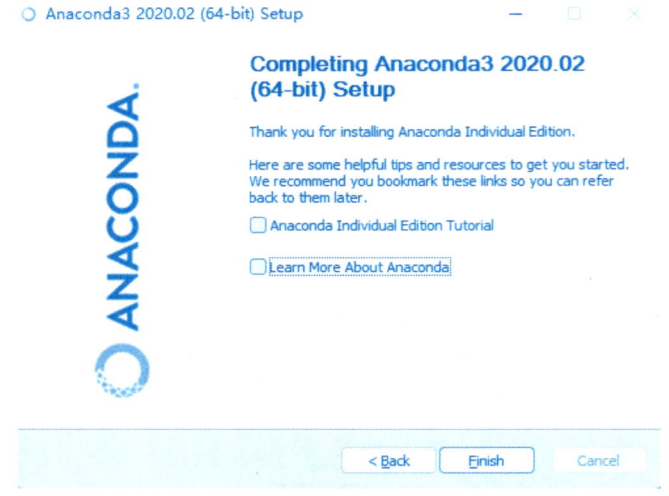

图 2-4-9　点击"Finish"

⑨安装成功之后，可以在开始的菜单中找到 Anaconda3（64-bit），如图 2-4-10 所示。

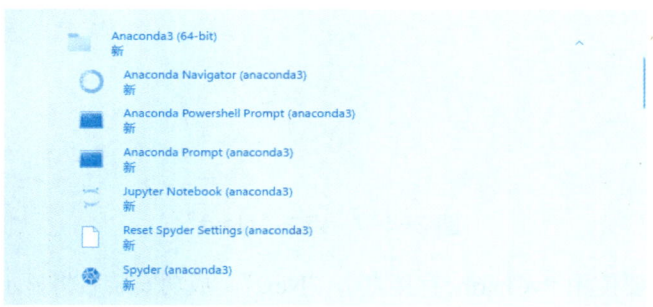

图 2-4-10　开始菜单

其中，Spyder 是 Scrapy 框架最核心部分之一，定义了如何爬取网站和获取结构化信息等。查看源码发现 Spyder 定义了 from_crawler，sest_crawler，start_requests，make_requests_from_url，parse，update_settings，handles_request 和 close 等功能。

（三）读懂网页结构和信息

网页是一种可以被浏览器等客户端解析的一种文件。与我们平常遇到的文件的区别是：网页是根植于互联网的。也就是说，我们通过浏览器浏览的网页文件大部分是不在本地的，它有可能在世界上的任何一台连接网络的计算机上面。爬虫抓取的数据其实就是网页上的内容。

1. 网站的概念

在具体讲解网页的构成之前，我们需要先了解一下网站的概念。网站是对外提供服务的多个网页构成的集合，主要分为静态网站和动态网站。

（1）静态网站

静态网站是指网站下所有的页面都是使用 HTML 构成的网站。所谓静态，不是指网页是静止不动的，网页中也可以有动画、视频等信息。这里的静态，指的是无法与服务端进行互动，只是被动地解析显示服务器端响应回来的信息。

静态网站的优点是容易被搜索引擎收录、方便 SEC 优化，内容独立、不依赖于数据库。静态网站的缺点是维护成本比较大，大部分内容需要人工手工更新，页面无法互动，用户体验不佳。

（2）动态网站

动态网站相对于静态网站，可以提供更多交互上的体验。比如，用户的注册登录，实时推荐等功能。动态网站里面不仅包含了静态的 HTML 文件，也包含服务器端的脚本，比如 Jsp，Asp 等。

动态网站的优点是用户体验良好，可以实现更多个性化的设置。服务器可以对客户端进行更多的互动，方便服务器对数据的管理和分析。动态网站的缺点是需要与数据库进行处理，访问速度大大降低，对于搜索引擎不友好。

2. 网页的三大基本元素

（1）HTML 语言

HTML 是用来描述网页的一种语言。HTML 不是一种编程语言，而是一种标记语言。标记语言是一套标记标签。

（2）URL 地址

URL 地址用于描述一个网络上的资源，运用 Python 采集数据时，需要找到对应的 URL 地址。

URL 格式是 schema://host[:port#]/path/.../[?query-string][#anchor]。

① Schema：指定底层使用的协议（例如：http，https，ftp）。

② Host：HTTP 服务器的 IP 地址或者域名。

③ Port：HTTP 服务器的默认端口是 80，这种情况下端口号可以省略。如果使用了别的端口，必须指明，例如 http://www.cnblogs.com:8080/。

④ Path：访问资源的路径。

⑤ query-string：发送给 http 服务器的数据。

⑥ Anchor：锚。

（3）标签、元素和属性

HTML 标记标签通常被称为 HTML 标签，是由尖括号包围的关键词，通常是成对出现的，比如 <b> 和 </b>。标签对中的第一个标签是开始标签，第二个标签是结束标签，开始和结束标签也被称为开放标签和闭合标签。

　　HTML 元素指的是从开始标签到结束标签的所有代码。元素的内容是开始标签与结束标签之间的内容。某些 HTML 元素具有空内容，如表 2-4-3 所示。

<div align="center">表 2-4-3　HTML 标签格式举例</div>

开始标签	元素内容	结束标签
<p>	This is a paragraph	</p>
<a href = 'default.html' >	This is a paragraph	</a>

　　HTML 标签可以拥有属性。属性提供了有关 HTML 元素的更多的信息。属性总是以名称 / 值对的形式出现，比如：name="value"。属性总是在 HTML 元素的开始标签中规定。

3. 头部信息和主体信息

　　头部信息标签为 <head>、</head>。<head> 内的元素可包含脚本，指示浏览器在何处可以找到样式表，提供元信息、头部信息的内容不会显示在网页上。头部信息一般会出现的标签：

　　<head>：定义关于文档的信息。

　　<title>：定义文档标题。

　　<base>：定义页面上所有链接的默认地址或默认目标。

　　<link>：定义文档与外部资源之间的关系。

　　<meta>：定义关于 HTML 文档的元数据。

　　<script>：定义客户端脚本。

　　<style>：定义文档的样式信息。

　　主体信息标签为 <body>、</body>。body 元素定义文档的主体，包含文档的所有内容。主体信息会显示在网页上。我们要核心理解的就是 <body> 内的标签。

4.HTML 基本标签

　　HTML 基本标签主要有标题标签、段落标签、样式标签、链接标签、图像标签、列表标签、块标签、脚本标签和注释标签。

　　（1）标题标签

　　标题书签有 <title>、<h1>、<h2>、<h3>、<h4>、<h5>、<h6>。标题（Heading）是通过 <h1>-<h6> 等标签进行定义的，<h1> 定义最大的标题的主体，<h6> 定义最小的标题的主体。

（2）段落标签

段落标签为 <p>。段落是通过 <p> 标签定义的。

（3）样式标签

样式标签为 <style>，提供了一种改变所有 HTML 元素的样式的通用方法。通过 HTML 样式，能够通过使用 style 属性直接将样式添加到 HTML 元素，或者间接地在独立的样式表中（CSS 文件）进行定义。

（4）链接书签

链接标签为 <a>。超链接可以是一个字，一个词或者一组词，也可以是一幅图像，用户可以点击这些内容来跳转到新的文档或者当前文档中的某个部分。鼠标指针移动到网页中的某个链接上时，箭头会变为一只小手。通过使用 href 属性创建指向另一个文档的链接，通过使用 name 属性创建文档内的书签。

（5）图像标签

图像标签为 <img>。在 HTML 中，图像由 <img> 标签定义。图像的属性中也可以加图片链接，通过 src 属性创建。

（6）列表标签

列表标签有无序列表 <ul>、有序列表 <ol>、列表项 <li> 几种类别。

（7）块标签

块标签有 <div>、<span>。其中，<div> 为块级元素，可用于组合其他 HTML 元素的容器，<span> 为内联元素，可用作文本的容器。

（8）脚本标签

脚本标签为 <script>。用于定义客户端脚本，比如 JavaScript。

（9）注释标签

注释标签的格式为 "<!-- 在此处写注释 -->"，在开始标签中有一个惊叹号，但是结束标签中没有，携程首页部分源代码如图 2-4-11 所示。

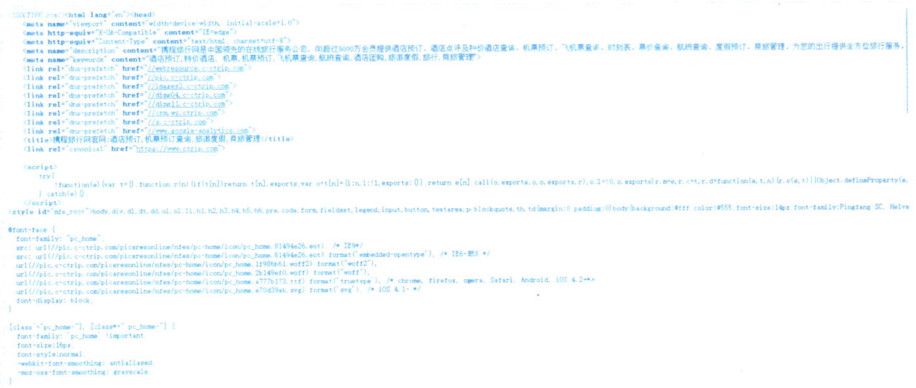

图 2-4-11　携程首页部分源代码截图

5. 爬虫基本逻辑

（1）【分页网页 url 采集】–【数据信息网页 url 采集】–【数据采集】

按照该逻辑，1 个数据信息网页采集 1 条数据。

第一步【分页网页 url 采集】，得到一个分页的 urllst1。

找到分页网址，如采集"《一千零一夜》的所有短评数据"的分页网址，这里由于网页只需要更改"start=..."，所以通过 for 循环即可。

第二步【数据信息网页 url 采集】，得到一个数据页的 urllst2。

基于分页网址 urllst1，采集每一个数据页面的 url，并存入 urllst2。

这里需要用到 requests+BeautifulSoup 实现。

第三步【数据采集】，每条数据存进一个 dict，所有 dict 组成一个 datalst 列表，通过 BeautisulSoup 解析标签，采集数据。

（2）【分页网页 url 采集】–【数据采集】

该逻辑也可以称为："循环标签采集"，1 个分页网页采集 n 条数据，相比于第一种逻辑，访问网页次数较少，容易避开反爬，但获取信息较少。

第一步【分页网页 url 采集】，得到一个分页的 urllst1。

找到分页网址，例如采集"《一千零一夜》的所有短评数据"的分页网址，这里由于网页只需要更改"start=..."，所以通过 for 循环即可。

第二步【数据采集】，每条数据存进一个 dict，所有 dict 组成一个 datalst 列表，通过 for 循环依次采集该页面的多个标签，通过 BeautisulSoup 解析标签，采集数据。

不论基于哪种逻辑思路，我们需要重点掌握以下 2 个工具：

①网络资源访问工具：requests。

掌握 requests 工具包，学会通过 python 访问网站，并做简单的内容识别。

②网页信息解析方法：BeautifulSoup。

掌握 BeautifulSoup 工具包，基本掌握静态网页的页面数据识别。

【实施步骤】

有时，我们需要对互联网中的一些图片进行分析或参考部分图片，可以将这些图片爬取到本地存储起来，这样使用起来更为方便。

案例 1　下载单张图片

假设我们现在在百度图片中搜索"九寨沟"，保存 1 张图片到本地。通过 Python 进行图片采集的实施步骤如下：

步骤 1：调用工具包。

```
import requests
```

步骤2：设置表头，明确用户访问身份。

```
headers = {'User-Agent':'Mozilla/5.0 （Windows NT 10.0; Win64; x64）AppleWebKit/537.36
（KHTML， like Gecko）Chrome/108.0.0.0 Safari/537.36'}
```

程序表头不是一成不变的，右键点击网页，选择"检查"，在"Network"中点击任意一条，在出现的代码中复制"User-Agent"及其内容。

步骤3：列出图片地址。

```
url = 'https://safe-img.xhscdn.com/bw1/c7d02737-08e7-4bf1-9e54-3b271e0
fd7a3?imageView2/2/w/1080/format/jpg'
```

步骤4：下载图片。

```
html = requests.get（url=url，headers=headers）.content
with open（'九寨沟.jpg', 'wb'）as f:
f.write（html）
```

下载的图片将默认和编程语言文档放在同一文件夹中。

案例2 下载多张图片

假设我们现在在百度图片中搜索"九寨沟"，保存20张图片到本地，为做后续分析做准备。通过Python进行图片采集的实施步骤如下：

步骤1：调取工具包。

```
import requests
import re
import os
```

requests库用于获取网页源代码、获取链接所对应的图片，re库用于捕捉网页中需要的内容（图片破解），os库用于创建下载目录。

步骤2：设置表头，明确用户访问身份。

```
headers ={'User-Agent':'mozilla/5.0 （Windows NT 10.0; Win64; x64; rv:108.0）Gecko/20100101
Firefox/108.0'}
```

步骤3：获取网页源代码。

```
response = requests.get（'https://image.baidu.com/search/index?tn=
baiduimage&ps=1&ct=201326592&lm=-1&cl=2&nc=1&ie=utf-8&dyTabStr=MCwzLDEs
Niw1LDcsNCw4LDIsOQ%3D%3D&word=%E6%AD%A6%E4%BE%AF%E7%A5%A0',
headers=headers）
text = response.text
```

步骤4：获取网页中图片的链接。

```
image_list = re.findall（' <img src="（.*?）" alt=".*?">', text）
```

通过查看网页源代码，找到图片的一般格式，并用正则表达式进行替换。

步骤 5：设置保存路径，os.mkdir 在没有该文件时自动创建文档。

```
path = r'C:\Users\86139\Desktop\imgs'
if not os.path.exists（path）:
os.mkdir（path）
```

步骤 6：下载图片。

```
index = 0
for item in image_list:
    response = requests.get（item，headers=headers）
    with open（path+'\\'+str（index）+'.jpg', 'wb'）as f:
        f.write（response.content）
        print（path+'\\'+str（index）+'.jpg'+'下载成功'）
    index +=1
```

图片采用二进制写入，"wb"表示二进制，".content"表示获取网页的二进制数据。

步骤 7：程序运行完毕，查看图片，获取图片以备分析，如图 2-4-12 所示。

图 2-4-12　运用 Python 采集到的图片

【能力拓展】

旅游目的地形象感知数据采集

在马蜂窝、携程网、同程等网站以关键词"旅游城市名"汉字和拼音，如"成都"和"Chengdu"进行搜索。按照需要采集一定时段的游记文本数据，如游记的时间跨度是从 2019 年 12 月 15 日至 2022 年 12 月 14 日。共采集一定数量的游记文本若干篇，并筛选出实际能够使用的游记文本。此外，应从携程网、马蜂窝等网站采集游客对旅游目的地城市的景点、美食、住宿、购物、交通、娱乐的积极和消极点评若干条作为情感分析的重要数据源。

游客在互联网发布游记、评论等信息是本文研究数据的重要来源。目前，各大旅游平台出于对自身数据的保护需要，不断升级更新网络反爬的技术手段，对数据抓取构成了新的挑战。为了稳定高效和安全地采集数据，可恒用 Python 编写爬虫程序时，调用 Selenium 库包。该库包最大的优点是不仅可以完全模拟人类的操作行为收集数据，不易被网络平台识别而封锁 IP 地址和账号，而且可以找到可用的代理 IP 池，在数据爬取的过程中定时更换 IP 地址。最后使用手机模拟器，模拟人们在使用手机进行网页浏览的行为。一般来说，数据采集程序都是运行在电脑端，因此，采用手机模拟器进行数据采集，可以降低被采集网站判定为数据采集行为的可能性，保证数据获取的成功率和连续性。

【同步训练】

任务：尝试运用 Python 采集携程网"九寨沟旅游产品图片"。

目的：了解基于 Python 的数据采集基础，能够独立或在老师的指导下应用 Python 完成指定的数据采集任务。

要求：

①正确安装 Anaconda。

②回顾完成此任务的知识基础，包括网页基本元素、Python 工具包、编程语言语法等。

③运行 Spyder，按照实施步骤操作，图片数量设置为 20 张。

④查看是否正常下载了图片。

【内容小结】

网络爬虫其实早就出现了，最开始的网络爬虫主要应用在各种搜索引擎中。在大数据时代，我们经常需要在海量数据的互联网环境中汇总采集一些特定的数据并对其进行分析。我们可以使用 Python 等网络爬虫对这些特定的数据进行爬取，并对一些无关的数据进行过滤，将目标数据筛选出来。

为了提高项目的开发效率，避免在项目开发的过程中思路混乱，我们需要在项目开发前理清该项目的实现思路及实现步骤。尤其是在进行数据抓取前，应对要爬取的网页进行分析，发现要获取内容的规律，总结出提取对应数据的表达式，总结自动爬取的方式。

Python 作为一种用途广泛的高层语言，具有简单、易学、易读、易维护、运行速度快、免费、开源、可移植性、可嵌入性、可读性强等优点。因此，我们应充分结合工作实际加以应用。

【教学评价】

学生自评与互评如表 2-4-4 所示。

表 2-4-4　学生自评与互评

评价项目	评价内容		
学习纪律	1.出勤情况 2.遵守课堂纪律情况 3.学习主动性、积极性		
学习过程	1.预习与复习情况 2.跟随教师思路，理解授课内容与笔记情况 3.课堂参与情况 4.作业完成情况		
学习效果	1.课程所传授的知识与技能掌握程度 2.课程所传授的素质与思政目标达成程度 3.提出、分析、解决问题能力的提高程度		
姓名		班级	
自评等级	（　）A（　）B（　）C（　）D		
互评等级	学生1：（　）A（　）B（　）C（　）D 学生2：（　）A（　）B（　）C（　）D 学生3：（　）A（　）B（　）C（　）D		
提升思考			

【教学评价】

指导教师评价如表 2-4-5 所示。

表 2-4-5　指导教师评价

评价项目	评价内容
学习纪律	1.出勤情况 2.遵守课堂纪律情况 3.学习主动性、积极性
学习过程	1.预习与复习情况 2.跟随教师思路，理解授课内容与笔记情况 3.课堂参与情况 4.作业完成情况

评价项目	评价内容		
学习效果	1.课程所传授的知识与技能掌握程度 2.课程所传授的素质与思政目标达成程度 3.提出、分析、解决问题能力的提高程度		
指导教师		班级	
评价等级	（　）A　（　）B　（　）C　（　）D		
提升建议			

【学生笔记】

学习笔记如表 2-4-6 所示。

表 2-4-6　学生笔记

任务名称	
学习日期	
指导教师	
学习记录：	

记录人：

模块三　　旅游大数据管理与治理

模块导读

　　在掌握旅游大数据收集与采集的基础上，我们开始学习旅游大数据的管理与治理。随着旅游信息化技术的发展和进步，旅游数据的管理显得越来越重要，并且成为国家旅游业发展项目的重要组成部分。数据在旅游业的各个要素中普遍存在，几乎每个业务内容都在使用数据，这些数据大多是以电子形式进行存储的，这也意味着它们是可扩展的：数据可以被大量存储、操作、集成和聚合，而后用于旅游行业的各种领域中，包括商务智能、精准营销和预测分析。为了更好地提升数据的使用价值，我们需要对数据进行安全有效地管理，包括对多渠道和手段采集的数据进行规范的数据归集与整理、对不同类别的旅游数据资源进行科学归类与编目、准确识别数据质量问题的原因以及判断数据质量的问题域等方面。因此，本模块学习任务包括重视旅游大数据管理、进行大数据编目管理和规范数据质量和安全管理。

模块导图

	任务一　重视旅游大数据管理
模块三　旅游大数据管理与治理	任务二　进行大数据编目管理
	任务三　规范数据质量和安全管理

任务一　重视旅游大数据管理

【任务导引】

　　峨眉山旅游股份有限公司打造的集云计算、大数据、人工智能等先进信息技术为一体的"文旅行业云"于 2020 年 4 月建设完成。"文旅行业云"通过"一云、两中心和多终端"初步实现了"人在游、数在转、云在算"的文旅新业态、新模式。截至目前，乐山市全域旅游大数据中心汇聚了市内旅游业的全量数据，包括国家 A 级旅游景区（36 家）、文化场馆（20 余处）、区县（11 个）的运营数据，接入了 2014 家酒店资源和 5358 家餐饮店信息。通过整合全域文旅行业 1200 多条路实时视频监控，构建了全域消费画像、游客画像以及舆情监测，实时展示全域文旅态势，为乐山市全域文旅决策和指挥调度提供了有力的数据支撑。目前，"文旅行业云"已赋能乐山市 8 个中小景区的信息化建设，"云订单"数据超 400 万笔，累计售票超 1300 万张，交易额超 8 亿元，累计服务游客 500 多万人次，为乐山市引流游客超过 30 万人次。2021 年，平台营业收入达到 1807.88 万元，利润达到 205.21 万元。"智游乐山"App 下载及注册量近 6 万次，服务游客超过百万人次。

　　任务：请小组查找该平台的相关资料，并讨论"文旅行业云"中数据管理的范围，以及涉及的数据类型。

【学习目标】

　　1. 知识目标：了解旅游大数据管理的时代背景、数据管理的范围，以及数据管理的重要性。

　　2. 能力目标：具备科学查找文献资料的能力。

　　3. 素质目标：养成"条理有序、规范治理"的职业素养；培养"严谨架构、稳固根基"的匠心思维。

【任务书】

　　学习任务书如表 3-1-1 所示。

表 3-1-1　学习任务书

姓名		班级	
所在小组		指导老师	
任务名称	制作旅游大数据管理基础知识的思维导图		

任务内容及要求：

1.任务内容

（1）掌握旅游大数据管理知识储备内容

（2）明确知识架构

（3）学习使用Xmind软件，并按照知识架构绘制

2.要求

（1）高质量完成全部学习任务

（2）以小组形式完成任务同步训练

（3）同步训练成果在规定时间内提交至教学平台。

进度安排：

1.课前预习　　　　年　　　月　　　日

2.课堂学习　　　　年　　　月　　　日，第　　节

3.笔记整理　　　　年　　　月　　　日

4.作业提交　　　　年　　　月　　　日

5.其　　他　　　　年　　　月　　　日

【任务分组】

本次学习任务为"制作旅游大数据管理基础知识的思维导图"，5~6 人为一组，共同完成任务同步训练，各小组力求发挥成员优势，全员参与，高质量完成学习任务。学习任务分配如表 3-1-2 所示。

表 3-1-2　学习任务分配

班级		组号		指导老师	
组长		学号		任务分工	
组员1		学号		任务分工	
组员2		学号		任务分工	
组员3		学号		任务分工	
组员4		学号		任务分工	
组员5		学号		任务分工	

【知识储备】

一、数据管理概述

（一）数据管理的时代背景

在信息时代兴起之前，信息和知识就已经是竞争优势的关键，而无论是信息还是知识，其核心的基础都是无处不在的数据。在工业革命之前，人类使用算盘、计算尺

来计算数据，使用账册、书籍来管理数据。任何一个组织在历史上的任何时代，能够拥有可靠的、优质的关于政治、军事、商业等方面的数据，都比那些没有这些数据的组织能做出更好的决策，从而取得竞争的最终胜利。

近年来，随着国内外电子商务行业的飞速发展，数据量呈现飞速增长的趋势，数据复杂性也随之增加，企业管理层对数据的需求也在不断增长。而数据化管理是国内企业对精细化管理、丰田生产方式、JIT、质量体系认证、绩效管理等先进的管理方式进行广泛学习并运用过程中逐渐形成的一种新的管理模式。同时，也是在行业间频繁的信息交流、人才流动过程中，普通企业充分利用了现代金融企业一切立足于数据信息所进行的管理方法的广泛传递而形成的一种管理模式。

数据化管理是对传统的账簿式管理的深化，是随着计算机技术的发展和普及，随着财务、金融等以数据作为操作基准行业的发展演化而来。多个行业的很多企业都在开始运用数据对业务发展状况进行监控，并指导管理工作的开展。在智慧城市、数字政府建设的大背景下，政府对于数据重要性的认知也在不断地提高，在全国范围内已经迅速建立了 30 多个大数据管理中心，这一现象正是数据管理日渐深入人心的最好写照。

（二）数据管理技术的发展

数据管理就是对各种数据进行分类、组织、编码、查询和维护。一般地，我们认为数据管理技术的发展大致经过了以下三个阶段：人工管理阶段、文件系统阶段、数据库系统阶段。

1. 人工管理阶段

在计算机出现之前，人们运用常规的手段从事记录、存储和加工数据，也就是利用纸张来记录及利用计算工具（如算盘、计算尺）来进行计算，并主要使用人的大脑来管理和利用这些数据。20 世纪 50 年代以前，计算机主要用于数值计算。从当时的硬件看，外存只有纸带、卡片、磁带，没有直接存取设备；从软件看（实际上，当时还未形成软件的整体概念），没有操作系统以及管理数据的软件；从数据看，数据量小，数据无结构，由用户直接管理，且数据间缺乏逻辑组织，数据依赖于特定的应用程序，缺乏独立性。

2. 文件系统阶段

20 世纪 50 年代后期到 60 年代中期，出现了磁鼓、磁盘等数据存储设备，新的数据处理系统迅速发展起来。这种数据处理系统是把计算机中的数据组织成相互独立的数据文件，系统可以按照文件的名称对其进行访问，对文件中的记录进行存取，并可以实现对文件的修改、插入和删除。数据可以长期保存在计算机外存上，可以对数据进行反复处理，并支持文件的查询、修改、插入和删除等操作，这就是文件系统。

文件系统实现了记录内的结构化，即给出了记录内各种数据间的关系。这一阶段的数据管理技术得益于计算机的处理速度和存储能力的惊人提高。但是，文件从整体来看却是无结构的。其数据面向特定的应用程序，因此数据共享性、独立性差，且冗余度大，管理和维护的代价也很大。

3. 数据库系统阶段

20 世纪 60 年代后期，计算机性能得到进一步提高，更重要的是出现了大容量磁盘，存储容量大大增加且价格下降。在此基础上，才有可能克服文件系统管理数据时的不足，满足和解决实际应用中多个用户、多个应用程序共享数据的需求，从而使数据能为尽可能多的应用程序服务，这就出现了数据库技术。数据库技术是现代信息科学与技术的重要组成部分，是计算机数据处理与信息管理系统的核心。数据库技术研究和解决了计算机信息处理过程中大量数据有效地组织和存储的问题，在数据库系统中减少数据存储冗余、实现数据共享、保障数据安全以及高效地检索数据和处理数据。数据库的特点是数据不再只针对某一特定应用，而是面向全组织，具有整体的结构性，共享性高、冗余度小，具有一定的程序与数据间的独立性，并且实现了对数据进行统一的控制。

如果说从人工管理到文件系统，是计算机领域质的飞跃，那么从文件系统到数据库系统，则标志着数据管理技术质的飞跃。20 世纪 80 年代后，不仅在大、中型计算机上实现并应用了数据管理的数据库技术，如 Orcal、Sybase、Informix 等，而且在微型计算机上也可使用数据库管理软件，如常见的 Access、FoxPro 等软件，使数据库技术得到广泛应用和普及。

（三）数据管理的重要性

当今社会数据无处不在，从工作流程到日常消费、从跨国旅游到宅家追剧，每个人无时无刻不在产生数据，也每时每刻地在使用数据。而所有这些数据大多是以电子形式存在的，这就意味着它们可以被存储、被管理。在旅游业中，数据广泛存在于旅游前、旅游中、旅游后的各个阶段，所有的这些数据都在各类涉旅企业的 ERP（企业资源计划）中被存储和管理。

数据是企业的核心资产。资产作为一种经济资源，可以被拥有、使用，并产生价值。资产通常被认为是财产，可以变现为价值。数据被广泛认为是企业的资产，然而大部分组织在将数据当作资产进行管理时，还是遇到了一些问题，比如，大多数组织还没有把数据资产放入资产负债表中，也就是说，很多组织还没有意识到数据的重要性。要从数据中获取价值，数据的常态化管理是必不可少的，需要组织高度重视并建立专门的数据管理团队，继而合理使用数据来创造产品、提升效能、精准定位市场。例如，根据以往的游客出行数据有针对性地推出旅游线路产品、参照同期销售数据制定合理的营销策略等。因此，加强数据的有效管理是十分必要的。

（四）数据管理平台出现的原因

随着智慧城市、数字政府建设的具体实践，一卡通、一号通、一网通、在线办理式服务的普遍应用，各个政府部门数据的匮乏，"智慧城市"不智慧的问题开始暴露在阳光之下。在这种背景下，城市统一的数据管理平台的需求应运而生。城市统一的数据管理平台可以为其他在建系统提供系统建设的实践必备参考，可以有效地提高信息资源的利用率。同时，数据标准的建设将当前应用系统中的数据在统一的平台上、统一的技术架构上、统一的标准规范上进行利用，充分发挥应用系统沉淀下来的数据的价值，增强政府应对市场发展的快速反应能力，为政府进行综合决策提供数据支撑，为业务发展和创新提供强有力的支持。

四川省公共数据平台建设日渐完善，截至 2024 年 12 月 29 日，已整合开放 48 个数据部门，市州数量 21 个，目录数量 5295 个，涉及资源数量 30276 个，数据总量达到了 29.90 亿条。其中，涉及文化和旅游厅的数据目录共有 38 个，数据接口 16 个，数据 353230 条，如图 3-1-1 所示。

图 3-1-1　四川省公共数据开放平台涉旅数据

数据管理平台的信息采集功能是提供不同手段和方法把分散的数据进行处理并收集起来，为后期数据资源的管理提供可能。通过将不同领域的数据整合到统一的数据库，用户可以更容易地获得分析信息，增强数据集中查询时的聚合效应，提升决策的准确性和时效性，实现了业务数据的存放、处理和查询检索等功能。这也正是本书所依赖的实训平台以数据管理平台的功能为基础的原因。

二、数据管理的含义及知识领域

（一）数据管理的含义

数据管理是数据组织、开放、实施、监督和维护的综合过程，其中包括数据的收集、整理、组织、存储、加工、传输、检索等。其目的是在整个数据生命周期内交付、控制、保护、输出数据，并因此提升数据的价值。

数据管理的工作内容可以分为三个部分：确保组织对数据做出合理、一致决策的数据治理活动（Governance Activities）；管理从数据的获取到数据的消除整个过程的数据生命周期活动（Lifecycle Activities）；涵盖数据的管理、维护和使用的数据基础活动（Foundational Activities）。图 3-1-2 为数据管理的工作内容。

数据管理是数据可用的基础，也是企业管理数据的一套完整机制，为数据管理的规章制度、流程、技术手段、组织和职责进行指导，为企业提高数据质量及可用性，从而降低企业经营成本。

图 3-1-2 数据管理的工作内容

（二）数据管理的知识领域

国际数据管理协会（Data Management Association，DAMA），由全球的数据管理爱好者组成。随着众多专家倾注热情与专业的编著，《DAMA 数据管理知识体系指南（第 2 版）》出版，这本书明确地定义了数据管理体系建设的完整知识体系，成为数据管理知识体系建设指明灯般的存在。"DAMA–DMBOK2 职能框架"主要介绍了数据管理知识体系中 11 个知识领域，如图 3–1–3 所示。

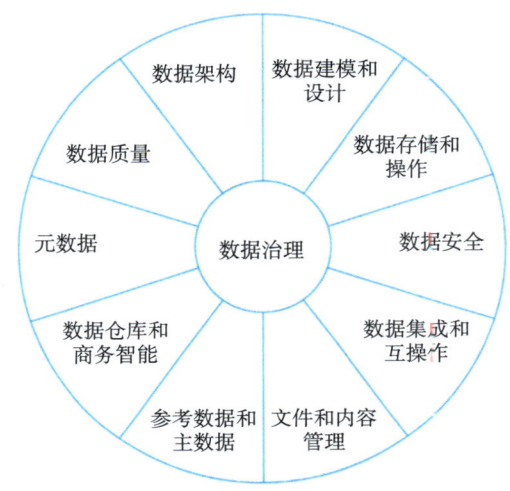

图 3-1-3　DAMA-DMBOK2 职能框架（DAMA 车轮图）

1. 数据治理（Data Governance）

数据治理是一个通过一系列与信息相关的过程来实现决策权和职责分工的系统，这些过程按照达成共识的模型来执行，该模型描述了谁（Who）能根据什么信息，在什么时间（When）和什么情况（Where）下，用什么方法（How），采取什么行动（What）。数据治理的最终目标是提升数据的价值，是企业实现数字战略的基础，是一个管理体系，包括组织、制度、流程、工具。

为了方便理解，我们可以将数据治理类比为审计和会计，如同审计员和财务总监制定用来管理财务资产的规则，数据治理专家则制定用来管理数据资产的规则，以便其他人员执行这些规则。例如，定义、沟通和驱动数据策略的执行。制定和执行数据质量的标准，确保组织可以符合数据相关的法规要求，在数据管理的关键领域提供观察、审计和纠正等。

2. 数据架构（Data Architecture）

数据架构是管理数据资产的"蓝图"，是对数据进行组织、设计和管理的过程，是指基于组织的战略目标，建立符合战略需求的数据架构。数据架构是业务战略和技术执行之间的桥梁。而企业数据架构为整个组织的重要元素定义标准术语和设计内容，有助于整个组织实现一致性数据的标准化和数据的整合。

组织的数据架构由一系列不同抽象层次上的主设计文档组成的完整集合来描述，包括指导数据收集、存储、排列、使用和删除的标准，以及通过组织的所有系统和路径对数据进行描述。最详细的数据架构设计文档应当是一个正式的企业数据模型，包含数据命名、全面的数据和元数据定义、概念和逻辑实体及其关系、业务规则等。

如图 3-4 所示为某地文旅部门所属各系统的整体数据架构图。从图 3-1-4 中可以看到文旅部门从基础数据采集到最后建模使用、场景输出的全过程。

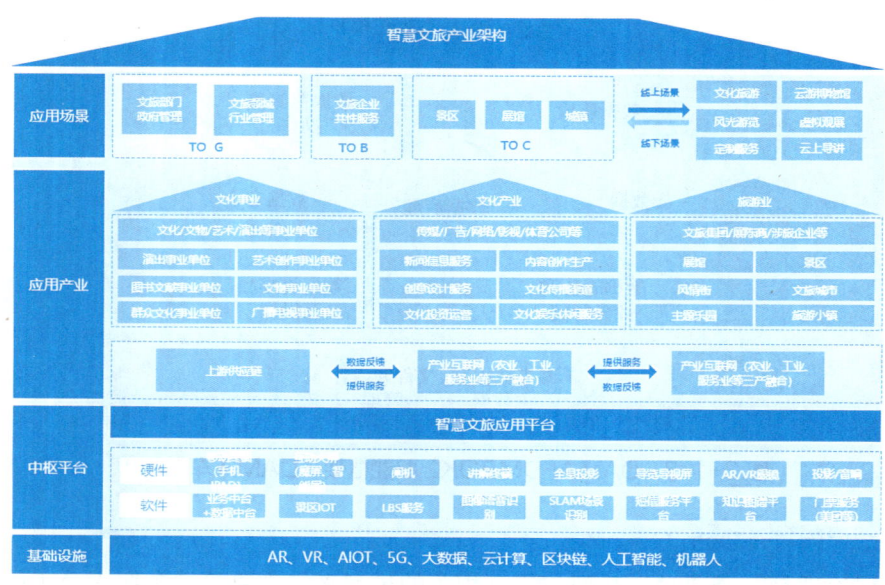

图 3-1-4　某地文旅部门整体数据架构图

3. 数据建模和设计（Data Modeling and Design）

数据建模和设计是探索、分析、表示和沟通数据需求的一个过程，最后表现为数据模型。也就是说，数据建模是发现、分析和界定数据需求的过程，然后以数据模型的精确形式表示和传达这些数据需求。

数据模型也可以称为逻辑模型（相对于概念模型 E-R 图），反映的是系统分析设计人员对数据存储的观点，是对概念数据模型进一步的分解和细化。数据模型是根据业务规则确定的，关于业务对象、业务对象的数据项及业务对象之间关系的基本蓝图。

常见的数据模型有关系模型（Relation Model）、网状模型（Network Model）、层次模型（Hierarchical Model）和对象关系模型（Object Relation Model）。目前最常用的模型是关系模型。

数据建模的目标是确认和记录不同视角对数据需求的理解，从而使应用程序与当前和未来的业务需求更加紧密地结合在一起，并为成功地完成广泛的数据应用和管理活动奠定基础。良好的数据建模会降低支持成本，增加未来需求重复利用的可能性，从而降低构建新应用的成本。

4. 数据存储和操作（Data Storage and Operations）

数据存储和操作包括数据存储的设计、实施和支持，侧重于存储和维护数据的环境，目的是达到利益最大化，对于依赖数据处理业务的组织至关重要。数据存储和操作一般包括两个子活动：

（1）数据库操作支持

数据库操作支持主要关注与数据生命周期相关的活动，即从数据库环境的初始搭建，到数据的获取、备份再到处置数据，还要保证数据库性能状态良好。

（2）数据库技术支持

数据库技术支持包括定义满足组织需要的数据库技术要求，定义数据库的技术架构，安装和管理数据库技术，以及解决与数据库相关的技术问题。

数据存储和操作服务于数据的整个生命周期——从数据规划到数据消除。

5. 数据安全（Data Security）

数据安全是指通过采取必要措施，确保数据处于有效保护和合法利用的状态，以及具备保障持续安全状态的能力。数据的收集、存储、使用、加工、传输、提供、公开等过程必须有安全的保障。

数据安全的目标主要体现在：支持正常的数据访问，拒绝非法及过度的数据访问；对受保护的隐私数据进行适当的展示；对重要数据及隐私数据的加密存储；数据操作的回溯以及变更数据的恢复；对于各类相关法规条例的遵从。

需要指出的是，对于单一批次数据的安全管理并非一成不变的，随着时间的推移（上市企业年报的公开）、地理位置的变化（部分隐私数据在他国不受保护）以及法规政策的调整（政府预算决算数据的公开），都有可能改变数据安全管理的方法。

6. 数据整合与互操作（Data Integration&Interoperability，DII）

数据整合与互操作，这一领域包括存在于不同数据系统、应用程序和组织之内，以及组织之间的数据迁移和集成等，侧重于存储和维护数据的环境。数据整合是将数据整合为一致的形式，无论是物理形式还是虚拟形式；而数据互操作是多个系统进行沟通的能力。要整合的数据通常来自组织中的不同系统，组织也越来越多地将外部数据与自身生成的数据整合在一起。

7. 文档和内容管理（Document and Content Management，DCM）

文档和内容管理，此类活动聚焦于既保证相关文档的完整性，也保证用户可以访问这些文档及其他非结构化、半结构化的数据。文档和内容管理需要控制存储在关系数据库之外的数据和信息的采集、存储、访问和使用，通过规划、实施和监管活动，来管理那些存储于非结构化介质中的数据和它们的生命周期，尤其是那些与法律及合规性相关的文件的管理。

文档和内容管理的目标在于：履行与档案管理有关的法律义务并达到客户的期望；确保能够高速有效地存储、检索、使用文件和内容；确保结构化和非结构化内容之间的集成能力。

8. 参考数据和主数据管理（Reference Data and Master Data Management）

参考数据和主数据管理是指管理共享数据以满足组织目标、减少与数据冗余相关的风险，确保更高的质量，并降低数据整合的成本。这一活动涉及对核心关键共享数据的持续更新和维护，以便得到最准确、及时且与基础业务相关的数据。

数据治理和数据管理方面的专家马尔科姆·奇泽姆提出了一种 6 层的数据分类法，包括元数据、参考数据、企业结构数据、交易结构数据、交易活动数据和交易审计数据。他将主数据定义为参考数据、企业结构数据和交易结构数据的聚合。其中，参考数据通常比其他类型的数据少，它们的行和列都非常少，但也比其他形式的数据相对稳定，如代码表和描述表。

9. 数据仓库和商务智能（Data Warehosing and Business Intelligence）

通过计划、实施和对系统流程的控制活动，为管理决策提供数据量化支持，使相关工作人员能够通过数据分析和数据报告获取价值。数据仓库允许组织将来自不同系统的数据整合到通用数据模型中，以支持操作功能、合规性需求和商务智能活动。

数据仓库建设是指数据仓库中数据的抽取、清洗、转换、控制、加载等操作过程，还包括与元数据资料库交互的流程，如图 3-1-5 所示。

商务智能（Business Intelligence，BI）既指一种理解组织诉求和寻找机会的数据分析活动，也指支持这类数据分析活动的技术集合。大数据商务智能将包括预测分析、数据挖掘及更传统的报告形式。

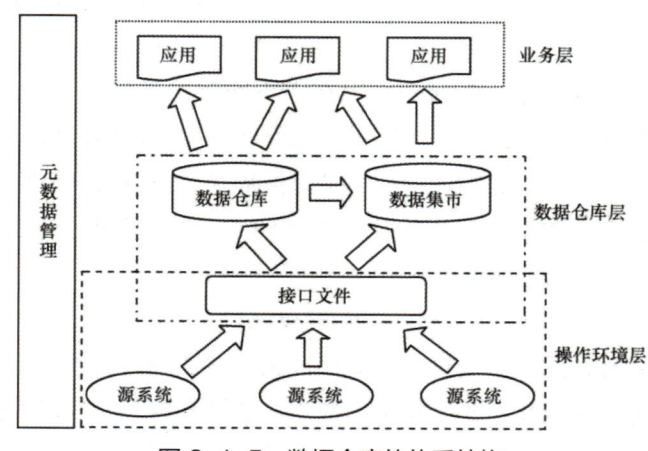

图 3-1-5　数据仓库的体系结构

10. 元数据管理（Metada Management）

通过规划、实施和控制活动，支持访问高质量的元数据集，包括定义、模型、数据流和其他对理解数据及其创建、维护和访问至关重要的信息。元数据经常被定义为"数据的数据"，对于数据管理和数据使用都是必不可少的。与其他数据一样，元数据也需要管理，即通过计划、实施和控制活动确保访问到高质量的、整合的元数据。随着组织收集和存储数据能力的提升，元数据在数据管理中的作用变得越来越重要。

数据治理的前提是要有数据，并且要求数据类型全、量大，并尽可能地覆盖数据流转的各个环节，而元数据是"所有系统、文档和流程中包含的所有数据的语境"。换句话说，如果没有元数据，组织 IT 系统中收集和存储的所有数据都会失去意义，也就没有业务价值。

11. 数据质量管理（Data Quality Management）

数据质量管理，这一活动包括规划和实施质量管理技术，以衡量、评估和改善组织使用的数据。数据质量是指与高质量数据相关的特性，也指用于测量或提高数据质量的过程。数据质量与数据消费者的使用场景和需求息息相关，只有达到数据消费者的期望并满足需求的数据才可以被称为高质量数据。换句话说，满足数据消费者的期望和需求的数据是高质量数据；反之，不适用于数据消费者的数据则是低质量数据。

数据（DataBase）
和数据仓库
（Datawarehouse）

由于数据清洗（Data Cleaning）工具通常简单地被称为数据质量（Data Quality）工具，很多人认为数据质量管理，就是修改数据中的错误、对错误数据和垃圾数据进行清理。这个理解是片面的，其实数据清洗只是数据质量管理中的一步。数据质量管理（DQM），不仅包含了对数据质量的改善与管理，还包含了对组织的改善与管理。针对数据的改善和管理，主要包括数据分析、数据评估、数据清洗、数据监控、错误预警等内容；针对组织的改善和管理，主要包括确立组织数据质量改进目标、评估组织流程、制订组织流程改善计划、制定组织监督审核机制、实施改进、评估改善效果等多个环节。

三、数据模型

数据建模是发现、分析和界定数据需求的过程，然后以数据模型的精确形式表示和传达这些数据需求，是数据管理的重要组成部分。

数据模型是现实世界数据特征的抽象，用于描述一组数据的概念和定义。数据模型是数据库中数据的存储方式，是数据库系统的基础。数据模型按不同的应用层次分成三种类型：概念数据模型、逻辑数据模型和物理数据模型。

数据模型包含了一组带有文本标签的符号，这些符号通过可视化来展示传达给数据建模师的数据需求。这些数据的范围可以从小型（对于项目）到大型（对于组织）。因此，数据模型是数据建模过程产生的数据需求和数据定义的文档化形式。数据模型是将数据需求从业务部门传递到 IT 部门，以及在 IT 部门内部，从分析师、建模师和架构师传递到数据库设计者和开发人员的主要媒介。

（一）概念数据模型

概念数据模型是现实世界第一层次的抽象，主要用于信息世界的建模。因此要求概念数据模型应该具有较强的语义表达能力，能够有效、直接地表达应用中的各种语义知识。同时，概念数据模型应该简单、直观和清晰，能为不具备专业知识或者专业知识较少的用户所理解。

概念数据模型的表示方法很多，其中最常用的是 1976 年提出的实体—联系（Entity–Relationship，简称 E–R 模型）理论。E–R 模型用 E–R 图来抽象表示现实世界中客观事物及其联系的数据特征，是一种语义表达能力强、易于理解的概念数据模型。E–R 模型中的主要概念有以下几类。

1. 实体（Entity）

现实世界客观存在可区分的客观事物或抽象事物被称为实体。实体可以是具体的人、事、物，也可以是抽象的概念。例如，一家旅行社网点、一张旅游参团订单都可以是一个实体。

2. 属性（Attribute）

实体通常具有若干个特征，每一个特征称为实体的一个属性。例如，一家旅行社由旅行社名、负责人、经营类型、注册地址等属性来表述。属性不能脱离实体，属性必须相对实体而存在，它表达了实体某个特定方面的特征。属性的名称称为属性名，同一类型的实体的属性一般采用相同的属性名。

3. 实体集（Entity Set）

具有同一特征的一类实体的集合就称为实体集。例如，某家旅行社的所有网点。

4. 键（Key）

能唯一标识每个实体的属性或属性组，称为实体的键，简称键。键包括主键和候选键。能唯一标识实体的属性集称为候选键，一个实体可能存在多个候选键。例如，一张旅游行程单的行程天数、报价都可以是候选键。能够唯一标识实体的候选键就称为主键。例如，旅游订单的订单号就是唯一的主键。

5. 域（Relation）

域是属性的可能取值范围，表示某个特定属性的取值范围。例如，自然数、整数、字符串都可以是某一属性的域范围。

6. 联系（Relation）

现实世界中事物之间或事物内部的关联被称为联系，联系包括一对一联系、一对多联系、多对多联系 3 种。联系也可能具有属性，用来描述联系的特征。例如，顾客实体和旅游订单实体之间存在"购买"联系，"购买"联系具有购买数量、购买日期等属性。

实体、属性和联系称为 E-R 模型三要素。

下面通过 E-R 图的例子来具体了解一下概念数据模型的主要表现形式。如图 3-6 所示的旅行社产品预订 E-R 图中，矩形框表示实体，椭圆表示属性，菱形框表示联系。实体存在主键，必须用下划线标示出来。实体之间通过菱形进行连接，框内是联系名。联系也可以与自己的属性相连接。

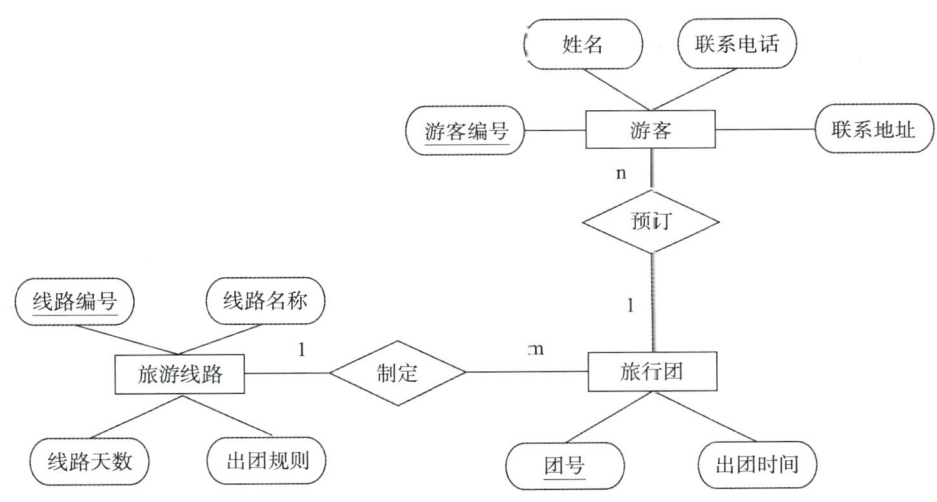

图 3-1-6　旅行社产品预订 E-R 图

从图 3-1-6 中可以看出，游客、旅行团和旅游线路是三个实体，一个旅行团可以接收多位游客预订，但一位游客只能预订一家旅行团，所以它们是一对多的关系。游客拥有游客编号、姓名、联系电话、联系地址 4 个属性，其中游客编号具有唯一性，所以被设置为主键。旅行团拥有团号和出团时间 2 个属性，其中团号具有唯一性，所以被设置为主键。旅游线路拥有线路编号、线路名称、线路天数和出团规则 4 个属性，其中线路编号具有唯一性，所以被设置为主键。游客通过预订这个动作来关联旅行团。

（二）逻辑数据模型

逻辑数据模型是一种图形化的展现方式，一般采用面向对象的设计方法，反映的是系统分析人员使用统一的逻辑语言描述业务，借助相对抽象、逻辑统一结构，实现数据库所要求的数据存储目标，是对概念模型进一步的分解和细化。逻辑数据模型是根据业务规则确定的。

　　常用的逻辑数据模型有层次数据模型、网状数据模型、关系数据模型和面向对象数据模型四种，最常用的是关系数据模型。其中，层次数据模型是最早出现的数据模型，是采用层次数据结构来组织数据的数据模型。网状数据模型采用网状结构，能够直接描述一个节点有多个父节点以及节点之间为多对多联系的情形。面向对象数据模型是一种新兴的数据模型，也是最重要的模型思路。它采用面向对象的方法来设计数据库。面向对象的数据库存储对象是以对象为单位，每个对象包含对象的属性和方法，具有类和继承等特点。关系数据模型由关系数据结构、关系操作和完整性约束三部分组成。在关系数据模型中，实体和实体之间的联系均由二维表的形式来表示，如表 3-1-3 所示。一个关系对应着一个二维表，二维表就是关系名。每个表中有多个列，每列有唯一的列名，这些列名称为属性。每个属性有一组允许的取值范围，称为该属性的域。表中的每一行代表一条记录。如果在一个关系中存在唯一标识一个实体的一个属性或属性集称为实体的键。每张表一般都会有一个主键，主键由一个或多个属性组成，是记录的唯一标识。

表 3-1-3　关系数据模型示例

旅游产品编号	订单数量	收客数量	产品单价	收款总金额
L120220801001	1	5	¥3000	¥15000
L202209010002	1	9	¥1400	¥12600
L202209010003	1	3	¥2000	¥6000

　　从表 3-1-3 中可以看出，关系数据模型由 5 列组成，分别是旅游产品编号、订单数量、收客数量、产品单价、收款总金额。旅游产品编号为该表的主键，产品编号的值域为字符型，订单数量、收客数量、产品单价和收款总金额则为数值型。

　　在数据管理层面，关系数据模型还可以拓展为表与表之间的逻辑关系。一般来说，业务系统都是由多张数据表组成的，表与表之间的逻辑设计直接关系到业务系统的可操作性和效率。我们通常采用主外键关联来实现这种逻辑。

1. 主键的特点

　　能够唯一地表示表中的每一行数据，这样的列属性称为表的主键，使用表的主键可以保证实体的完整性，同时主要用于和其他表之间通过主外键关联建立表之间的联系。主键有以下特点。

　　①保证数据库表里的唯一性、完整性。

　　②用于和其他表之间建立外键关联的关系，从而实现对关联表的操作。

　　③在数据库中，主键一般用表示。

④每个表都应该有一个主键，并且每个表只能有一个主键。

2. 外键的特点

在数据库中，通过一个表中的指定字段，可以把数据与另一张表关联起来，这种列则称为外键。外键有以下几个特点。

①保证数据的完整性和一致性。

②主要目的是控制存储在外键表中的数据，可以用于预防破坏表之间连接的行为。

③支持 sql 语句中的关联查询。

④ FOREIGN KEY 约束能预防非法数据插入外键列。

下面以图 3-1-7 所示的订单关系图来进行说明。

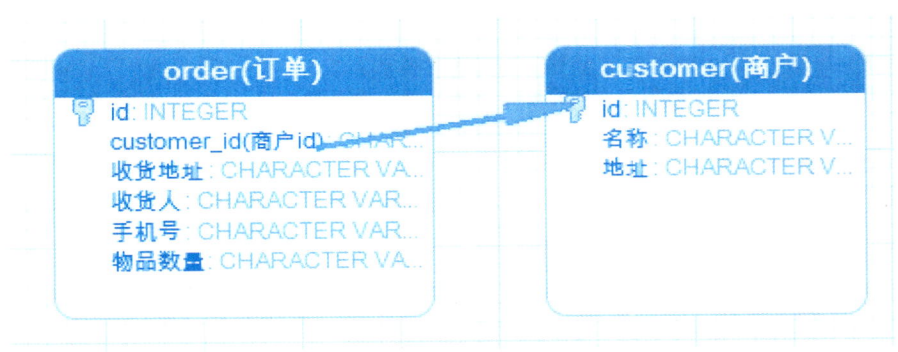

图 3-1-7　订单关系图

从图 3-1-7 中可以看出，这是一个简单的订单系统内的 2 张表之间的逻辑关联。订单表作为主表，它的主键是订单 id。商户表的主键是商户 ID。订单表和商户表之间有一个商户 ID 作为外键进行关联。

（三）物理数据模型

无论是概念数据模型还是逻辑数据模型，体现的都是现实世界实体或实体与实体之间关系的投影。而物理数据模型则是上述逻辑模型所说的内容，在具体的物理介质上进行实现。即用于存储结构和访问机制的更高层描述，描述数据是如何在计算机中存储的，如何表达记录结构、记录顺序和访问路径等信息。使用物理数据模型，可以在系统层实现数据库。数据库的物理设计阶段必须在此基础上进行详细的后台设计，包括数据库的存储过程、操作、触发、视图和索引表等。

物理数据模型的内容包括确定所有的表和列，定义外键用于确定表之间的关系，基于用户的需求可能进行范式化等内容。在物理实现上的考虑，可能会导致物理数据模型和逻辑数据模型有较大的不同。

【教学评价】

学生自评与互评如表 3-1-4 所示。

表 3-1-4 学生自评与互评

评价项目	评价内容		
学习纪律	1.出勤情况 2.遵守课堂纪律情况 3.学习主动性、积极性		
学习过程	1.预习与复习情况 2.跟随教师思路，理解授课内容与笔记情况 3.课堂参与情况 4.作业完成情况		
学习效果	1.课程所传授的知识与技能掌握程度 2.课程所传授的素质与思政目标达成程度 3.提出、分析、解决问题能力的提高程度		
姓名		班级	
自评等级	（　）A（　）B（　）C（　）D		
互评等级	学生1：（　）A（　）B（　）C（　）D 学生2：（　）A（　）B（　）C（　）D 学生3：（　）A（　）B（　）C（　）D		
提升思考			

【教学评价】

指导教师评价如表 3-1-5 所示。

表 3-1-5 指导教师评价

评价项目	评价内容
学习纪律	1.出勤情况 2.遵守课堂纪律情况 3.学习主动性、积极性

续表

评价项目	评价内容		
学习过程	1.预习与复习情况 2.跟随教师思路，理解授课内容与笔记情况 3.课堂参与情况 4.作业完成情况		
学习效果	1.课程所传授的知识与技能掌握程度 2.课程所传授的素质与思政目标达成程度 3.提出、分析、解决问题能力的提高程度		
指导教师		班级	
评价等级	（　）A　（　）B　（　）C　（　）D		
提升建议			

【学生笔记】

学生笔记如表 3-1-6 所示。

表 3-1-6　学生笔记

任务名称	
学习日期	
指导教师	
学习记录：	

记录人：

任务二　进行大数据编目管理

【任务导引】

宁夏全域旅游项目通过整合宁夏互联网游客评价数据、互联网舆情数据、当地旅游管理部门数据、位置数据等宁夏旅游相关数据，实现景区客流监测、游客满意度分析、舆情分析、游客画像分析等功能，旨在协助宁夏回族自治区旅游发展委员会产业监测、精准营销、精准决策、服务管理和品质监管业务。其中，旅游资源分布系统的数据源为景点、旅行社、星级饭店的基础信息。该系统的价值是了解景区、旅行社、星级饭店地理分布及统计信息。

任务：小组查阅有关资料，并讨论如何有效地将这些数据进行管理。

【学习目标】

1. 知识目标：了解元数据与主数据的概念和区别、元数据的管理，以及结构化查询语言的基本用法。

2. 能力目标：具备正确使用结构化查询语言的能力。

3. 素质目标：养成"条理有序、规范治理"的职业素养；培养"严谨架构、稳固根基"的匠心思维。

【任务书】

学习任务书如表 3-2-1 所示。

表 3-2-1　学习任务书

姓名		班级	
所在小组		指导老师	
任务名称	旅游大数据编目管理实例练习		
任务内容及要求： 1.任务内容 （1）查找四川省2018—2022年期间景点、旅行社、星级饭店相关数据 （2）将这些数据分别归纳总结为一个表格 2.要求 （1）高质量完成全部学习任务 （2）以小组形式完成任务同步训练 （3）同步训练成果在规定时间内提交至教学平台			

续表

```
进度安排：
1.课前预习        年    月    日
2.课堂学习        年    月    日，第  节
3.笔记整理        年    月    日
4.作业提交        年    月    日
5.其  他          年    月    日
```

【任务分组】

本次学习任务为"制作旅游大数据管理基础知识的思维导图"，5~6人为一组，共同完成任务同步训练，各小组力求发挥成员优势，全员参与，高质量完成学习任务，学习任务分配如表3-2-2所示。

表3-2-2　学习任务分配

班级		组号		指导老师	
组长		学号		任务分工	
组员1		学号		任务分工	
组员2		学号		任务分工	
组员3		学号		任务分工	
组员4		学号		任务分工	
组员5		学号		任务分工	

【知识储备】

一、主数据与元数据

（一）主数据

1. 主数据的概念

主数据是具有共享性的基础数据，可以在企业内跨越各个业务部门被重复使用，处于相对高价值、相对高共享且相对稳定的状态。主数据不是企业内所有的业务数据，只有必须在各个系统间共享的数据才是主数据，是指企业内各个系统间需要共享的数据。主数据能描述核心业务实体，如客户、供应商、账户、组织单位、员工、合作伙伴、位置信息等都是主数据。企业内大部分的交易数据、账单数据等都不是主数据。实体是在数据管理中以记录的形式表示。主数据是业务实体最权威、最准确的可用数据。

（1）主数据的特点

通常，主数据具有以下几个特点。

①高度共享性：主数据能够在整个企业中不同的系统、子公司或分公司、部门之间共享。因此，主数据必须应用一种能够被各种异构系统所兼容的技术架构。

②识别唯一性：在一个企业中，不分系统、部门都可以唯一识别出来。

③长期有效性：长时间都是有效的数据，该业务对象贯穿于整个生命周期甚至更长。

④业务稳定性：一旦录入系统中就很少发生改动，就像是人员的姓名、身份证号一样。

（2）主数据管理

由于主数据通常需要在整个企业范围内保持一致性、完整性、可控性，为了达成这一目标，就需要进行主数据管理（Master Data Management，MDM）。主数据管理包括创建和维护主数据，主数据解决方案必须包含工具和流程，随着时间的推移更新和扩展主数据，以保持整洁和一致。

在开始进行主数据管理之前，主数据管理策略应围绕以下六个领域构建。

①治理：管理组织机构、政策、原则和质量以促进对准确的和经过认证的主数据的访问。本质上，这是跨组织定义主数据管理程序各个方面的过程。

②评估：根据既定目标做到何种程度，测量应着眼于数据质量和持续改进。

③组织：在整个主数据管理中安排合适的人员，包括主数据所有者、数据管理员和参与治理的人员。

④制度：主数据管理应遵循的要求、政策和标准。

⑤流程：整个数据生命周期中用于管理主数据的已定义流程。

⑥技术：主数据系统、集成和所有相关支持技术。

2. 识别主数据

我们先来看一个场景：一名游客向文旅主管部门投诉，称旅行社泄露了他的个人隐私。但追查下来，其实旅行社并不是故意的：不同系统中保存了客户多个报名信息的不同手机号码，旅行社向客户发送其出游日程提醒，客户的一个"错误手机号码"收到了短信。

一个客户多个号码并存，且其中还含有"敏感号码"。这种现象在客户信息管理中屡见不鲜，并由此带来了"客户投诉"等系列连锁反应。

有两个概念隐藏在这两个场景中：一个是"主数据"，案例中"游客"就属于主数据，其中由客户信息管理不当引起的投诉事件就是主数据管理缺失带来的问题。另一个就是"主数据管理"，创建客户数据的单一可信版本，这就是引入了主数据管理解决方案。

由此可知，主数据要能够满足企业跨部门协同需要，同时反映核心业务实体状态属性的企业（组织机构）基础信息，且自身属性相对稳定、准确度要求更高、可唯一识别。

我们可以将这几个重要信息放到旅游行业中来形象地展示以下特点。

①能够满足销售部门及计调部门等企业跨部门协同需要。

②能够反映旅行社的等级、业务类型、门店数量等。

③能够唯一标识游客的身份。

主数据是定义企业核心的业务对象，所以强调的是要共享、统一的基础数据。例如，旅游产品、旅行社员工、旅游资源、游客、供应商等，企业的业务记录都是围绕这些业务对象开展的。为保证业务数据的质量，主数据需要在企业全范围内保持一致性、准确性、完整性和可控性。

（二）元数据

1. 元数据管理

元数据的定义是"关于数据的数据"，元数据与数据的关系就像数据与自然界的关系，数据反映了真实世界的交易、事件、对象和关系，而元数据反映了数据的交易、事件、对象和关系等。简单来说，只要能够用来描述某个数据的，都可以认为是元数据。

数据管理的原则之一就是，元数据对于数据管理是不可或缺的，换句话说，你需要用元数据来管理数据。同时，元数据描述了你所拥有的数据。元数据首先是一种编码体系，本身一经建立，便可共享。元数据管理是整个数据生命周期中需要做的基础性工作。

元数据是用来描述其他数据的一类数据。同样的，元数据对于所有数据管理功能来说都是关键的。元数据通常是通过数据生命周期内的其他数据创建的，被看作数据生命周期的产品（而不是副产品）。元数据要像其他数据一样进行质量管理。

我们来看一个元数据的形象案例：要理解元数据在数据管理中的重要作用，可以想象一下，在一个大型图书馆里，存放着成千上万本书籍和杂志，要找到某一本特定的图书，就很困难，因此需要书籍编目。书籍编目不仅提供了必要的信息（图书馆拥有哪些书籍和资料，以及它们放在哪里），还允许读者从不同的起点（主题区域、作者或标题）出发查找资料。如果没有书籍编目，读者可能甚至不知道如何开始寻找特定的书籍或主题。没有元数据的组织就像没有书籍编目的图书馆一样。

元数据包含了一系列的信息，涉及关于让人们了解这些数据的信息以及含有这些数据的系统。元数据描述了一个组织有什么数据，这些数据代表了什么，数据是如何分类的，数据从哪里来，数据在一个组织内是如何迁移的，数据通过被使用是如何进化的，谁能用、谁不能用，数据是不是高质量的等内容。数据管理的挑战是，不仅需要元数据来管理数据，还需要把元数据本身作为数据的一种来进行管理，如图 3-2-1 所示。

图 3-2-1　元数据管理

从业务系统的数据分类来看，元数据大致可以分为以下 3 类。

（1）业务元数据

描述的对象是数据的业务含义、业务规则等。通过对业务元数据的明确，人们对它的理解和使用会变得更加容易。元数据使得数据的二义性不复存在，人们对数据含义能够产生一致的认知，避免了"自说自话"的情况，进而为数据分析和应用提供支撑。主要包括：①数据模型、数据集的定义和描述、表和列；②业务规则、数据质量规则、转换规则、计算和派生数据；③数据来源和数据继承；④数据标准和约束；⑤安全 / 隐私级别的数据；⑥数据中存在的已知问题。

（2）技术元数据

用于开发和日常管理数据仓库时用的数据。它作为数据的结构化，能够方便计算机、数据库对数据进行识别、存储、传输和交换。对开发人员来说，技术元数据有助于明确数据的存储、结构，为应用开发和系统集成打牢基础；对业务人员来说，技术元数据有助于理清数据关系，从而能够更加快速地找到想要的数据，进而对数据的来源和去向进行分析，支持数据血缘追溯和影响分析。主要包括：①物理数据库表、列名和属性；②数据访问权限、组、角色；③数据 CRUD（创建、替换、更新和删除）规则；④数据 ETL（抽取、转换和加载）任务细节；⑤数据继承文档，包括在上游和下游更改影响信息；⑥内容更新周期、作业进度和依赖项。

（3）操作元数据

描述了数据的操作属性，比如管理部门、管理责任人等。数据操作属性的明确，有助于将数据管理责任落实到部门和个人，是数据安全管理的基础条件。主要包括：①批处理程序的作业执行日志；②审计结果、平衡、控制测量和错误日志；③报告和查询访问模式、频率和执行时间；④补丁和版本维护计划及执行，当前补丁级别；⑤备份、保留、创建日期、灾难恢复的相关规定。

2. 元数据生成

元数据管理是数据资源中心建设的重要组成部分，通过元数据的统一视图，缩短项目建设周期、提高数据质量以便能系统性地管理来自各信息系统的海量数据，梳理业务元数据之间的关系，建立全局级的数据元，完善对数据的解释、定义，形成一定范围内一致、统一的数据定义，并可以对这些数据来源、运作情况、变迁等进行跟踪分析。

（1）元数据模板生成

对不同类别的元数据提供 Excel 模板生成功能，减少人工编制元数据文件带来的工作量。

（2）模板文件导出

可将系统中的某一事项元数据导出到 Excel 文件中。

（3）元数据维护

元数据维护是指对元数据的增加、删除、修改、查看功能，并可设相应的元数据访问权限。

（4）元数据获取

元数据获取是指当新增数据源分类、采集模板、数据表、数据处理流程等元素时，匹配当前文件 / 数据的元数据。

（5）元数据查询

元数据查询提供快速定位、查找元数据信息的功能。元数据的维护和查询如图 3-2-2 所示。

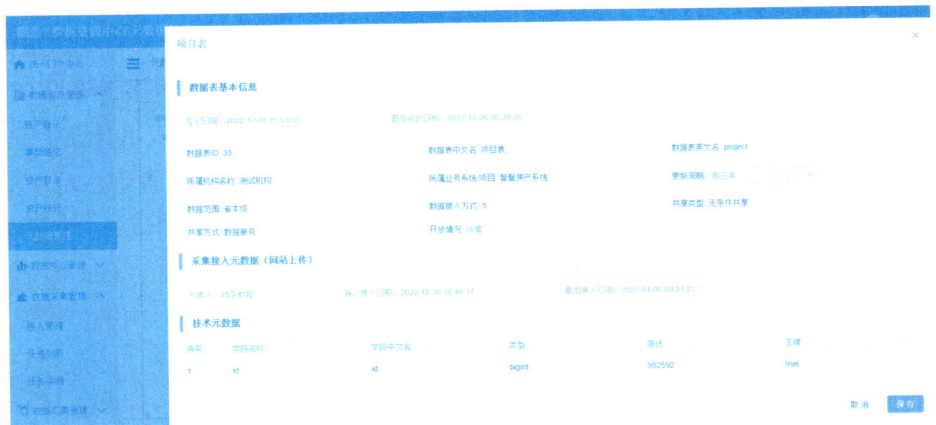

图 3-2-2　元数据维护和查询

二、SQL基础

SQL（Structured Query Language，结构化查询语言）是一种用于访问和处理数据库的标准化计算机语言，这种语言具有交互性特点，能为用户提供极大的便利。SQL语言可以针对数据库系统进行数据库、数据表、记录本身的新增、查询、删除、更新操作，同时将执行结果输出。

SQL语言按照功能分为4大类：

数据查询语言DQL（Data Query Language）：主要是查询数据（SELECT）。

数据定义语言DDL（Data Definition Language）：主要是建立、删除和修改数据对象（CREATE，ALTER，DROP）。

数据操纵语言DML（Data Manipulation Language）：主要是完成数据操作的命令，包括查询（INSERT，UPDATE，DELETE）。

数据控制语言DCL（Data Control Language）：主要是控制对数据库的访问，服务器的关闭、启动等（GTANT，REVOKE）。

（一）核心 SQL 查询语言

核心SQL查询语言由以下两个部分组成。

1. 数据查询语句

SELECT< 基本字段名 > FROM< 基本表名 > WHERE< 条件表达式 >。

2. 数据过滤语句

（1）WHERE 语句

SELECT * FROM< 基本表名 > WHERE< 条件表达式 >。

WHERE子句用于在从表中检索、更新或删除数据时指定 / 应用任何条件。该子句主要用于SELECT、UPDATE和DELETE query。当使用WHERE子句指定条件时，查询只对由WHERE子句指定的条件为真的记录执行。指定计算结果为布尔类型的任何表达式。可以使用逻辑运算符（AND、or）将两个或多个表达式组合在一起。

WHERE语句支持的运算符：比较运算符、逻辑运算符、模糊查询、范围查询、空判断。比较运算符查询，包括等于（=）、大于（>）、大于等于（> =）、小于（<）、小于等于（< =）、不等于（!= 或 <>）。逻辑运算符查询包括 and、or、not。模糊查询包括：like 是模糊查询关键字、% 表示任意多个任意字符、_ 表示一个任意字符。

（2）排序语句 order by

SELECT * FROM< 基本表名 > WHERE< 条件表达式 ><order by 字段名 1[dasc/asc]，字段名 2[dasc/asc]>。

其中，order by 语句对结果集中的数据按照升序或降序排列，dasc 表示降序排列，

asc 表示升序排列。

（3）分组汇总 group by

SELECT 字段名，聚合函数（字段名）FROM< 基本表名 >WHERE< 条件表达式 ><group by 字段名 >。

其中，group by 语句用于结合聚合函数，根据一个或多个列对结果集进行分组。

（4）分组筛选 having

SELECT 字段名，聚合函数（字段名）FROM< 基本表名 >WHERE< 条件表达式 ><group by 字段名 ><having 聚合函数（字段名）＝值 >。

其中，having 语句可以筛选 group by 分组后的各组数据。

（二）SQL 函数

在 SQL 中，基本的函数类型和种类有若干种。基本类型有聚合函数和 Scalar 函数。

1. 聚合函数

聚合函数的操作面向一系列的值，并返回一个单一的值，如表 3–2–3 所示。值得注意的是，如果在 SELECT 语句的项目列表中的众多其他表达式中使用 SELECT 语句，则这个 SELECT 必须使用 GROUP BY 语句。

表 3-2-3　聚合函数

函数名	描述
AVG（column）	返回某列的平均值
COUNT（column）	返回某列的行数（不包括 NULL 值）
COUNT（*）	返回被选行数
FIRST（column）	返回在指定的域中第一个记录的值
LAST（column）	返回在指定的域中最后一个记录的值
MAX（column）	返回某列的最高值
MIN（column）	返回某列的最低值
SUM（column）	返回某列的总和

2.Scalar 函数

Scalar 函数的操作面向某个单一的值，并返回基于输入值的一个单一的值，如表 3–2–4 所示。

表 3-2-4　Scalar 函数

函数名	描　述
AVG（column）	返回某列的平均值
COUNT（column）	返回某列的行数（不包括NULL值）

函数名	描　述
COUNT（*）	返回被选行数
COUNT（DISTINCT column）	返回相异结果的数目
FIRST（column）	返回在指定的域中第一个记录的值
LAST（column）	返回在指定的域中最后一个记录的值
MAX（column）	返回某列的最高值
MIN（column）	返回某列的最低值
SUM（column）	返回某列的总和

（三）条件语句 IF

IF 语句是 SQL 语言中用来判定所给定的条件是否满足，根据判定的结果（真或假）决定执行给出的两种操作之一的语句，换言之，当判断条件只分为两种情况时，可以使用 IF 语句进行条件判断。

IF 语句的基本语法为：IF（条件表达式，值 1，值 2）。如果条件表达式为 True，返回值 1，如果条件表达式为 False，返回值 2。返回值可以是任何值，比如数值、文本、日期、空值 NULL、数学表达式、函数等。

示例：现在通过判断人员所在国家，添加名称是 location 的一列，location 的取值为国内或国外，SQL 语句如下：

```
SELECT name,
    country,
    IF（country=' 中国 ', ' 国内 ', ' 国外 '）AS location
  FROM tom_jerry
```

（四）模糊查询

模糊查询是利用数据的部分信息进行查找的一种查询方式。如果数据库用户在进行数据查询时，不知道查询实体的全部具体信息，仅知道其部分信息，此时即可使用 LIKE 运算符进行模糊查询。

在 SQL 中，使用通配符实现 LIKE 运算。通配符是一种在 WHERE 子句中拥有特殊意义的字符，通配符包括"%""_""[ ]"。其中，"%"通配符可以匹配 0 到多个任意字符。其语法格式为：SELECT * FROM < 基本表名 >WHERE< 字段 LIKE（表达式）>。

示例：

（1）在学生表（student）中查询姓李的人：

SELECT * FROM student WHERE NAME LIKE ' 李 %'。

（2）在学生表（student）中查询姓名中的第二个字为云的人：

SELECT * FROM student WHERE NAME LIKE '_ 云 %'。

（3）在学生表（student）中查询姓名是三个字的人（引号内为三个下划线 _ ）。

SELECT * FROM student WHERE NAME LIKE '___'。

（4）在学生表（student）中查询姓名中包含龙的人：

SELECT * FROM student WHERE NAME LIKE '% 龙 %'。

（五）正则表达式

正则表达式，又称规则表达式，是计算机科学的一个概念。正则表达式是对字符串 [包括普通字符（例如，a 到 z 之间的字母）和特殊字符（称为"元字符"）] 操作的一种逻辑公式，就是用事先定义好的一些特定字符及这些特定字符的组合组成一个"规则字符串"，这个"规则字符串"用来表达对字符串的一种过滤逻辑。正则表达式是一种文本模式，该模式描述在搜索文本时要匹配的一个或多个字符串。正则表达式通常被用来检索、替换那些符合某个模式（规则）的文本。许多程序设计语言都支持利用正则表达式进行字符串操作。顾名思义，就是一个有规则的表达式，按照这个规则的表达式去搜索匹配这个规则的字符串。

在 SQL 语言中使用 REGEXP 操作符来进行正则表达式匹配。其语法格式为：

SELECT * FROM < 基本表名 >WHERE< 字段 REGEXP（正则表达式）>。

正则表达式中的基础元字符如表 3-2-5 所示。

表 3-2-5　正则表达式基础元字符

操作符	含义	示例
^	匹配输入字符串的开始位置。如果设置了 REGEXP对象的Multiline属性，^ 也匹配'\n' 或 '\r' 之后的位置	^a匹配arwen，但不匹配barwen
$	匹配输入字符串的结束位置。如果设置了REGEXP对象的Multiline属性，$也匹配 '\n' 或 '\r' 之前的位置	En$匹配arwEn，但不匹配arwEnb
.	匹配除 "\n" 之外的任何单个字符	Arw.n.可以匹配Arwen、Arwin，但不能匹配Arween或Arwn
[...]	字符集合。匹配所包含的任意一个字符	'[abc]' 可以匹配 "plain" 中的 'a'。只匹配单个字符，该字符在方括号内即可
[^...]	负值字符集合。匹配未包含的任意字符	'[^abc]' 可以匹配 "plain" 中的'p'。^是否定意思的脱字号。只匹配单个字符，该字符在方括号内即可
*	匹配前面的子表达式零次或多次	zo* 能匹配 "z" 以及 "zoo"。* 等价于{0，}

续表

操作符	含义	示例
+	匹配前面的子表达式一次或多次	'zo+' 能匹配 "zo" 以及 "zoo"，但不能匹配 "z"。+ 等价于 {1, }
{n}	n 是一个非负整数。匹配确定的n次	'o{2}' 不能匹配 "Bob" 中的 'o'，但是能匹配 "food" 中的两个 o。='%oo%'，当然也会匹配到fooo，因为也符合%oo%
{n, m}	m和n均为非负整数，其中n <= m。最少匹配 n次且最多匹配m次	o{2, 5}，匹配2到5个o。也没有限制前后是否还可以再出现o，如果大于5也是可以匹配到的。因为fooooooooo也符合该表达式

示例：

（1）查找 name 字段中以 'st' 为开头的所有数据：

SELECT name FROM person_tbl WHERE name REGEXP '^st'。

等于 SELECT name FROM person_tbl WHERE name like 'st%';

（2）查找 name 字段中以 'ok' 为结尾的所有数据：

SELECT name FROM person_tbl WHERE name REGEXP 'ok$'。

（3）查找 name 字段中以元音字符开头或以 'ok' 字符串结尾的所有数据：

SELECT name FROM person_tbl WHERE name REGEXP '^[aeiou]|ok$'。

三、旅游大数据编目

数据资产管理在大数据技术体系中处于文化旅游数据汇聚、共享，以及文化旅游大数据管理的中间衔接环节，处于承上启下的重要地位。数据资产目录的设计是用于管理数据资产，使用户能够轻松发现、定位、理解执行所需的数据源。

（一）数据资产目录

数据资产目录结构是通过一定的分类方法对政务数据资产进行排序和编码的一组具有层级关系的元数据，用以摸清省文化和旅游厅的各机构单位数据资产情况，主要由政府机构信息、业务系统信息、业务数据库信息、业务数据表信息、业务指标（字典）和预览数据等元数据组成，如图 3-2-3 所示。

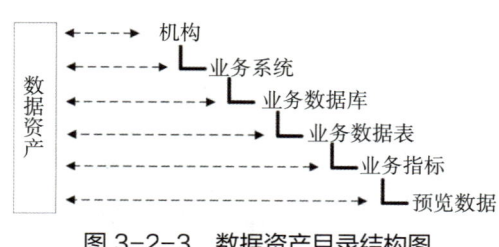

图 3-2-3　数据资产目录结构图

（二）目录管理功能

1. 数据资产目录登记

数据资产目录提供根据数据资产目录元数据内容编制的"单位信息资产登记表"模板下载。业务系统目录登记人员根据数据资产目录梳理结果，通过以下两种方式进行数据资产目录登记，如图 3-2-4 所示。

（1）模板上传

通过数据资产目录系统分配的账号登录平台下载"单位信息资产登记表"，并填写数据资产目录及元数据信息，通过数据资产目录系统提供的模板上传功能，上传"单位信息资产登记表"，实施数据资产目录登记。

（2）在线录入

数据资产目录系统提供业务系统的数据资产目录信息录入页面，目录登记人员可通过数据资产目录系统分配的账号登录系统进行业务系统及业务信息的元数在线录入，实施数据资产目录登记。如图 3-2-5 为数据资产目录登记。

图 3-2-4　数据资产目录列表

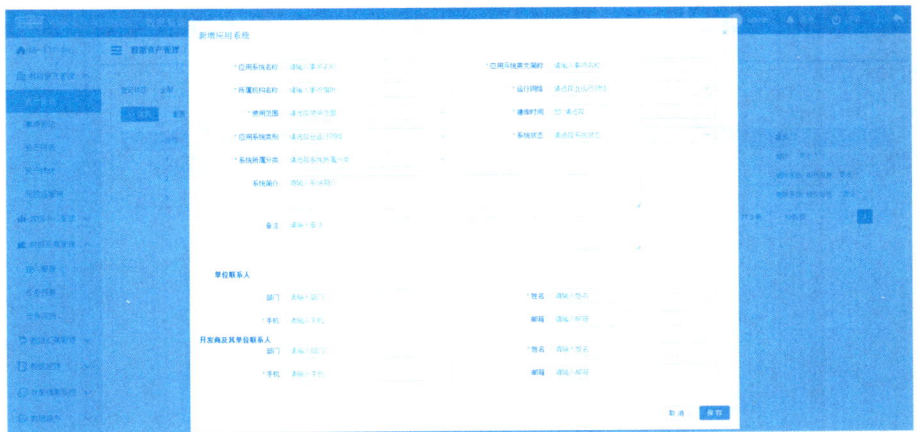

图 3-2-5　数据资产目录登记

2. 数据资产目录审核与发布

数据资产目录系统目录审核人员对文化和旅游厅的业务系统提交的目录登记信息进行审核，并补充各数据接入汇聚需要的业务信息元数据，如采集方式、查询设置、编辑设置等。目录审核完毕，以目录的形式对外发布，如图 3-2-6 所示。

3. 数据资产目录更新

文化和旅游厅的业务系统目录登记人员可通过在线编辑方式对数据资产目录进行更新，并提交数据资产目录系统审核，数据资产目录系统审核通过后进行更新发布。

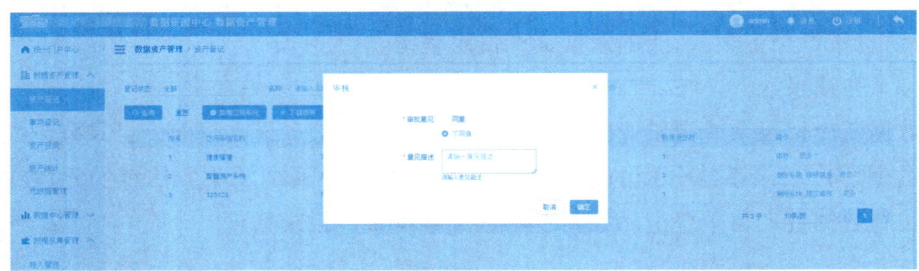

图 3-2-6　数据资产目录审核与发布

（三）数据资产统计

统计并展示数据资源中心汇聚的各对象或主题，如博物馆、图书馆、文物、执业人员、景点数据、文化产业、场地场馆安全、信用体系、文化建设、旅游生态环保、投资项目等各个主题的数据项以及数据量。

1. 数据资产数量统计

统计并展示各类型数据资产的数量，并可浏览各数据资产的数据项和记录数，如图 3-2-7 所示。

图 3-2-7　数据资产数量统计

2. 数据资产数据量统计

统计并展示各类型数据资产的数据量，并可展示当前数据接入和共享的数据详细情况，如图 3-2-8 所示。

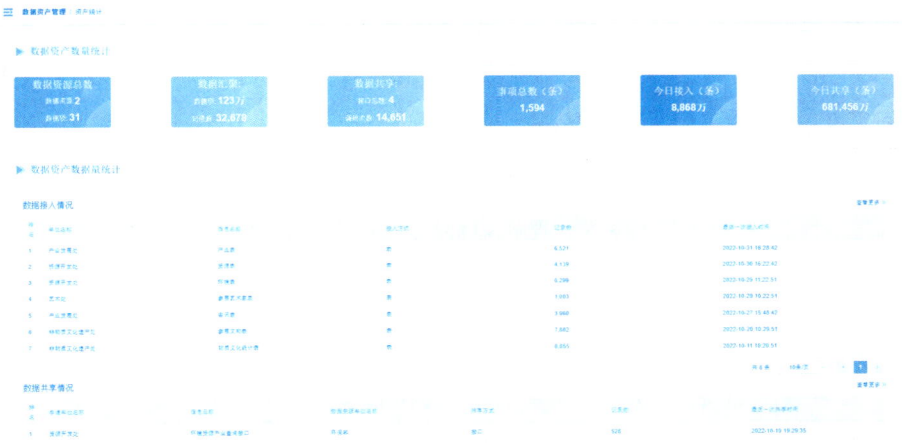

图 3-2-8　数据资产数据量统计

【教学评价】

学生自评与互评如表 3-2-6 所示。

表 3-2-6　学生自评与互评

评价项目	评价内容		
学习纪律	1.出勤情况 2.遵守课堂纪律情况 3.学习主动性、积极性		
学习过程	1.预习与复习情况 2.跟随教师思路，理解授课内容与笔记情况 3.课堂参与情况 4.作业完成情况		
学习效果	1.课程所传授的知识与技能掌握程度 2.课程所传授的素质与思政目标达成程度 3.提出、分析、解决问题能力的提高程度		
姓名		班级	
自评等级	（　）A　（　）B　（　）C　（　）D		
互评等级	学生1：（　）A　（　）B　（　）C　（　）D 学生2：（　）A　（　）B　（　）C　（　）D 学生3：（　）A　（　）B　（　）C　（　）D		
提升思考			

【教学评价】

指导教师评价如表 3-2-7 所示。

表 3-2-7　指导教师评价

评价项目	评价内容		
学习纪律	1.出勤情况 2.遵守课堂纪律情况 3.学习主动性、积极性		
学习过程	1.预习与复习情况 2.跟随教师思路，理解授课内容与笔记情况 3.课堂参与情况 4.作业完成情况		
学习效果	1.课程所传授的知识与技能掌握程度 2.课程所传授的素质与思政目标达成程度 3.提出、分析、解决问题能力的提高程度		
指导教师		班级	
评价等级	（　）A　（　）B　（　）C　（　）D		
提升建议			

【学生笔记】

学生笔记如表 3-2-8 所示。

表 3-2-8　学生笔记

任务名称	
学习日期	
指导教师	
学习记录：	

记录人：

任务三　规范数据安全和质量管理

【任务导引】

　　数据作为重要的战略资源，防范数据安全风险、构建数据安全保护体系、完善数据安全治理机制的重要性日益凸显。结合实际对数据进行有序规范的管理，是促进数据资源优化配置和有效利用，保证数据一致性、完整性、可用性和安全性的重要前提和基础。

　　任务：小组讨论数据管理中的安全风险，如何保证数据的安全。

【学习目标】

　　1. 知识目标：了解数据安全问题、数据安全的需求与过程、企业对数据安全的管理；掌握数据质量管理标准。

　　2. 能力目标：具备针对数据质量和安全管理中存在问题，快速给出解决方案的能力。

　　3. 素质目标：养成"条理有序、规范治理"的职业素养；培养"严谨架构、稳固根基"的匠心思维。

【任务书】

　　学习任务书如表 3-3-1 所示。

表 3-3-1　学习任务书

姓名		班级	
所在小组		指导老师	
任务名称	完成以下E-R图练习题		
1.题目内容 设旅行社和顾客两个实体。"旅行社"有属性：旅行社编号、旅行社名、地址、电话。"顾客"有属性：顾客编号、姓名、地址、年龄、性别。假设一个旅行社有多个顾客消费，一个顾客可以到多个旅行社消费，顾客每次去旅行社预订产品有一个消费金额和日期，而且规定每个顾客在每个旅行社里每天最多消费一次 2.要求 （1）试画出E-R图，并注明属性和联系类型 （2）将E-R图转换成关系模型，并注明主键和外键			

续表

进度安排：				
1.课前预习	年	月	日	
2.课堂学习	年	月	日，第 节	
3.笔记整理	年	月	日	
4.作业提交	年	月	日	
5.其 他	年	月	日	

【任务分组】

本次学习任务为"完成以下 E-R 图练习题"，1~3 人为一组，共同完成任务同步训练，各小组力求发挥成员优势，全员参与，高质量完成学习任务。学习任务分配如表 3-3-2 所示。

表 3-3-2　学习任务分配

班级		组号		指导老师	
组长		学号		任务分工	
组员1		学号		任务分工	
组员2		学号		任务分工	
组员3		学号		任务分工	
组员4		学号		任务分工	
组员5		学号		任务分工	

【知识储备】

一、数据安全管理

（一）数据安全问题概述

随着互联网的高速发展，人们生活的信息化程度越来越高，利用互联网进行旅游活动已经成为现代社会一种趋势。近年来，随着旅游行业的快速发展，旅游大数据在全球范围内被广泛应用。数据作为旅游行业中重要基础设施的核心资源和数据资产，在大数据应用过程中会面临很多安全风险，如数据的收集、存储、分析和处理等过程都会涉及个人信息，特别是企业内部敏感数据泄露风险也越来越高。

数据泄露主要分为两种类型：一种是由于内部员工恶意操作导致的个人信息泄露，另一种是由于被外部人员非法获取导致数据泄露。

如何在应用旅游大数据时，防止用户数据的隐私泄露显得尤为重要。

第一，应对旅游过程中产生的大量敏感身份信息进行有效识别。

　　第二，应采取相应的措施保证敏感身份信息不被泄露和滥用，如对于涉及个人身份信息、位置信息等敏感文件使用加密软件加以保护来防止其在网络上被滥用或窃取。

　　第三，为避免个人敏感数据因网络黑客攻击、恶意软件感染而导致的被盗取、泄露等风险，应采取相应防护措施以保证数据安全。例如，在旅游过程中通过实时监控及时分析用户是否有重要账号或账户密码被修改或盗取；通过对设备进行审计以及时发现设备漏洞；通过对用户登录行为和设备操作来实时判断是否有恶意软件入侵；通过对系统日志文件分析用户是否使用了不安全的软件或安装不安全性的程序来判断用户是否被恶意劫持。

　　第四，对于可能导致个人隐私被泄露问题较大的敏感数据应制定严格的加密策略，包括密钥生成、加密算法、密钥存储和验证、密钥分发方式等方面。

　　第五，针对旅游行业中需要提供旅游相关服务的企业来说，还应根据自身业务情况制定相关加密策略和管理措施，确保企业业务数据在使用过程中不被恶意或未经授权访问。

　　第六，对于系统漏洞应及时修复，以免用户在不知情情况下被黑客入侵造成数据泄露等问题发生，同时对于一些易受攻击或者漏洞较大的系统还应建立专门的安全管理机制对其进行控制和管理，以避免因黑客攻击或安全事件导致数据信息泄露，进而导致严重后果。

（二）数据安全的定义框架

　　在对数据安全进行管理时，首先，对安全目标（数据的完整性、保密性、可用性）进行分析和建模，确定数据的保护范围（包括加密、访问许可或其他安全措施），以及如何满足这些要求。其次，针对特定业务类型（如政府或企业组织），对数据安全需求进行深入分析，确定数据安全的优先级和范围，以及在需要时优先满足哪些要求。然后，评估相关技术解决方案的效果，包括所需安全能力和资源对特定应用场景（如身份验证、访问管理）中数据的安全性进行分析和建模，以识别出影响业务性能或数据安全的风险因素，并且确定与数据相关的系统中可能出现的漏洞／攻击面，并制定应对策略以保护其不被攻击。

　　此外，客户可能需要结合他们对业务风险所做出的反应来衡量风险，以便更好地将网络和系统中存在和已知威胁与当前环境进行比较，并为未来潜在威胁提供有意义的信息。

（三）数据安全的需求与过程

　　数据安全的具体细节（如哪些数据需要加密、哪些数据需要被保护、哪些数据不能公开）因国家和行业而异。但数据安全实践的目标是一致的：保护信息资产，以符合隐私和保密规定、合同协议和业务要求。这些要求来自数据使用生命周期内的方方面面，数据的生产者、管理者、消费者都会对数据安全提出一定的要求，同时数据安全要符合所在地的政策法规、适应各类合法的访问需求以及合同所规定的相关义务，在此基础上符合各利益相关方的诉求。

数据安全的需求与过程分为 4 个方面，即 4A。

①访问（Access）：使具有授权的个人能够及时访问系统。

②审计（Audit）：审查安全操作和用户活动，以确保符合法规和遵守公司制度与标准。信息安全专业人员会定期查看日志和文档，以验证是否符合安全法规、策略和标准。正式审计必须由第三方进行才能视为有效。第三方可以来自组织内部，也可以来自组织外部。

③验证（Authentication）：验证用户的访问权限。当用户试图登录系统时，系统需要验证此人身份是否属实。除密码这种方式之外，更严格的身份验证方法包括安全令牌、回答问题或验证指纹。在身份验证过程中，所有传送过程均经过加密，以防身份验证信息被盗。

④授权（Authorization）：授予个人访问与其角色相适应的特定数据视图的权限。它进一步表明，用户凭借其工作或公司地位有权获得此权限。这些权限由相关负责人授予。

4A 的一些常用手段和实施策略有信息分类、访问权限、角色组、用户和密码等。为了有效遵守数据法规，还增加了"E"，即权限（Entitlement），这是由单个访问授权决策向用户公开的所有数据元素的总和，在生成授权请求之前，负责的经理必须决定某人"有权"访问此信息，另外安全监控对于保障其他进程的正常运行也至关重要。

（四）数据安全的管理

随着大数据时代的到来，数据安全成为企业不可或缺的工作。组织对于业务安全的任务通常不仅是管理 IT 技术以及各类系统的使用安全，还要涵盖整个组织的数据安全策略、数据分类和访问权限规则等。

数据安全与数据管理类似，需要将数据安全作为一项从上到下通力协作的企业解决方案，并在数据整个生命周期中加以应用。数据安全无疑需要业务部门的参与，他们既是数据的消费者，又是数据的生产者。如果无法与业务部门协调一致，那么数据安全工作无疑会大打折扣，同时意味着成本的大量增加。所以，整体的数据安全架构和实施流程是企业降低数据安全性风险的基础。同时，也要看到，有足够的资金支持，面向系统、企业内保持方案一致，建立运行中的安全战略，都将降低这些风险。

数据安全架构是企业架构的组成部分，描述了如何在企业内实现数据安全，以满足业务规则和外部法规的要求。数据安全架构涉及如下内容。

①数据安全管理工具。

②数据加密标准和机制。

③外部访问指南。

④互联网上的数据传输协议。

⑤文件要求。

⑥远程访问标准。

⑦日志记录及错误报告。

下面通过一个旅游大数据管理实训平台的例子来看一下数据安全架构所涉及的这些内容的具体展现。

①数据安全管理工具。实训平台的部署在腾讯云，整个平台部署环境依托腾讯云提供的数据库漏洞扫描系统以及腾讯云防火墙进行数据安全的外部管理。

②数据加密标准和机制。实训平台在接口数据传输方面采用 AES ＋ BASE64 的混合加密方法对接口数据进行加密传输，保证数据在传输过程中的安全性。

二、数据质量管理

（一）数据质量管理问题概述

数据质量管理（DQM）是一个持续的过程，需要从全局的角度对数据进行检查，以确保数据质量。通常情况下，数据质量管理由两部分组成：数据管理和质量评估。

数据管理涉及数据质量管理的定义。如果定义清楚明确，那么在具体工作中就会非常容易开展。

第一，定义一个总体目标。

第二，具体的业务目标和应用场景。

第三，通过评估和分析发现问题和改善问题的方法和流程。

第四，建立一个全面的组织、制度以及工具来提高所有相关人员的意识、认知以及能力。

第五，通过培训工作、流程以及工具来培养高水平的队伍。

第六，评估、分析以及解决方案，评估、分析及解决方案涉及了所有过程。

在项目中，通常情况下每个组织都有不同的数据质量工作职责。

例如，我们可以将这些职责划分为以下几个部分：定义数据标准；收集、组织和存储数据库；开发新的数据库并将其与现有数据库进行关联；组织并发布这些数据；确保这些数据符合监管要求；通过工具和过程来发现问题、诊断问题以及处理问题等；评估现有系统和业务流程中存在的问题，并确定如何解决这些问题；在不影响总体目标的情况下改善或提升数据质量等。

我们还可以将其划分为几种不同类型，如标准类、通用类和特殊类等。

例如，一般情况下标准类有：结构化存储信息系统中所有记录的结构化数据以及非结构化数据和非定义字段；数据库管理系统中所有已识别的实体及其在数据库中对应关系模型等；用户定义信息系统中所包含所有标识符或对象类型或字段。

其中一些类型可能会包含更多信息：如实体名称、属性类型，值或属性值等。另一些类型可能不包含任何信息，如时间日期、客户 ID 和企业名称等。

在特定情况下，有更多不同类型的标准类、特殊类和特例，如时间序列格式或标准文本格式等；或者在某些情况下有大量特殊情况可供选择，如业务系统中特定对象属性值、属性类型或属性值等；对于特定主题有不同类别，如用户界面风格、数据库结构或者用户偏好等。

（二）数据质量的定义

数据质量是指数据对业务应用系统的有用性，以及这些数据能够为业务提供所需服务的能力。

数据质量通常包括以下方面：

可靠性：是否存在不可用的历史数据、缺失或错误。

完整性：是否存在不一致的记录、不正确的值和其他问题。

可用性和可访问性：能否提供用户所需服务，而不需要用户自行处理信息。

可维护性：是否存在需要进行更改的信息或数据，以确保用户能够访问它们。

数据质量是企业在 IT 环境中运行业务应用程序所需满足的所有相关要求。由于业务应用程序通常是围绕信息系统设计的，其运行效率将直接影响组织目标和客户目标。

（三）数据质量管理的必要性

数据质量非常重要，数据的不确定性或质量低下会带来很多弊端。例如，如果交易系统或个人信息和医疗信息等重要数据管理不善或管理不当，会引起相当大的社会危害。

数据质量管理会对企业的经营质量管理和信息系统质量管理产生直接的影响，因此提高数据质量管理不仅可提高信息系统的质量，还可提高经营活动的质量。确保数据质量并不是靠暂时的投资或关注就可以快速实现的，应对整个数据进行系统且长期的整备。此外，即使质量有保障的系统也会因为一次疏忽管理导致质量瞬间恶化。确保数据质量很难，保持数据质量也很难。但是，如果不能确保数据质量，会造成企业信息化迟滞和组织竞争力低下，因此这是需要集中所有精力研究的课题。确保数据质量的困难之处包括三个方面。

①对数据质量的认识因人而异，要满足所有人对质量的期待并不容易。一方面，有要求确保质量达到完美标准的，也有允许一定程度的错误或达到一定标准即可的。另一方面，对数据质量的定义也有很多不同出发点，除了将数据的准确性视为质量的基本标准，数据的快速提供、数据应用的方便性等也常被视为质量标准。进一步来讲，数据的安全性或保全性也属于质量的范畴。确保数据质量的原则是共享数据质量的定义，设定实际可达的质量标准。

②影响质量的原因多种多样，影响数据质量的管理功能之间具有复杂的联系。因此为确保数据质量，应在相关功能的整合上多加努力。例如，数据结构管理、数据流向管理、数据标准管理、数据所有者管理、数据性能管理等功能均与数据质量有直接或间接的关系，其相互之间也有复杂的关系。因此，需要明确掌握影响数据质量各功能之间的关系。

最近，全球出现的数据质量管理受法律强制规范的现象尤为突出。这是遵循治理、风险管理和合规性（Governance，Risk management，Compliance，GRC）的要求进行品质管理的必要性的体现。例如，最近因全球越来越多的企业倒闭或因道德危机导致投资者的信任度下降，企业的信任度也逐渐下降。为恢复投资者的信心，相关部门陆续提出了萨班斯·奥克斯利法案（Sarbanes-Oxley Act，SOX）、新巴塞尔协议（Basel II）、反洗钱（Anti-MoneyLaundering，AML）、国际财务报告准则（International Financial Reporting Standard，IFRS）等制定规定，制定了企业相关的法规并要求贯彻执行。为达成这一目标，全面提高数据质量管理标准的重要性正在凸显，也相应制定了不少方案。

③数据难以管理的主要原因是相关对象繁多且复杂。多个系统同时进行开发会导致数据分散在多个系统中，要保持分散数据的一致性变得很困难。此外，使用数据的人员较多，可能发生因错误操作而导致的数据错误。另外，还会有数据本应定期更新到最新状态但未得到执行，因不了解数据的真正含义而错误使用数据并得出错误结果等情况。计算机程序开发完成后，在需求产生变化前会一直保持原状，但数据的具体值会随着业务的正常进行随时生成、变更或消失。因此，虽然数据是需要精心维护管理的对象，但到目前为止其在计算机领域中得到的关注相对较少。

（四）对数据质量管理的理解

为解决数据质量问题，需要正确了解当前的质量标准。只有掌握了质量标准，才能正确分析由此引起的问题和产生问题的原因，并准备对应方案。

典型的方法是评测数据质量并改善质量较差的对象，这种方式通常可暂时提高质量标准并且效果很好。但是，这种方法存在两个问题。

①质量标准只能改善到一定程度。原因是影响数据质量的因素并不只存在于表面

现象中，其根本原因是对数据的管理不足。因此，不解决这一根本原因就难以将质量提升到理想状态。

②质量标准提升后，经过一定时间经常会出现重新下降的情况。只有通过持续的数据质量管理才能产生效果，但是，只通过临时措施达到的质量难以持久保持。因此，准备并保持数据质量相关的核心流程非常重要。综上所述，虽然评测数据质量标准很重要，但评价并改善数据质量管理的流程才是根本的解决方案。

数据质量管理是完善信息系统的根本之策。信息系统在运行过程中会因各种因素导致数据质量下降。这种现象在信息系统中被称为"数据变质"。虽然数据质量下降对信息系统的运行不会造成严重影响，但如果放任不管则会引起信息系统的管理问题和维护问题，最终导致信息系统必须全部重建。正如想要治疗疾病就需要正确诊断一样，想要管理数据质量就应先对数据质量管理标准进行正确的评测。

在了解数据质量管理重要性的同时，更需要制订质量管理计划或执行具体的质量管理活动。但是，很难了解应从何处开始执行质量管理，对现行的质量管理是否在顺利执行也有诸多疑虑。并且，通过长期且具有方向性的质量管理逐步提高质量标准的案例并不多。如此一来，就无法看到对数据质量管理的投资是否有效，或者就算有效，通常情况下其实现过程的效率也很低下。

为系统地进行数据质量管理，应根据客观标准评测数据质量管理标准，并需要为确保达到更好的标准所需准备事项的指南。数据质量管理标准诊断模型就是为满足这种需求而开发的。数据质量管理模型由三个中心轴构成。

①构成数据质量管理标准诊断模型的第一个基准是数据质量的定义。数据质量可根据个人或组织的观点进行多种定义。但是，对质量理解不同时，进行质量管理会出现对象不明确的问题。因此，数据质量的定义可以说是最重要的出发点。本模型从数据质量的多种观点中选出具有普遍性的观点，并对其分类，以反映质量的多个方面。对于数据质量的六种标准：准确性、有效性，可用性、可达性、及时性、安全性。数据质量总体来说应全部满足这六种标准，但根据组织所属的环境或用户的关注不同，其中也可能存在更重要的特别标准。同样，数据质量评测也应对这六种标准进行全面检查，但也可只对其中一两种所占比例较大的标准进行评测。数据质量的定义可根据对组织质量的了解按比例使用六种标准确定。

②构成数据质量管理标准诊断模型的第二个基准是识别为提高上述六种标准的质量所需的流程或影响质量标准要素的管理流程。但这种流程大部分由数据管理所需的流程构成。如同前面所提到的，与关注数据质量本身相比，从整体上准备与其相关的流程更为重要。虽然有时品质管理与数据管理流程1:1对应，但也存在一个流程与多个品质标准相关的情况。质量标准和管理流程间的关系可为数据品质管理的构成提供重要的指导方向。如果质量标准和管理流程复杂地结合在一起，则无法直接掌握提高

特定流程会影响何种质量标准，只能解释为通过改善流程帮助提高总体质量。如果是这种情况，相比管理流程和质量标准间的关系，应首先掌握管理流程之间的先后关系并逐步提高质量。也就是说，流程之间存在先后顺序，只有先提高前面的流程，后面的流程才能得到提高。以此为基础，设定流程之间的层级，以管理的阶层为基础对管理流程的成熟度进行评测。这种模型通过改善流程肯定能帮助提高质量，却难以跟踪具体对哪种质量标准产生影响。相反，如果质量标准和管理流程之间实现对接，就可知道为提高特定质量标准应改善何种流程，业务方面会得到更多帮助，以看得到的成果为基础提高质量。从质量标准和管理流程的相关关系分析结果可以看出，后者更接近目标，今后提高成熟模型的精度时也可推荐后者形式的模型。因此，这种成熟的模型是在"可以按质量标准识别相关管理流程"这一假定基础上得出的。

③构成数据质量管理标准诊断模型的第三个基础是管理流程的等级（level）。管理流程的等级越高，越能够进行系统化和精细化的管理，相应质量标准也越能维持高品质。按不同的质量标准可评测出不同的管理流程等级。因为质量标准受不同管理流程的影响。管理流程的等级按 1~5 个阶段定义。

开发数据质量管理标准诊断模型并不只是为了评测现有质量标准，也是为提高质量时给出何种流程如何改善的方向。另外，也可根据对组织质量的认识，有选择性地提供适用的结构。根据重要性和可用资源，为组织的质量改善提供阶段性的长期方案。

（五）数据质量管理标准

评价数据质量管理的六种质量标准分别为准确性、一致性、可用性、可达性、及时性和安全性。

1. 数据准确性

（1）数据准确性的必要性

准确性质量标准即数据值的正确程度标准，也即数据库中的数据是否按实际值保存。但是系统中的数据通常无法反映实际情况，数据提供人员有可能故意提供错误数据。因此，确保准确性是指掌握实际值的来源，并为了能正确处理而持续地进行管理活动。也就是说，如果发现有错误数据，能追查数据来源和错误原因并进行修改。

只有数据在确定的位置以确定的形态存在才能判断数据的准确性。因为无论数据如何正确，如果以用户不理解的形态存在或在无法找到的位置，都没有意义。确认数据准确性的前提条件是数据以确定的形态放在确定的位置。此外，应具有判断准确性的共同标准。这一共同标准也称为数据标准，只有数据标准存在才能判断是否好好遵守。如果表面上接近数据准确性，但因为每个人的标准不同，对准确性的判断也会不同。因此，只有具有企业协商的准确性判断标准才能评测和管理准确性。

管理准确性即掌握要求准确性数据的对象，准确判断各管理对象必须具备的形态的标准，也即准确性检验标准。重要的是，这种准确性管理对象和标准并不是随意决定的，而是通过管理员之间的协商确定并管理。

（2）数据准确性预期效果

如将准确性保持在高质量标准，以对来源数据的信任为基础能够更有效地处理业务，从单纯的基础数据应用到制定有效的经营战略，都可实现预期效果。

由于不准确的来源信息、输入人员的输入失误、流程错误引起的数据不准确等持续得到改善，能够为达到企业目标提供所需的高质量数据，不仅可以正确掌握现状，也可通过对累积的数据进行多方面分析提高对未来的预测能力，为制定合理的业务战略提供基础。

（3）数据准确性诊断项目

准确性质量标准与数据应用管理（准确性检验）、数据标准管理（代码、域标准）和数据所有权管理三个流程相关。

①数据应用管理（准确性检验）：定义准确性检验标准并持续检验正确与否的流程。

②数据标准管理（代码、域标准）：通过判断数据准确性的数据标准，设置并管理代码和域标准的流程。

③数据所有权管理：即数据的实际所有者，通过了解学习和运用数据的负责人的数据质量管理流程，确保数据的可追溯性。

2. 数据一致性

（1）数据一致性的必要性

一致性质量标准即数据之间保持统一性的标准。也就是说，检验不同位置的重复数据值是否总是一致，参照完整性数据之间是否严格遵守先后关系，具有业务相关性的数据之间是否会不一致等。

一致性低下的根本原因是定义不明确。定义不明确且未共享时以不同观点分析数据，由此数据在对接或执行时很有可能发生错误。数据用语、代码、域等的定义应从企业角度由相关人员经过协商后发布，但实际因参与人员较多，企业业务范围较广，负责人的沟通能力也存在差异，所以很难制定所有人都同意的定义。

此时，虽然从企业角度进行统一定义比较重要，但只要定义了表或列，公开元数据（metadata）管理系统或 Groupware 等并将其共享更为重要。

标准在企业共享后，因实际业务中经常不遵守此标准，所以务必制定指导负责人定期检验、检查并跟踪数据标准的流程。

表或列定义混乱时，用户应用不准确的数据是创建错误数据的原因。因此，为保证数据的一致性，应总体定义企业数据结构和标准，并制定定期检查并管理数据结构和标准的流程。

数据标准和定义系统化后，选定数据一致性管理对象，定义可确认一致性的检查标准。但是数据一致性通常反映业务规则，应与业务负责人进行充分协商。未整合的数据、不一致的数据与定义规则相反的数据等会直接导致决策错误，所以应将其作为重要的质量标准。

（2）数据一致性预期效果

如将一致性保持在高质量标准，以企业中明确且一致的数据定义为基础应用数据，可提高对来源数据的信任。对来源数据的信任正是与业务效率有直接关系的基础。与准确性一样，从单纯的基础数据应用到制定有效的经营战略，都可实现预期效果。此外，即使个别数据没有问题，数据之间不一致的话，也容易引起用户的混淆，明显降低数据的信任度。数据一致性是数据整合应用必备的质量标准。

（3）数据一致性诊断项目

一致性质量标准与结构管理（重复、参照完整性）、数据过程管理、数据标准管理（用语标准化）和数据所有权管理四个流程相关。

①结构管理（重复、参照完整性）：为了解和管理重复数据或相互关联的数据，掌握并管理企业数据结构的流程。

②数据过程管理：掌握企业中复杂的数据流向，对数据进行一致性处理的流程。

③数据标准管理（用语标准化）：为将数据在企业内统一定义而进行的标准化原则定义，通过标准化原则的标准定义、标准变更、标准停用控制等，保持数据的一致性并为用户应用提供便利性的流程。

④数据所有权管理：定义管理重复数据或相互关联的数据主体，为负责任的数据管理提供支持的流程。

3. 数据可用性

（1）数据可用性的必要性

可用性即组织提供必须数据的能力。不仅评价业务执行过程中需要的结构化数据条件，也评价随时可能产生的非结构化数据条件的应用体系。

可用性降低的根本原因是未能系统管理要求。因不明确的条件定义、无法检验和确认制定的要求、要求变更时处理延迟、未遵守具体日程等，用户的不满会越来越多。

为解决此问题，相关当事人之间应充分协商后制定要求，经相关人员的同意定型并整理出明确的形式，并且通过持有权限的责任人之间的协商确定是否满足要求。确定接受要求时，确定要求执行范围和优先顺序后，将要求按类型分类并共享处理细节。用户的反应也是判断可用性的重要因素，因此应用条件后，应定期确认用户满意与否，以后也应定期监控改善情况和不满事项等。为灵活应对变化的数据条件，相比按条件变更数据结构，从企业观点整合管理数据结构并保持应对多种数据条件的灵活结构更为重要。

（2）数据可用性预期效果

通过可用性管理可系统应对用户的要求。特别是如果拥有可及时使用多种要求的灵活数据结构，就可通过快速应对环境变化，使业务的效率达到最大化。同时可通过用户应用分析，实现用户和数据提供者之间的持续沟通，使数据应用环境保持最好的状态。

（3）数据可用性诊断项目

可用性质量标准与要求管理（功能性）、数据结构管理（结构灵活性）、数据应用管理（应用监控）等流程相关。定义和授权要求后，在数据结构中反映并将其结果通过应用监控评测用户的满意度。

①要求管理（功能性）：将用户的要求按功能分类，系统执行应对方案的流程。

②数据结构管理（结构灵活性）：执行数据结构管理并长期保持灵活结构，以快速应对新条件和变更条件而进行管理的流程。

③数据应用管理（应用监管）：监控用户的应用现状、评价用户满意度并执行满意度提升活动的流程。

4. 数据可达性

（1）数据可达性的必要性

可达性质量标准即是否为用户提供可轻松使用想要数据的环境的标准。可达性可分为使用的方便性和检索的方便性。使用的方便性管理即对于信息系统提供的接口、帮助、支持客户等，无论用户使用机构或组织内部信息系统还是外部信息系统，都能够轻松、方便地使用数据。检索的方便性即提取并应用系统中想要的数据，根据所支持的各种相关功能和检索条件，确定检索结果和输出方式等正确合适。

可达性降低的根本原因是单位系统数据分散、用户查看不便、数据结构共享不足等，这样会导致难以读取分散的数据、信息系统使用不便引起用户不满，所需数据用户应用信息不足等问题。

为解决此问题，应使用户查看标准化、简单化，通过元数据与用户共享数据结构，以整合各单位系统中分散的数据，进行与之相关的用户应用培训。

（2）数据可达性预期效果

通过管理数据可达性，企业数据可统一进行应用，通过用户查看系统化管理，数据读取更加方便，用户的数据应用满意度也能提高。此外，以积累的数据为基础创建的附加价值，可为用户提供直接应用环境。

（3）数据可达性诊断项目

可达性质量标准与用户查看（view）管理、结构管理（整合）等流程相关。通过标准化及更加方便的用户查看为用户提供企业整合数据结构。

①用户查看（view）管理：管理用户和数据之间结构的流程。

②结构管理（整合）：将多个系统中分散的数据整合或具有一致性观点的数据的流程。

5. 数据及时性

（1）数据及时性的必要性

及时性质量标准是指为响应时间、运行速度等性能方面，以及最新数据等非及时要求方面提供数据周期的标准。

及时性降低的根本原因是对用户要求和数据流量周期、数据库性能等无法达到及时管理，无法确保及时性，通过之前数据做出重要决策时不仅会降低企业竞争力，也会造成重大损失。

为解决此问题，应充分掌握用户关于及时性的需求，并对及时性的合理标准进行定义，通过对数据提供速度的持续监控，改善服务器、网络、数据库等硬件性能，并对程序、查询、数据结构等软件进行改善，同时通过优化数据流量的周期和先后顺序调整等快速提供最新数据。

（2）数据及时性预期效果

通过及时性管理，不仅能更有效地分配和应用企业支持，还可通过提供最新数据，让企业快速且正确地做出决策，提高业务执行效率。

（3）数据及时性诊断项目

及时性质量标准与要求管理（非功能性）、数据流量管理（流量周期）、数据库管理（性能）等流程相关。

①要求管理（非功能性）：非业务条件的处理时间、响应时间、数据提供周期等要求管理流程。

②数据流量管理（流量周期）：从源到目标的数据流量执行时期、执行周期等管理流程。

③数据库管理（性能）：监控数据处理操作，优化性能的调试流程。

6. 数据安全性

（1）数据安全性的必要性

数据是执行业务必需的重要支持，因此，只有保证数据的安全才能更有效地执行业务。安全性是将数据视为主要资产，在面对组织内外非法和不认可的威胁时保护数据的活动。为了在不认可数据的一系列行为中安全保护数据，不仅要对数据本身进行物理控制，也需要组织整体制定保护数据的政策和制度。

强调安全性时，会认为将妨碍可用性，导致很多无法正常执行的情况。实际上，这是没有进行系统化的安全保护而产生的现象，反而在进行系统化的安全保护时，用户和管理员能够更好地进行生产。因此要强调安全性，安全性标准越高，越能在无法预测的威胁下保护资产。

为提高安全性，应根据方针和流程存取数据时需要制度化的东西，规定方针和流程保障系统化的安全措施。

（2）数据安全性预期效果

通过数据安全管理，可降低无法预测的危险和侵害发生的可能性，发生侵害事故时，以尽可能少地恢复程序快速恢复，提高数据的可用性。这是确保数据业务连续稳定执行的必要因素。

（3）数据安全性诊断项目

安全性质量标准与数据安全管理的管理、技术流程相关。

①安全管理：为使数据库中保存的数据无错误、无损坏稳定服务，持续管理数据库的数据创建和变更、备份的流程。

②安全政策：安全政策制定步骤和相关执行流程。

③技术措施：通过技术措施进行执行控制、加密、操作批准、弱点分析等多方面数据安全流程。

6. 数据质量管理标准评价

数据质量标准分为准确性、一致性、可用性、可达性、及时性和安全性 6 种标准。按各个标准评测数据质量管理的标准，给予标准内 5 个阶段的评测，如表 3-3-3 和表 3-3-4 所示。为达到高一级的标准应满足基础的低一级标准阶段。

表 3-3-3 5 个成熟度阶段

成熟阶段1入门	部分了解数据质量管理问题和必要性并执行的阶段
成熟阶段2定型化	进行数据质量管理的基础（流程、解决方案等）定型化阶段
成熟阶段3整合化	通过与组织目标对齐使管理开始规范化的阶段
成熟阶段4定量化	通过统计技巧或定量评测方法管理数据质量的阶段
成熟阶段5最优化	持续导出并应用数据质量管理流程改善要素的阶段

表 3-3-4 5 个阶段对应的具体质量标准

质量标准	质量管理流程	等级1	等级2	等级3	等级4	等级5
准确性	数据应用管理（准确性检验）	●	●	●	●	●
	数据标准管理（代码、域标准）		●			
	数据所有权管理				●	●

质量标准	质量管理流程	等级1	等级2	等级3	等级4	等级5
一致性	结构管理（重复管理）	●	●	●	●	●
	结构管理（参照完整性）	●	●	●	●	●
	数据流量管理（流量代谢）	●	●	●	●	●
	数据标准管理（用语标准化）		●	●		
	数据标准管理（域、代码标准化）		●	●		
	数据所有权管理			●	●	
可用性	要求管理（功能性）	●	●	●	●	●
	结构管理（灵活性管理）	●	●	●	●	●
	数据应用管理（应用监控）		●	●	●	●
可达性	元结构管理（结构信息管理）			●		
	用户查看管理	●	●	●	●	●
	结构管理（整合管理）	●	●	●	●	●
及时性	要求管理（非功能性）	●	●	●	●	●
	数据流量管理（流量周期）	●	●	●	●	●
	数据库管理（性能相关）	●	●	●		
安全性	数据库管理（运营管理）	●	●	●	●	●

1. 阶段 1

入门。该阶段为数据质量管理的初期阶段，虽部分了解数据质量管理问题和必要性，但因标准不完善及没有定型化的流程等，数据质量主要取决于每个负责人的能力。数据质量发生错误的可能性较高，也不具备恢复系统事故的对策方案。

2. 阶段 2

定型化。该阶段为进行数据质量管理的基础（流程、解决方案等）定型化阶段，定义进行数据质量管理的政策、规定和制度，并据此进行基本的质量管理。数据质量可基本应对遗漏和错误，定义数据标准在单位系统和部分组织中使用，执行基本运营活动的标准。

3. 阶段 3

整合化。该阶段为从企业联系和整合观点出发，对具有一致性的数据进行质量管理，提供无遗漏和错误数据服务的阶段，从企业角度整合数据质量管理。此阶段的数据不会发生遗漏或错误，数据标准在组织中得到整体反映，元数据将被应用，在数据要素之间确立联系。持续的性能、安全、事故恢复等流程相对稳定并执行改善操作。对数据质量进行定性管理，但运营成果不定量。

4.阶段4

定量化。该阶段为数据质量管理通过统计技巧或定量评测方法管理的阶段，可持续安全地维护流程并可进行预测，确认是否达成质量目标。

5.阶段5

最优化。该阶段为持续导出并执行质量管理流程的改善情况，通过评价进行事后管理的阶段，以目前观点不仅达到最优化，还可通过不断努力改善，灵活处理未来环境变化的标准。

【教学评价】

学生自评与互评如表 3-3-5 所示。

表 3-3-5　学生自评与互评

评价项目	评价内容		
学习纪律	1.出勤情况 2.遵守课堂纪律情况 3.学习主动性、积极性		
学习过程	1.预习与复习情况 2.跟随教师思路，理解授课内容与笔记情况 3.课堂参与情况 4.作业完成情况		
学习效果	1.课程所传授的知识与技能掌握程度 2.课程所传授的素质与思政目标达成程度 3.提出、分析、解决问题能力的提高程度		
姓名		班级	
自评等级	（　）A　（　）B　（　）C　（　）D		
互评等级	学生1：（　）A　（　）B　（　）C　（　）D 学生2：（　）A　（　）B　（　）C　（　）D 学生3：（　）A　（　）B　（　）C　（　）D		
提升思考			

【教学评价】

指导教师评价如表 3-3-6 所示。

表 3-3-6　指导教师评价

评价项目	评价内容		
学习纪律	1.出勤情况 2.遵守课堂纪律情况 3.学习主动性、积极性		
学习过程	1.预习与复习情况 2.跟随教师思路，理解授课内容与笔记情况 3.课堂参与情况 4.作业完成情况		
学习效果	1.课程所传授的知识与技能掌握程度 2.课程所传授的素质与思政目标达成程度 3.提出、分析、解决问题能力的提高程度		
指导教师		班级	
评价等级	（　）A　（　）B　（　）C　（　）D		
提升建议			

【学生笔记】

学生笔记如表 3-3-7 所示。

表 3-3-7　学生笔记

任务名称	
学习日期	
指导教师	
学习记录：	

记录人：

模块四　旅游大数据统计分析与挖掘

模块导读

　　随着我国经济发展水平的不断提高，人们对于精神文化生活需求也越来越高，旅游也成了人们生活中重要的组成部分。旅游大数据统计分析与挖掘可以在一定程度上提高旅游业发展水平，促进旅游产业和旅游业发展。通过对我国国内旅游情况的研究分析发现，我国国内旅游发展处于较为初级阶段，旅游产品多样性不足。大数据统计分析与挖掘可以有效提高旅游业效率，降低旅游企业成本、风险以及减少游客时间成本等，通过对不同类型数据的统计处理分析，可以为相关部门提供参考依据，因此，应该注重对不同类型的数据进行分析处理，并将其用于指导和推动我国旅游业发展。本模块将围绕旅游大数据分析统计规范和旅游大数据挖掘两部分进行介绍。

模块导图

模块四　旅游大数据统计分析与挖掘

- 任务一　掌握旅游大数据分析统计规范
- 任务二　了解旅游大数据挖掘

任务一　　掌握旅游大数据分析统计规范

【任务导引】

传统旅游统计数据信息少、及时性差，加之游客向自驾游、乡村游、周边游等专项旅游市场分化，传统旅游统计难以细化支撑。大数据依赖超大型样本，能弥补传统旅游统计的不足，更好发挥数据的透视作用和决策支撑效能。2020 年，中国旅游研究院开发建设的"全国旅游市场景气监测与政策仿真平台"正式上线运行。该平台运用了数据仓库及数据中台技术，建成了"1+7"数字应尼体系，即 1 个数据中心，包含文旅资源、成本、服务质量、出境轨迹、专项市场、游客行为、旅游年鉴库在内的 7 个上层应用，涵盖了 1978 年以来供给侧和需求侧的多源异构数据，利用云计算、大数据、人工智能等技术，实现了 130 多个旅游指标的研发和数据挖掘。在用好各类旅游数据基础上，进一步摸清全国旅游市场家底，掌握客流规模和客流行为特征，形成时空结合的多维度应用分析矩阵，为国家和各级地方政府进行旅游市场研判、行业决策提供了重要数据支撑。该平台成功入选文化和旅游部"2022 年文化和旅游数字化创新实践十佳案例"。

任务：请小组查找"全国旅游市场景气监测与政策仿真平台"的相关资料并学习讨论，该平台用到了数据分析和数据挖掘的哪些相关技术。

【学习目标】

1. 知识目标：掌握数据分析的流程和基本工具；熟悉了解数据分析基本概念、思维、处理过程。

2. 能力目标：能够根据具体项目进行数据的读写、整理、清洗和处理。

3. 素质目标：培养"优选算法、洞察本质"的职业匠心；培养"科学严谨、实证为基"的职业诚心。

【任务书】

学习任务书如表 4-1-1 所示。

表 4-1-1　学习任务书

姓名		班级	
所在小组		指导老师	

任务名称	查找常见旅游大数据分析案例并分析
任务内容及要求： 1.任务内容 （1）掌握旅游数据分析知识储备内容 （2）明确案例中所涉及分析方法 （3）将分析过程总结为Word文档 2.要求 （1）高质量完成全部学习任务 （2）以小组形式完成任务同步训练 （3）同步训练成果在规定时间内提交至教学平台	
进度安排： 1.课前预习　　　　年　　月　　　日 2.课堂学习　　　　年　　月　　　日，第　节 3.笔记整理　　　　年　　月　　　日 4.作业提交　　　　年　　月　　　日 5.其　　他　　　　年　　月　　　日	

【任务分组】

本次学习任务为"查找常见旅游大数据分析案例并分析"，5~6人为一组，共同完成任务同步训练，各小组力求发挥成员优势，全员参与，高质量完成学习任务。学习任务分配如表4-1-2所示。

表4-1-2　学习任务分配

班级		组号		指导老师	
组长		学号		任务分工	
组员1		学号		任务分工	
组员2		学号		任务分工	
组员3		学号		任务分工	
组员4		学号		任务分工	
组员5		学号		任务分工	

【知识储备】

一、什么是数据分析

（一）数据分析的含义

数据分析是指使用适当的统计分析方法对收集的大量数据进行分析，将隐没在一大批看似杂乱无章的、数据中的、有价值的信息进行整合并提炼出来，找出所研究对象的内在规律。

一般情况下，初期收集的原始数据都是相对比较粗糙的，需要通过一定的技术手段进行加工，最后提炼出方便用户理解的知识。如图 4-1-1 所示，底层的粗糙数据经过一系列的加工处理，然后将处理产生的相关信息与实际业务相结合，进行规律性总结，生成知识（解决方案或商业预测）。

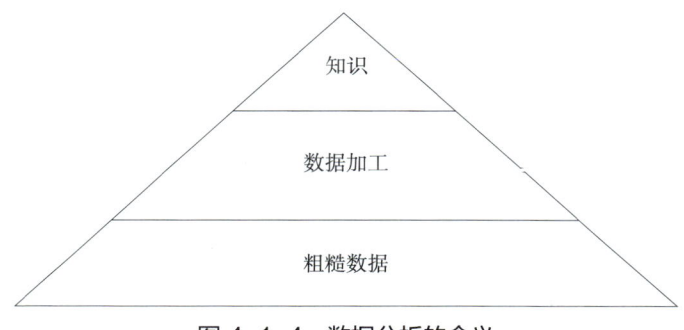

图 4-1-4　数据分析的含义

实践证明，数据分析是非常有价值的，它与旅游业的发展是密切相关的。例如，预测景区人流量、在线旅游平台对消费者的产品推荐、旅游广告的精准营销等，数据分析可以渗透到这些业务环节中，帮助实现业务流程优化，提高工作效率，并能辅助用户进行快速判断，以便采取有效的行动。

（二）数据分析的条件和步骤

数据分析有一套比较规范的操作步骤，作为数据分析人员只有掌握好它，才能减少工作失误，提高工作效率。数据分析的操作步骤如图 4-1-2 所示。

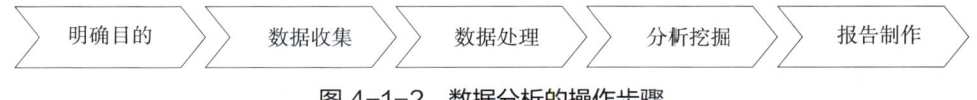

图 4-1-2　数据分析的操作步骤

1. 明确目的

数据分析的第一步就是要明确目的。和大家在生活中处理某件事情一样，先明确目的，然后再去动手实施。例如，某在线旅行社 App 上线后，前期虽然导入了大量新用户，但是用户质量不是很好（包括登录时间不长、付费金额低等表现），需要通过数据分析查明原因。作为数据分析师，需要明确此次分析的目的是找出大量注册用户登录时间不长、付费金额低的原因，可以首先从注册用户本身的属性着手展开分析。

2. 数据收集

数据是进行数据分析的前提，"巧妇难为无米之炊"说的就是这个道理。因此，数据收集显得尤为重要。按收集方式的不同，数据收集可以分为线上收集和线下收集；按收集渠道的不同，数据收集可以分为内部收集和外部收集。数据收集的两种不同分类如图 4-1-3 所示。

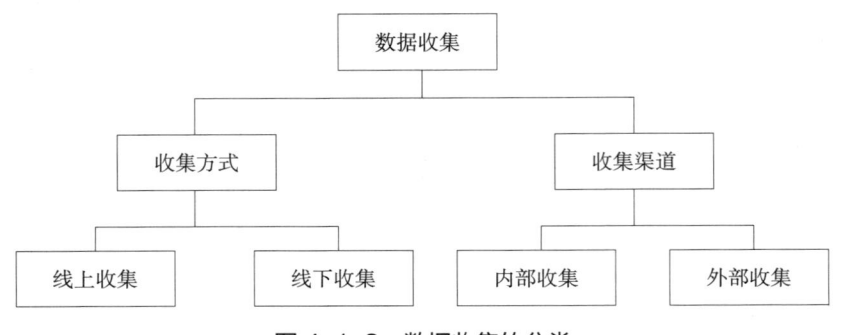

图 4-1-3　数据收集的分类

（1）按收集方法分类

线上收集的数据是指利用互联网技术自动采集的数据。例如，企业内部通过数据埋点的方式进行数据收集，然后将收集来的数据存储到数据库中。此外，利用爬虫技术获取网页数据或借助第三方工具获取网上数据等都属于线上收集方式。一般情况下，因为其效率高且错误率较低，互联网科技企业、互联网电商企业、互联网游戏企业等都采用此种方式收集用户行为数据。

线下收集的数据相对比较传统，对技术要求不高。例如，通过传统的市场调查问卷获取数据即为线下收集。此外，通过手工录入获取数据、公开出版物收集的权威数据以及通过其他人提供的电子表格获取数据等都属于线下收集方式。这种收集数据的方式效率低且容易出现偏差。一般情况下，传统制造型企业、线下零售企业、市场调研咨询类企业等都采用此种方式收集数据。

（2）按收集渠道分类

内部收集的数据是指获取的数据都来源于企业内部数据库、日常财务数据、销售业务数据、客户投诉数据、运营活动数据等。此类数据的获取相对较为方便，数据分析人员可以根据实际业务需求对内部收集的数据进行处理分析。

外部收集的数据是指数据不是企业内部产生的，而是通过其他手段从外部获取的。例如，利用爬虫技术获取的网页数据、从公开出版物收集的权威数据、市场调研获取的数据以及第三方平台提供的数据等。外部数据的收集不像内部收集那么容易，且大部分都是碎片化、零散化的数据。因此，数据分析人员需要对这些数据进行清洗和整合，再去进行分析。

总之，不管以何种方式收集过来的数据，都是企业宝贵的财富。数据分析人员需要多和这些数据打交道，多去研究数据背后隐藏的规律，为业务决策提供支持。

3. 数据处理

一般通过不同途径收集过来的原始数据都是相对比较粗糙且无序的。此时，需要利用数据处理软件进行一系列的加工处理，降低原始数据的复杂程度，最终汇总成用户可以解读的业务指标。数据处理包括前期的脏数据清洗、缺失值填充、数据分组转换、数据排序筛选等，后期的业务指标计算、报表模板填充等。常用的数据处理工具包括 Excel 之类的电子表格软件、各类数据库软件、Python、R、SAS、SPSS 等，这些工具都包含数据处理模块，方便用户对数据进行快速清洗，然后进行分析。

4. 分析挖掘

只有基于处理好的数据，数据分析人员才可以对其进行分析和挖掘，结合实际业务得出相关结论，提供给管理层进行决策。因此，数据分析人员只有掌握数据分析和数据挖掘的常用方法，才能为后期的数据报告的制作打下坚实的基础。

数据分析的侧重点在于对业务的熟练掌握，一个优秀的数据分析人员往往对公司业务了如指掌。例如，产品日常活动的前期设计、中期上线跟踪、后期效果评估以及最终的建议与反馈等，数据分析人员都要非常熟悉。当然，除了熟练掌握业务，数据分析人员对数据分析常用的分析策略和分析方法也必须掌握。一般情况下，常用的数据分析策略分为描述性统计分析、探索性统计分析、推断性统计分析，如图 4-1-4 所示。

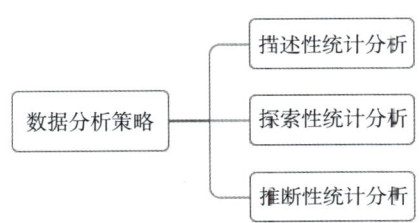

图 4-1-4　数据分析常用的分析策略

常用数据分析方法包括对比分析法、分组分析法、预测分析法、漏斗分析法、A/B 测试分析法。通过这些数据分析方法，可以挖掘出数据隐藏的价值，从而降低企业成本，提高营业利润等。

数据挖掘的侧重点在于对模型和算法的理解，一个优秀的数据分析人员必须拥有扎实的数学基础和熟练的编码能力。数据的复杂性、多样性、动态性等特点会使得数据挖掘变得很困难。因此，在数据挖掘过程中，应该清楚每一步需要做什么，达到什么样的效果，有问题及时调整方案策略，从而确保整个数据挖掘项目的最终成功。

数据挖掘的规范化步骤可以采用 SIG 组织在 2000 年推出的 CRISP-DM 模型。该模型将数据挖掘项目的生存周期定义为六个阶段。六个阶段分为商业理解（Business Understanding）、数据理解（Data Understanding）、数据准备（Data Preparation）、建立模型（Modeling）、模型评估（Evaluation）、结果部署（Deployment）。数据挖掘的流程并非要完全参照这个顺序执行，数据分析人员可以根据实际业务场景进行调整，只有通过不断地测试和验证，才能做好一个完整的数据挖掘项目。此外，数据挖掘具有循环特性，并不是一次部署完就结束挖掘过程，需要通过不断地迭代优化，获得最优结果。

5. 报告制作

数据分析的最终结果需要汇总成一份数据报告，最常见的是 PPT 格式的报告。因此，关于数据分析报告的制作显得尤为重要。数据分析报告的制作要求目的明确、结构清晰、有理有据。

报告开始部分一般为目录和前言，简明扼要地列出本次报告需要陈述的章节；中间部分为正文，主要是对目录的各章节展开叙述；结尾部分进行报告总结并提出相关建议和解决措施。

开始部分的目录是数据分析报告的整体纲要，要求简洁扼要、结构清晰、逻辑有序，让阅读者能快速了解整个汇报的内容。目录切记要归纳总结，不要分太多章节，大致包含正文部分和结尾部分。

正文部分的分析和论证是数据分析报告的核心部分，按目录的章节排序分别进行阐述，详解分析思路并进行论证。分析和论证要求条理清晰、层层剖析、有理有据。

结尾部分的结论和建议是依据前面的分析结果得出的相关结论。结论要求准确、干练、有价值，切不可冗余拖沓。在准确的结论基础之上，提出自己的见解和建议，为管理者进行决策时提供参考依据。

最后，数据分析报告的风格要前后一致，内容也可以加入一些动态展示效果，让阅读者赏心悦目、心情舒畅。当然，数据分析报告的本质还是分析、结论与建议，过分重视分析报告的美观程度而忽视分析报告的本质是不可取的。数据分析人员应抱着科学严谨的态度，将对业务的理解与分析挖掘技术相结合，得出可靠且令人信服的分析报告，提供给管理层进行业务决策。

（三）数据分析的应用场景

随着大数据分析技术的发展，日常生活、政府及企业对数据分析的应用需求越来越多，利用大数据分析技术可以为人们的日常生活带来便利，促进社会变革和科技发展。日常生活方面，人们的衣食住行都离不开数据的支撑，大数据分析技术的发展正在逐渐改变人们的生活方式。政府方面，国家出台了一系列政策，明确提出实施国家大数据战略，建设数据强国的目标。政府在交通、天气、农牧业、医疗卫生、教育等众多领域出台了一系列的大数据应用政策，支持其发展。企业方面，公司都在积极架构大数据分析部门，支持其他业务部门的发展，旨在降低企业运营成本、提高企业运作效率、创造更多利润。下面介绍数据分析众多的应用场景，可以看到数据分析与人们的日常生活结合得相当紧密。

1. 日常生活应用场景

（1）电商购物

电商平台的崛起让用户不需要出门就能购买到自己需求的商品，提高了用户购买日常生活物品的便利性。移动互联网技术的发展让用户可以随时随地购物，但这一切的发展都离不开大数据技术的支撑。随着数据量的日益增长，包括大数据存储、大数据处理、大数据分析在内的各类大数据技术也在不断发展。利用大数据分析技术，电商企业可以对用户的偏好进行分析，然后进行商品推荐，从而提高用户的购买效率；电商企业对用户反馈的评论进行收集并分析，可以用来对产品进行优化，从而提高用户对产品的体验。

（2）外卖订购

外卖平台的发展让消费者在家就可以享受到各种美食。随着平台用户规模的增加，大数据技术的支撑显得尤为重要，包括商家数据的接入、客户消费订单数据、定位信息数据以及实时外卖路线规划等都与大数据技术的应用息息相关。随着市场需求的升级，餐饮外卖行业的发展环境迎来进一步优化，同时，外卖用户大数据分析渗透程度将更深。例如，提升平台和商家的经营效率，增进用户对于平台和商家的满意程度以及扩展配送商品品类等，都要基于大数据分析。

（3）物流配送

物流的配送效率直接体现在用户从下单到收到商品之间的间隔时间上，高效的物流配送也是建立在大数据分析基础之上。通过大数据分析可以对物流资源配置进行优化，合理规划物流路线，从而降低物流成本，提升物流配送效率。物流网点的选址、交通网络规划、辐射区域规划，都可以通过大数据分析进行辅助决策。此外，对车队的能耗数据、路线跟踪、调配信息等数据进行整合并分析，进行数字化管理，可以有效控制车队的运营成本。

（4）交通出行

大数据分析技术在交通出行方面的应用也很广泛。例如，利用大数据分析技术可以实时监控车辆通行密度，合理规划行驶路线；实现即时的信号灯调度，提高已有线路运行能力。此外，近年来，发展迅猛的打车平台和共享单车也是利用大数据分析技术快速匹配司乘信息，从而提高用户乘车便利性，降低能源损耗，提高出行效率。

2. 基于行业的应用场景

（1）旅游行业

旅游企业通过获取行业大数据统计和分析，可以深入洞察市场、预测需求，进行智能化决策，从而制定行之有效的战略。企业在旅游项目开发、收益管理、营销、市场定位、线路设计、日常管理（游客饱和度、设施的安全、机器人导游、个性化服务等）等方面，均可以让大数据发挥作用。企业想开拓某一区域旅游行业市场，只有先进行项目评估和可行性分析，才能最终决定开拓这块市场的必要性，如这个区域的客流量怎样？游客的消费习惯怎样？市场对旅游产品的认知度怎样？当前的市场又如何？通过项目评估报告，收集旅游行业市场调研的大数据，对大数据的分析就是市场定位过程。只有定位准确才能构建出满足市场需求的旅游产品，使旅游品牌在竞争中立于不败之地。

旅游企业通过积累和挖掘旅游行业消费者数据，可以深入分析游客的消费行为，有利于挖掘和引导更多潜在目标游客。例如，可以基于游客的位置信息，掌握每一位游客所在的位置，以及他在各个景点驻留的时间长度，甚至还可以掌握游客所入住酒店，以及他到过哪些消费场所等，通过相关数据的统计和分析来掌握消费者的消费行为、兴趣偏好等，再根据分析结果，制定有针对性的营销方案和营销战略，投消费者喜好。

客满！四川峨眉山、西岭雪山、二郎山景区元旦假期预定人数达上限

（2）天气预报

基于历史海量数据的预测分析结合气象知识，天气预报的准确性和实效性将会大大提高，预报的及时性将会大幅提升。此外，对于重大自然灾害，如台风、龙卷风等，大数据分析技术可以更加精确地判断其运动轨迹和危害的等级，有利于帮助人们提高应对重大自然灾害的能力，减少损失。天气预报准确度的提升和预测周期的延长将会有利于农业生产的安排。

（3）医疗卫生

根据医院患者的就诊信息，通过大数据分析得出涉及食品安全的信息，及时进行监督检查，降低已有不安全食品的危害；基于用户在互联网的搜索信息，掌握流行疾病在某些区域和季节的爆发趋势，及时进行干预，降低其危害；基于覆盖区域的居民健康档案和电子病历数据库，快速检测传染病，进行全面的疫情监测，并通过集成疾病监测和响应程序，快速进行响应。

（4）教育行业

大数据分析技术可以被政府教育部门运用到教学改革实践中。通过对学生成绩、行为表现、心理活动等数据的分析，可以让教育工作者理解学生在个性化层面是怎样学习的，从而制定相关策略来提高学生的成绩。此外，基于大数据分析可以将学习兴趣相同的学生进行分组，不仅可以提高共同学习效率，还可以为每位学生创建适合自己的学习环境和个性化的学习方案和学习路径。

（6）零售行业

客户群体的细分以及精细化运营同样适用于零售行业，根据客户的消费喜好和趋势，进行商品的精准营销，降低营销成本。

利用大数据分析技术缩短产品生产时间；根据顾客反馈意见，快速进行决策并迅速修正产品缺陷，给用户更好的体验，从而提高产品的服务质量；建立用户预测趋势的模型，对消费者购买方式和地点进行预测，从而能够调整库存量，提高产品周转效率，满足消费者的需求。

二、常见的旅游统计指标和术语

（一）游客分类及对应统计指标

1. 按照到访本地游客的出游地（客源地）、是否过夜划分为

①国际游客或入境游客（含外国人、港澳同胞）：入境（过夜）旅游者（含散客）；入境一日游游客（含过境及游客）。对应"入境旅游人数"指标，单位：人次。

②国内游客（含本地和外地游客）：国内（过夜）旅游者（含散客）；国内一日游游客（含散客）。对应"国内旅游人数"指标，单位：人次。

2. 按照出游目的地、是否过夜划分为

①出境游客：出境（过夜）旅游者（含个人游）；出境一日游游客（含个人游）。对应"出境旅游人数"指标，单位：人次。

②本地游客：含出省（市）过夜的游客和游本地的过夜及一日游游客。

（二）反映地方接待量指标

地方接待游客总数（人次）=（过夜）旅游者 + 一日游（不过夜）游客（含其他场所接待）。

其中已含：地方住宿设施（含酒店、其他住宿设施及居民家中）接待的（过夜）旅游者、旅行社接待的团体（过夜）旅游者及一日游游客、景区接待的（过夜）旅游者及一日游游客。上述三类（地方住宿设施、旅行社、景区）接待量不可重复相加。注意：鉴于本地旅游收入只计算到访游客在当地的花费，故此"出境旅游人数"和出省（市）的"本地游客"，不计入当地旅游总人数。

客房出租率：指报告期内客房实际出租间天数除以报告期内客房核定出租间天数的百分数。其计算公式为：客房出租率（%）= 客房实际出租间天数（间天）/ 客房核定出租间天数（间天）× 100。

客房、公寓实际平均价格：指报告期内旅游住宿设施实际出租客房、公寓的平均价格。其计算公式为：客房实际平均价格（元 / 间天）= 客房收入（元）/ 客房实际出租间天数（间天）；公寓实际平均价格（元 / 套天）= 公寓收入（元）/ 公寓实际出租套天数（套天）。

（三）反映旅游业总体规模及地位指标

旅游收入：游客（入境游客和国内游客）在旅游过程中（由游客或游客的代表为

游客）支付的一切旅游支出就是国家（省、区、市）的旅游收入。旅游支出应包括（过夜）旅游者和一日游游客在整个游程中行、游、住、食、购、娱，以及为亲友、家人购买纪念品、礼品等方面的旅游支出，不包括为商业目的购物、购房、购地、购车、购船等资本性或交易性的投资，馈赠亲友的现金及给公共机构的捐赠。旅游收入包括国际旅游（外汇）收入和国内旅游收入。

国际旅游（外汇）收入：入境游客在中国（大陆）境内旅行、游览过程中用于交通、参观游览、住宿、餐饮、购物、娱乐等全部花费。

国内旅游收入：指国内游客在国内旅行、游览过程中用于交通、参观游览、住宿、餐饮、购物、娱乐等全部花费。

三、常见的旅游数据分析方法

（一）对比分析法

该方法又称为比较分析法，通过指标的对比来反映事物数量上的差异和变化，属于统计分析中最常用的方法。在实际应用中，读者可能听过纵向对比和横向对比的说法：纵向对比指的是同一事物在时间维度上的对比，这种对比方法主要包含环比（如日活用户数 DAU 在本月与上月之间的对比）、同比（如销售额在本年度 3 月与上一年 3 月之间的对比）和定基比（如 2—6 月的点击量均与 1 月的点击量做对比）；横向对比则是不同事物在固定时间上的对比（如不同用户等级在客单价之间的差异；不同品类之间的利润率高低；新用户在不同渠道的支付转化率）。应用对比分析法，得到的结果可以是相对值（如百分数、倍数、系数等），也可以是相差的绝对数和相关的百分点（一个百分点即指 1%），即把对比的指标做减法运算。所以，通过对比分析法就可以对规模大小、水平高低、速度快慢等做出判断和评价。

（二）分组分析法

分组分析法与对比分析法很相似，所不同的是分组分析法可以按照多个维度将数据拆分为各种组合，并比较各组合之间的差异。为使读者能够理解分组分析法和对比分析法之间的差异，这里各举一个简单的例子加以说明。

假设某旅行产品上市做营销时，会考虑多个销售渠道，如携程旅行、去哪儿旅行、飞猪旅行、同程旅行和驴妈妈旅游网。如果要对比各销售渠道在 10 月的销量，就采用对比分析法，如表 4-1-3 所示；如果要对比各销售渠道在 9 月、10 月和 11 月的销量，就应采用分组分析法，如表 4-1-4 所示。

表 4-1-3 中运用的对比分析法可以发现，旅游产品在 10 月的销售总量为 3863份，其中携程旅行的销量最高，占到总销售的 34.3%；相比于驴妈妈旅游网的销售渠

道，携程旅行的销售量是它的近 6 倍。携程旅行、去哪儿、飞猪旅行为销售量前三名的渠道，它们的销售量在总销售量中超过 85%。

表 4-1-3　10 月各销售渠道的销量对比分析

销售渠道	10月销量	占比	销售渠道	10月销量	占比
携程旅行	1325	34.05%	同程旅行	341	8.83%
去哪儿旅行	1109	28.71%	驴妈妈旅游网	225	5.82%
飞猪旅行	863	22.34%	合计	3863	100%

表 4-1-4　各销售渠道在时间维度上的对比

月份	携程旅行	去哪儿	飞猪旅行	同程旅行	驴妈妈旅行网
9	1108（25.37%）	1311（30.01%）	1137（26.03%）	3518（18.04%）	461（10.55%）
10	1325（34.30%）	1109（28.71%）	863（22.34%）	341（8.83%）	225（5.82%）
11	1563（40.27%）	1201（30.95%）	582（15.00%）	348（8.97%）	187（4.82%）

如表 4-1-4 所示，销售渠道基础上又添加了时间因素（即综合了横向对比和纵向对比），所以通常称这样的数据为横截面数据。表中的数据（比例为百分比）是为了对比各渠道销售量在当月的销售占比。为了使数据展现得更加直观，这里使用饼状图来展现数据的变动趋势，如图 4-1-5 所示。

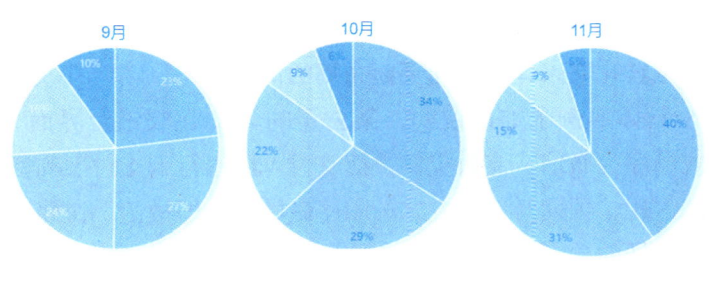

图 4-1-5　各销售渠道在时间维度上的对比

（三）预测分析法

预测分析法主要用于未知数据的判断和预测，这个方法在大数据时代显得尤为突出和重要，如依据过往三年的历史销售数据，预测未来六个月的销售额；根据患者各项体检指标，预测其患某种疾病的可能性；利用消费者在互联网留下的日志数据，向消费者推送可能购买的商品，等等。预测分析法大致可以划分为两种：一种是基于时间序列的预测，即根据指标值的变化与时间依存关系进行预测（具体的预测方法有移动平均法、指数平滑法、ARIMA 法等）；另一种是回归类预测，即根据指标之间相互影响的因果关系进行预测（具体的预测方法有线性回归、KNN 算法、决策树模型等）。

（四）漏斗分析法

漏斗分析法通常也称为流程分析法，其目的是关注某事件在重要环节上的转化率，该方法在互联网行业的使用尤为普遍。以 B2C 的电商为例，用户从浏览页面到完成购买通常会有 4 个重要的环节，即用户通过主页或搜索的方式进入商品列表页，再到点入具体的商品进入商品详情页，接着将心仪的商品加入购物车，最后将购物车内的商品结账完成交易。直观判断可知，经过这 4 个重要环节的用户数量肯定越来越少，进而形成锥形的漏斗效果。

在实际的应用中，数据分析人员可借助于漏斗分析法对网站运营过程中各个重要环节的转化率、运营效果和过程进行监控及管理，对于转化率特别低的环节，或者波动发生异常的环节加以有针对性的修正，进而保证转化率的提升，从而提升整体运营的效果。

（五）AB 测试分析法

AB 测试分析法也是一种对比分析法，该方法侧重于对比 AB 两组结构相似的样本（如用户属性和行为相似、产品特征相似等），并基于两组样本的指标值挖掘各自的差异。例如，某 App 的同一个功能页面，设计了两种不同风格的页面布局，然后将两种风格的页面随机分配给测试用户（这些用户的结构都比较相似），最后根据用户在该页面的浏览转化率来评价不同页面布局的优劣。

这里举一个具体的例子加以说明，某公司的 App 在收银台界面（即付款界面）呈现的支付方式顺序为微信、支付宝、快捷支付（即银行卡支付）和货到付款。为了提高快捷支付的占比，预期对支付方式的顺序做微调，即微信、快捷支付、支付宝和货到付款。但是这样的顺序真的能够提高快捷支付的占比吗？为了验证这个问题，技术人员对两批相似的样本用户做了测试，得到的结果如图 4-1-6 所示。

从结果可知：支付方式顺序的调整，对快捷支付占比的影响还是存在的，经过支付顺序调整后，快捷支付占比得到了近两个百分点的提升。所以，经过 AB 测试后，可以认为支付方式顺序的调整是有必要的。

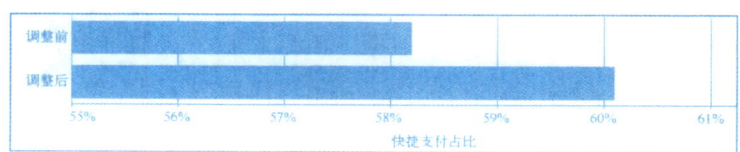

图 4-1-6　快捷支付的 AB 测试图

【教学评价】

学生自评与互评如表 4-1-5 所示。

表 4-1-5　学生自评与互评

评价项目	评价内容
学习纪律	1.出勤情况 2.遵守课堂纪律情况 3.学习主动性、积极性
学习过程	1.预习与复习情况 2.跟随教师思路，理解授课内容与笔记情况 3.课堂参与情况 4.作业完成情况
学习效果	1.课程所传授的知识与技能掌握程度 2.课程所传授的素质与思政目标达成程度 3.提出、分析、解决问题能力的提高程度
姓名	班级
自评等级	（　）A（　）B（　）C（　）D
互评等级	学生1：（　）A（　）B（　）C（　）D 学生2：（　）A（　）B（　）C（　）D 学生3：（　）A（　）B（　）C（　）D
提升思考	

【教学评价】

指导教师评价如表 4-1-6 所示。

表 4-1-6　指导教师评价

评价项目	评价内容
学习纪律	1.出勤情况 2.遵守课堂纪律情况 3.学习主动性、积极性
学习过程	1.预习与复习情况 2.跟随教师思路，理解授课内容与笔记情况 3.课堂参与情况 4.作业完成情况

续表

评价项目	评价内容		
学习效果	1.课程所传授的知识与技能掌握程度 2.课程所传授的素质与思政目标达成程度 3.提出、分析、解决问题能力的提高程度		
指导教师		班级	
评价等级	（　）A　（　）B　（　）C　（　）D		
提升建议			

【学生笔记】

学生笔记如表 4-1-7 所示。

表 4-1-7　学生笔记

任务名称	
学习日期	
指导教师	
学习记录：	

记录人：

任务二　了解旅游大数据挖掘

【任务导引】

　　旅游大数据存储主要是通过对不同数据进行分类处理，将其存储到不同的数据集中。目前，我国主要的存储方式为云平台存储，其次就是本地数据库管理系统存储。在大数据时代下，对旅游大数据的要求也越来越高。特别是对于海量、多样性旅游数据而言，不仅要求其具有较高的时效性，还需要考虑其分析挖掘价值。对于云平台来说，大数据分析挖掘可以采用分布式存储技术进行数据储存，即在云平台内部建立分布式数据库实现不同类型的数据存储。而对于本地数据库来说，大数据分析挖掘主要是利用本地数据库对其进行高效处理和操作，并利用关系数据库对其进行管理和维护。对于云平台来说，大数据分析挖掘可以采用分布式结构化查询语言（SQL）对不同类型的旅游大数据进行操作处理，同时可以利用并行计算技术对大数据进行分析挖掘。

　　任务：请小组查找相关资料，并学习讨论哪些场景用到了数据挖掘技术。

【学习目标】

　　1. 知识目标：了解数据挖掘中的常见算法。

　　2. 能力目标：能够根据数据挖掘的一般步骤来设计具体项目。

　　3. 素质目标：培养"优选算法、洞察本质"的职业匠心；培养"科学严谨、实证为基"的职业诚心。

【任务书】

　　学习任务书如表 4-2-1 所示。

表 4-2-1　学习任务书

姓名		班级	
所在小组		指导老师	
任务名称	四川省旅游人数和收入的相关分析		
1.题目内容 登录四川省统计局官网，查询全省、成都、绵阳、宜宾、德阳、泸州、达州、乐山2017—2021年旅游人数和旅游收入，并根据所学分数据分析方法，详细地将旅游数据进行分析总结 2.要求 （1）小组讨论，明确任务，明确操作方法和分工 （2）具体数据用Excel表格进行汇总 （3）形成四川省2017—2021年国内旅游人数和国内旅游收入分析简讯，用Word文档存储 （4）最后将Excel表格和Word文档一起提交到云班课			

续表

进度安排：
1.课前预习　　　年　　月　　日
2.课堂学习　　　年　　月　　日，第　节
3.笔记整理　　　年　　月　　日
4.作业提交　　　年　　月　　日
5.其　他　　　　年　　月　　日

【任务分组】

本次学习任务为"完成四川省旅游人数和收入的相关分析"，1~3人为一组，共同完成任务同步训练，各小组力求发挥成员优势，全员参与，高质量完成学习任务。学习任务分配如表4-2-2所示。

表4-2-2　学习任务分配

班级		组号		指导老师	
组长		学号		任务分工	
组员1		学号		任务分工	
组员2		学号		任务分工	
组员3		学号		任务分工	
组员4		学号		任务分工	
组员5		学号		任务分工	

【知识储备】

一、数据挖掘简介

（一）数据挖掘

在大数据时代，数据的产生和收集是基础，数据挖掘是关键。数据挖掘是大数据中最关键也是最基本的工作。通常来讲，数据挖掘是指从大量数据中挖掘出隐含的、先前未知但潜在的有用的信息和模式的一个工程化和系统化的过程。

数据挖掘主要包括以下四个特征。

1. 应用性

数据挖掘是理论算法和应用实践的完美结合。数据挖掘源于实际生产生活中应用的需求，挖掘的数据来自具体应用，通过数据挖掘发现的知识又要运用到实践中去，辅助实际决策。所以，数据挖掘来自应用实践，同时也服务于应用实践。数据是根本，数据挖掘应该以数据为导向。理论算法的设计和开发都会考虑到实际问题的需

求，然后针对此问题进行抽象和泛化。同时，好的算法是能够运用在实际中的，能在实际应用中得到检验。

2. 工程性

数据挖掘是一个由多个步骤组成的工程化过程。数据挖掘的应用特性决定了数据挖掘不仅仅是算法分析和应用，而且是一个包含数据准备和管理、数据预处理和转换、挖掘算法开发和应用、结果展示和验证以及知识积累使用的完整过程。而且在实际应用中，典型的数据挖掘过程还是一个交互和循环的过程。

3. 集合性

数据挖掘是多种功能的集合。常用的数据挖掘功能包括数据探索分析、关联规则挖掘、时间序列模式挖掘、分类预测、聚类分析、异常检测、数据可视化和链接分析等。一个具体的应用案例往往涉及多个不同的功能。不同的功能通常有不同的理论和技术基础，而且每一个功能都有不同的算法支撑。

4. 交叉性

数据挖掘是一个交叉学科，它利用了来自统计分析、模式识别、机器学习、人工智能、信息检索、数据库等诸多不同领域的研究成果和学术思想。同时，一些其他领域，如随机算法、信息论、可视化、分布式计算和最优化也对数据挖掘的发展起到重要的作用。数据挖掘的交叉性与这些相关领域的区别可以由前面提到的数据挖掘的三个特性来总结，最重要的是它更侧重于应用。

综上所述，应用性是数据挖掘非常关键的一个特性，是它和其他学科的一个重要区别。同时数据挖掘的应用特性和它的其他特性相辅相成，这些特性从一定程度上决定了数据挖掘的研究和发展，同时也为如何学习和掌握数据挖掘提出了指导性的意见。

二、数据挖掘的一般步骤

对企业来说，数据挖掘就是在"数据矿山"中找到蕴藏的"知识金块"，帮助企业减少不必要投资的同时提高资金回报率。目前应用最为广泛的数据挖掘过程分为6个步骤，分别是明确目标、数据搜集、数据清洗、构建模型、模型评估和应用部署。通过图4-2-1中的金字塔了解数据挖掘中具体的操作步骤。

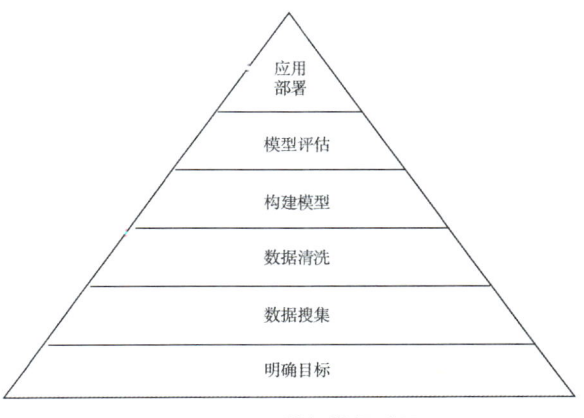

图4-2-1　数据挖掘步骤

（一）明确目标

在实施数据挖掘之前，必须明确自己的目标，即需要通过数据挖掘去解决什么样的问题。这里通过两个实际的案例来加以说明数据挖掘流程中的第一步，即明确目标：

①在餐饮行业，可能都会存在这个方面的痛点，即如何调整中餐或晚餐的当班人数，以及为下一餐准备多少食材比较合理。如果解决了这个问题，那么对于餐厅来说既可以降低人工成本，又可以避免食材浪费。

②对任何一家旅游公司来说，用户的价值来决定公司可以从用户身上获得的利润空间，用户越忠诚、价值越高，公司从用户身上获取的利润就越多，反之利润就越少，所以摆在公司眼前的重大问题就是如何提升用户的价值。

（二）数据收集

当读者明确企业面临的痛点或工作中需要处理的问题后，下一步就得规划哪些数据可能会影响到这些问题的答案，这一步就称为数据的收集过程。数据收集过程显得尤为重要，其决定了后续工作进展的顺利程度。接下来继续第一步中的例子，说明这三个案例中都需要收集哪些相关的数据。

1. 餐饮相关

①食材数据：食材名称、食材品类、采购时间、采购数量、采购金额、当天剩余量等。

②经营数据：经营时间、预订时间、预订台数、预订人数、上座台数、上座人数、上菜名称、上菜价格、上菜数量、特价菜信息等。

③其他数据：天气状况、交通便捷性、竞争对手动向、是否为节假日、用户口碑等。

2. 影响用户价值高低

①会员数据：性别、年龄、教育水平、会员等级、会员积分、收入状况等。

②交易数据：用户浏览记录、交易商品、交易数量、交易频次、交易金额、客单价、最后交易时间、偏好、下单与结账时差等。

③促销数据：用户活动参与度、优惠券领取率、优惠券使用率、购买数量、购买金额等。

④客服数据：实时沟通渠道数量、用户沟通次数、用户疑问响应速度、疑问解答率、客户服务满意度等。

（三）数据清洗

为解决企业痛点或面临的问题，需要搜集相关的数据。即使数据收集上来，也必须保证数据"干净"，因为数据质量的高低将影响最终结果的准确性，通常都有哪些

"不干净"的数据会影响后面的建模呢？针对这些数据都有哪些解决方案呢？这里可以做一个简要的概述。

①缺失值：由于个人隐私或设备故障导致某些观测在纬度上的漏缺，一般称为缺失值。缺失值的存在可能会导致模型结果的错误，所以针对缺失值可以考虑删除法、替换法或插值法解决。

②异常值：异常值一般指远离正常样本的观测点，它们的存在同样会影响模型的准确性，故可以考虑删除法或单独处理法。当然某些场景下，异常值是有益的，如通过异常值可以筛选出钓鱼网站。

③数据的不一致性：主要是由于不同的数据源或系统并发不同步所导致的数据不一致性，如两个数据源中数据单位的不一致（一个以元为单位，另一个以万元为单位）；系统并发不同步，导致一张电影票被多个用户购买。针对这种情况则需要不同数据源的数据更新（SQL）或系统实现同步并发。

④量纲的影响：由于某些模型容易受到不同量纲的影响，因此需要通过数据的标准化方法将不同量纲的数据进行统一处理，如将数据都压缩至 0~1 的范围。

⑤维度灾难：当采集来的数据包含上百乃至成千上万的变量时，往往会提高模型的复杂度，进而影响模型的运行效率，故需要采用方差分析法、相关系数法、递归特征消除法、主成分分析法等手段实现数据的特征提取或降维。

（四）构建模型

据不完全统计，建模前的数据准备将占整个数据挖掘流程 80% 左右的时间，可谓"地基不牢，地动山摇"。接下来，在数据准备充分的前提下，需要考虑企业面临的痛点或难题可以通过什么类型的挖掘模型解决。

①对于餐饮业需要预测下一餐将有多少消费者就餐的问题，可以归属于预测类型的挖掘模型。如基于整理好的餐饮相关数据使用线性回归模型、决策树、支持向量机等实现预测，进而为下一餐提前做好准备。

②对于选择什么样的用户发放信贷问题，其实就是判断该用户是否具有良好信用的特征，属于分类类型的挖掘模型。例如，基于 Logistic 模型、决策树、神经网络等完成用户的分类，为选择优良用户提供决策支持。

③对于用户的价值分析，不再具有现成的标签，故无法使用预测或分类类型的模型解决，可以考虑无监督的聚类类型模型，因为"物以类聚，人以群分"。例如，使用 K 均值模型、DBSCAN、最大期望 EM 等实现不同价值人群的划分。

（五）模型评估

到此阶段，已经完成了数据挖掘流程中的绝大部分工作，并且通过数据得到解决问题的多个方案（模型），接下来要做的就是从这些模型中挑选出最佳的模型，主要目的就是让这个最佳的模型能够更好地反映数据的真实性。例如，对于预测或分类类型的模型，即使其在训练集中的表现很好，但在测试集中结果一般，则说明该模型存在过拟合的现象，需要从数据或模型角度做进一步修正。

（六）应用部署

通常，模型构建和评估工作的完成，并不代表整个数据挖掘流程的结束，往往还需要最后的应用部署。尽管模型构建和评估是数据分析师或挖掘工程师所擅长的，但是这些挖掘出来的模式或规律是给真正的业务方或客户服务的，故需要将这些模式重新部署到系统中。例如，旅游景区将游客在在线订票平台上的搜索记录进行清洗和统计，并将整理好的数据输入某个系统中，就可以预测某个景点在一段时间内游客人数；利用用户在 OTA 平台留下的浏览、收藏、交易等记录，就可以向用户推荐其感兴趣的旅游产品。这些应用的背后，都将数据中的模式或规律做了重新部署，进而便于使用者的操作。

三、常见的算法

在这个小节将对数据挖掘的十大算法给出简要的介绍。数据挖掘十大算法源于一篇发表在 IEEEInternational Conference on Data Mining（ICDM）的论文，并收录在 Journal of Knowledge and Information Systems 杂志 2007 年 12 月的刊物上。ICDM 2006 的会议邀请 ACM SIGKDD 发明奖得主和 IEEE ICDM 研究贡献奖得主作为数据挖掘十大算法提名委员会专家。首先，数据挖掘十大算法经过委员会专家的提名；然后，再查阅其引用次数（要求至少 50 次以上），选出 18 个算法；最后，再邀请 ACM SIGKDD 2006、IEEE ICDM 2006、SIAM DM 2006 三个国际会议的程序委员会委员投票选出数据挖掘十大算法。这十大算法如表 4-2-3 所示。

表 4-2-3　数据挖掘十大算法

排名	算法	简要说明
1	C4.5	决策树分类
2	K-means	K均值聚类
3	Support Vector Machine（SVM）	支持向量机分类
4	Apriori	关联规则挖掘
5	Expectation Maximization（EM）	最大期望算法
6	PageRank	链接分析

排名	算法	简要说明
7	AdaBoost	集成算法
8	K–Nearest Neighbors（KNIN）	K近邻分类
9	Naive Bayes	朴素贝叶斯分类
10	CART	分类和回归

数据挖掘十大算法里面，K–Nearest Neighbors（KNIN）、C4.5、Support Vector Machine（SVM）、AdaBoost、CART、Naive Bayes 都是以分类作为目的的算法。K–means 是最常见的聚类算法。Apriori 是关联规则挖掘算法。Expectation Maximization（EM）是一种估计概率模型参数的算法。PageRank 是一种链接分析算法，主要用于图数据里，对节点重要性进行排名。

K–Nearest Neighbor 算法的思想是通过找事物属性上的相似去揣测类别上的相同，简单来说就是类比法。K–Nearest Neighbor 从训练数据集里面找出和待分类的数据对象最相近的 K 个对象。这 K 个对象中出现次数最多的那个类别，就可以被当作这个待分类的数据对象的类别。例如，我们对一个植物样本进行分类的时候，通过对比这个样本和实验室的标本之间的各个特征（长度、直径、颜色等），然后找到最相似的几个标本。这几个标本的类别就应该是我们手上这个植物样本的类别。如果这几个标本的类别也不同，我们取里面出现次数最多的那个类别。

C4.5 和 CART（Classification and Regression Tree）都是基于决策树的分类算法。决策树本质上是一个对训练数据进行划分的数据结构。决策树中每个节点代表一个关于属性的问题。对这个问题的不同回答决定了一个数据对象被分到树的不同分支。最终所有的训练数据都会被塞入某个叶子节点。这和常见的二分搜索树、B+ 树等数据结构没有本质的区别。与其他树的数据结构用途不同的是，决策树最终的目的是要回答一个数据对象的类别。一个未知类别的数据对象被决策树划分到某个叶子节点，这个叶子节点内的数据类别就可以被当作这个数据的类别。如果叶子节点的数据有几个不同的类别，与 K–Nearest Neighbor 一样，我们取出现次数最多的那个类别。为了尽可能保持回答的一致性，我们希望每个叶子节点内的数据类别尽量保持一致。直观来说，这样决策树在回答一个数据类别的时候，就更加有把握一些。因此，我们希望决策树每个叶子节点的类别的分布越纯越好（或越单调越好）。当一个节点内所有数据的类别都一致的时候，这样纯度最高。当一个节点所有数据的类别都两两不相同的时候，这个纯度最低。纯度可以用不同的指标来测量，常见的两个纯度指标是熵和基尼指数。一个节点的纯度越高，熵和基尼指数就越小。C4.5（或 CART）的训练算法利用如何让熵（或者基尼指数）减得更多（纯度增加得更大）来决定如何构造这个决策树。C4.5 还考虑了如何避免过度拟合等问题。

Naive Bayes 是通过贝叶斯定律来进行分类的。朴素贝叶斯将数据的属性和数据的类别看作两个随机变量（X 和 Y），然后问题转换成找出一个给定属性 X，哪个 Y 出现的概率最大，也就是贝叶斯定律中的后验概率 P（Y|X）。在贝叶斯定律里面，一个数据的产生，是有了这个数据的类别，然后再产生这个数据的各个属性。因此，P（Y）被叫作先验概率。给定了数据的属性，再反过来去推测其类别就是后验概率，P（Y|X）。根据贝叶斯定律，后验概率可以由先验概率和条件概率计算出来。而先验概率和条件概率可以由训练数据统计而得。朴素贝叶斯之所以叫朴素，因为这个算法假设给定数据对象的类别 Y，不同属性的出现是互相独立的。

Support vector machine（SVM）是近年来使用得最广的分类算法，因为它在高维数据，如图像和文本上的表现都好过其他很多算法。与 Naive Bayes 不同之处在于，它不关心这个数据是如何产生的，只关心如何区分这个数据的类别。在 SVM 算法内，任何一个数据都被表示成一个向量，也就是高维空间中的一个点，每个属性代表一个维度。SVM 和大多数分类算法一样，假设如果一堆数据的类别相同，那么他们的其他属性值也应该相近。因此，高维空间上，不同的类别数据应该处于不同的空间区域。SVM 的训练算法就是找出区分这几个区域的空间分界面。能找到的分界面可能有很多个，SVM 算法中选择的是两个区域之间最靠近正中间的那个分界面，或者说离几个区域都最远的那个分界面。因为现实数据可能是有噪声的。有了噪声，一个数据可能会在观测空间位置的周围区域都出现。离几个区域最远的那个分界面能够尽量保证有噪声的数据点不至于从区域跳到另外一个区域去。这个最佳的分界面的寻找问题在 SVM 中被表示成一个有约束的优化问题。通过优化算法里的拉格朗日法可以求得这个最优的分界面。

Adaboost 是一种集成学习算法。其核心思想是在同一个训练集上，通过考察上一次实验中每个样本的分类是否正确，以及总体分类的准确率，自适应地调整每个样本的权值，迭代地生成若干个不同的分类器（弱分类器），最终将这些分类器组合起来，提升为一个强分类器。AdaBoost 为了减少分错的情况，有意识专门针对分错的数据进行训练。这种思想就如中学时期的试卷练习一样。同一份试卷的考题可以让学生做多次，但每次只需要重复上次学生做错的题。而上次做对了的题目，就不需要反复练习了。这样的练习既可以突出重点，又节约时间。

K-means 是最常见的聚类算法。Expectation Maximization 是一种用来估计带有隐藏变量的模型参数的方法。K-means 背后的思想其实属于 Expectation Maximization 的一种。K-means 先随机在数据集里面找 K 个簇中心点，然后把每个数据分到离它最近的中心所在的那个簇。然后再计算新的簇中心点。由此不断循环直到这个所有簇中心不再变化。在 K-means 里面，这个模型的参数就是 K 个簇的中心。隐藏的变量就是每个数据点的类标。如果我们知道每个数据点的类标，那么只需要针对每个簇的数据点求一下算术平均，就可以估计出这个簇的中心。但问题是，每个数据点的类标是隐藏的（未知的），所以我们无法直接估计出每个簇的簇中心。Expectation Maximization Algorithm（最大期望算法）就是专门来针对这种有隐藏变量的模型估计的。Expectation Maximization Algorithm（最大期望算法）的估计是基于最大似然，也就是找出模型参数使得这个模型最能够描述当前观察数据。换句话说，这个估计方法希望让观察的数据在这个估计的模型里面出现的概率是最高的。最大似然是一个原则。最大似然的估计方法是根据这个原则产生的，否则任何一个估计出来模型我们都可以说它好或者不好。至于为什么要用最大似然这个原则，这源于概率论与数理统计的一个直观假设：我们观察到的事件总比没有观察到的发生的概率高；我们多次观察到的事件出现的概率总比很少观察到的高。Expectation Maximization Algorithm 是两个不同步骤的不断循环。一个步骤叫作 Expectation，也就是固定当前模型的参数去估计最有可能隐藏变量的值。另外一个步骤叫作 Maximization，是通过当前估计隐藏变量的值去估计模型的参数。然后不断迭代，直到模型的参数不再变化即算法停止。Expectation 和 Maximization 都是基于最大似然去找隐藏变量的值和模型的参数值。在 K-means 里面，把每个数据点塞进 K 个簇中，离簇中心最近那个步骤就是这里的 Expectation，通过计算簇内所有数据点的算术平均得到簇的中心就是 Maximization。K-means 的目的是让每个簇内的数据点尽量靠近簇中心。从最大似然的角度来看，一个数据点越靠近其簇中心，它出现的概率就越高。因此在 Expectation 的时候，K-means 把每个数据点塞给最近的那个簇中心的簇。Maximization 步簇中心是通过算术平均求得的。算术平均就是最大似然的估计。

　　Apriori 算法的最早提出是为了寻找关联规则。后来，因为 Apriori 算法有很清晰和简单的算法逻辑结构，所以 Apriori 逐步成为一种搜索算法思想，有点类似动态规划、贪心算法的概念。在很多相关论文里面，算法以 Apriori-like 来修饰，但是算法的目的跟关联规则挖掘并没有关系。关联规则通常表示成 {A，B} → {C}，意思是如果 A、B 出现了，那么 C 也很大可能出现。关联规则是通过历史数据求得。显然，我们不能因为历史数据中出现了一条数据同时包含 A、B、C 就认为 {A，B} → {C} 成立。只有当有足够的数据记录都包含 A、B、C，我们才认为这个规则有一定置信度的。所以，关联规则第一步就是找出频繁的项集。项就是指这里的 A、B、C 等。项集就是包含这些项的集合。在这个例子里面，{A，B，C} 就是一个频繁的项集，A、B、C 属于一个项。如果数据库里面有 n 个不同的项，那么总共可能有 2^n 个项集。显然我们不能一个一个去试，看其是否频繁。Apriori 算法要解决的问题，就是如何快速找出频繁项集。Apriori 的核心思想就是认为如具 {A，B，C} 是频繁的，那么它的子集也必须是频繁的。这就是 Apriori 算法里面所描述的递减性质。频繁的定义就是指出现的次数大于某个预先定义的阈值。因此，我们可以从只含一个项的集合开始搜索，然后剔除非频繁。然后再找只含两个项的集合，再剔除非频繁。如果把算法的搜索看作一个搜索树，那么每次的剔除都是剔除一个树的分支，所以就可以大大减少搜索空间。这也是为什么大部分 Apriori-like 算法本质上都是搜索算法的原因。

PageRank 因为谷歌搜索引擎而出名。满足一个关键词的网页通常有很多，如何安排这些网页显示的前后顺序呢？PageRank 的想法就是，如果这个网页被很多其他网页引用，那么网页重要程度就很大，理应放得前面一些。如果一个网页只被很少网页引用甚至没有被引用，那么这个网页就不重要，可以放得靠后。这里的引用和论文之间的引用类似。我们评价一篇论文的好坏也是看其引用数量。在网页里面，引用可以是一个超链接。当然，PageRank 还可以用在其他图数据上，只要他们存在某种链接，就可以认为是这里的引用。除此之外，PageRank 还认为，如果一个网页被重要的网页引用，那么这个网页肯定比被不重要网页引用更重要。如果把每个网页的重要分数看成一个未知变量，这两个直观的假设可以整理成一个线性方程。那么，PageRank 根据此方程解出每个网页的重要分数。最后网页的排名就是按照这个重要分数由大到小排列。换句话说，PageRank 算法综合考虑链接的数量和网页的质量两个因素，将二者结合起来对网页进行排序。需要特别指出的是，PageRank 计算出的网页重要性排名，是完全基于链接结构的，与用户输入的查询关键字是无关的。所以，很多时候 PageRank 是可以离线计算的。

【教学评价】

学生自评与互评如表 4-2-4 所示。

表 4-2-4 学生自评与互评

评价项目	评价内容	
学习纪律	1.出勤情况 2.遵守课堂纪律情况 3.学习主动性、积极性	
学习过程	1.预习与复习情况 2.跟随教师思路，理解授课内容与笔记情况 3.课堂参与情况 4.作业完成情况	
学习效果	1.课程所传授的知识与技能掌握程度 2.课程所传授的素质与思政目标达成程度 3.提出、分析、解决问题能力的提高程度	
姓名		班级
自评等级	（　）A （　）B （　）C （　）D	

续表

评价项目	评价内容
互评等级	学生1：（　）A（　）B（　）C（　）D 学生2：（　）A（　）B（　）C（　）D 学生3：（　）A（　）B（　）C（　）D
提升思考	

【教学评价】

指导教师评价如表 4-2-5 所示。

表 4-2-5　指导教师评价

评价项目	评价内容		
学习纪律	1.出勤情况 2.遵守课堂纪律情况 3.学习主动性、积极性		
学习过程	1.预习与复习情况 2.跟随教师思路，理解授课内容与笔记情况 3.课堂参与情况 4.作业完成情况		
学习效果	1.课程所传授的知识与技能掌握程度 2.课程所传授的素质与思政目标达成程度 3.提出、分析、解决问题能力的提高程度		
指导教师		班级	
评价等级	（　）A（　）B（　）C（　）D		
提升建议			

【学生笔记】

学生笔记如表 4-2-6 所示。

表 4-2-6　学生笔记

任务名称	
学习日期	
指导教师	

续表

学习记录：

记录人：

模块五　旅游大数据可视化

模块导读

　　旅游大数据是指在旅游的"食、住、行、游、购、娱"六要素领域所产生的数量巨大、快速传播、类型多样相关（有结构和非结构的）、富有价值的数据集合，并且可以通过大数据技术（如云计算、分布式存储、流运算、大数据算法、NoSQL 数据库、SOA 结构体系等）进行数据相关性分析和数据可视化，从而使游客消费者的决策更加有效、便捷，提高满意度。

模块导图

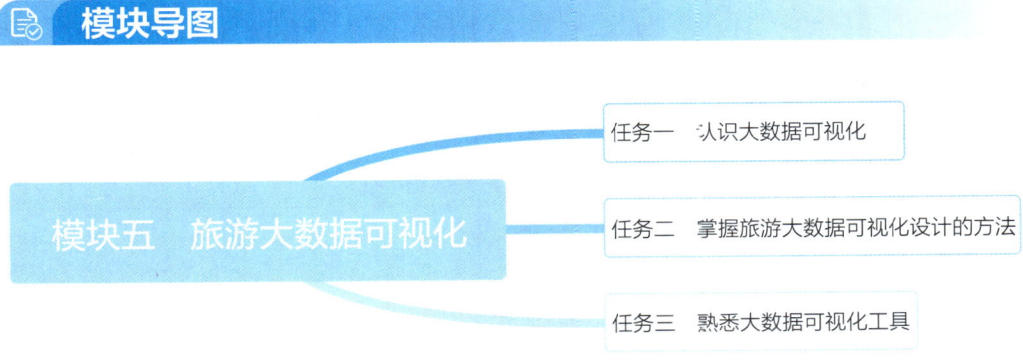

任务一　认识大数据可视化

【任务导引】

　　人类对图形的理解能力非常独到，往往能够从图形当中发现数据的一些规律，而这些规律用常规的方法是很难发现的。在大数据时代，数据量变得非常大，而且非常烦琐，要想发现数据中包含的信息或者知识，数据可视化是最有效的途径之一。数据可视化要根据数据的特性，如时间信息和空间信息等，找到合适的可视化方式，如图表（Chart）、示意图（Diagram）和地图（Map）等，将数据直观地展现出来，以帮助人们理解数据，同时找出包含在海量数据中的规律或者信息。数据可视化是大数据生命周期管理的最后一步，也是最重要的一步。数据可视化系统并不是为了展示给用户已知的数据之间的规律，而是为了帮助用户通过认知数据，有新的发现，发现这些数据所反映的实质。

【学习目标】

1. 知识目标：了解大数据可视化的概念、类型与标准；掌握数据可视化的目标与作用。

2. 能力目标：能够正确认识大数据可视化的目标与作用；能够根据大数据可视化的标准明确大数据可视化在旅游行业中的应用场景。

3. 素质目标：培养"创意表达、清晰传递"的创新意识；增强"用户中心、价值导向"的服务意识。

【任务书】

学习任务书如表 5-1-1 所示。

表 5-1-1　学习任务书

姓名		班级	
所在小组		指导老师	
任务名称	认识大数据可视化		
任务内容及要求： 1.任务内容 （1）掌握大数据可视化知识储备内容 （2）明确大数据可视化的类型、标准、目标与作用 （3）进行任务同步训练——认识大数据可视化 2.要求 （1）高质量完成全部学习任务 （2）以小组形式完成任务同步训练 （3）同步训练成果在规定时间内提交至教学平台			
进度安排： 1.课前预习　　　　年　　月　　日 2.课堂学习　　　　年　　月　　日，第　　节 3.笔记整理　　　　年　　月　　日 4.作业提交　　　　年　　月　　日 5.其　　他　　　　年　　月　　日			

【任务分组】

本次学习任务为"认识大数据可视化"，5–6 人为一组，共同完成任务同步训练，各小组力求发挥成员优势，全员参与，高质量完成学习任务。学习任务分配如表 5-1-2 所示。

表 5-1-2　学习任务分配

班级		组号		指导老师	
组长		学号		任务分工	
组员1		学号		任务分工	
组员2		学号		任务分工	
组员3		学号		任务分工	
组员4		学号		任务分工	
组员5		学号		任务分工	

【知识储备】

当前，在大数据的研究、教学和开发领域中，数据可视化是一个极为活跃而又关键的方面。数据可视化是基于数据的，通过图形、图像等方式将数据转化为易于理解和分析的形式，帮助人们更直观地理解数据的关系，进而做出相应决策。数据科学让人们越来越多地从数据中发现人类社会中的复杂行为模式，以数据为基础的技术决定着人类的未来，但并不是数据本身改变了世界，起决定作用的是可用的知识。大数据已经改变了人们生活工作的方式，给人们的思维模式带来巨大影响。当然，数据可视化不只是各种工具或新颖的技术，作为一种表达数据的方式，它还是对现实世界的抽象表达，像文字一样，讲述着各种各样的故事。清晰而有效地在大数据与用户之间传递和沟通信息是数据可视化的重要目标。数据可视化技术将数据库中的每一个数据项作为单个图像元素表示，大量的数据集构成数据图像，同时将数据的各个属性值以多维数据的形式表示，可以从不同的维度观察数据，从而可以对数据进行更深入的观察和分析。

一、大数据可视化的概念

数据可视化与信息图形、信息可视化、科学可视化及统计图形密切相关。数据可视化与计算机图形学、计算机视觉等学科相比，既有相同之处，也有显著区别。数据可视化主要是通过计算机图形、图像等技术手段展现数据的基本特征和隐含规律，辅助人们更好地认识和理解数据，进而支持从庞杂混乱的数据中获得需要的领域信息和知识。

当前，在大数据的研究领域中，数据可视化异常活跃：一方面，数据可视化以数据挖掘、数据采集、数据分析为基础；另一方面，它还是一种新的表达数据的方式，是对现实世界的抽象表达。数据可视化将大量不可见的现象转换为可见的图形符号，并从中帮助人们发现规律和获取知识。

二、大数据可视化的类型与标准

（一）大数据可视化的类型

随着对大数据可视化认识的不断加深，人们认为数据可视化分为 3 种类型，即科学可视化、信息可视化和可视化分析。

1. 科学可视化

科学可视化是数据可视化中的一个应用领域，主要关注空间数据与三维现象的可视化，包含气象学、生物学、物理学、农学等，重点在于对客观事物的体、面及光源等的逼真渲染。科学可视化是计算机图形学的一个子集，是计算机科学的一个分支。科学可视化的目的主要是以图形方式说明数据，使科学家能够从数据中了解和分析规律。

科学可视化历史悠久，甚至在计算机技术广泛应用之前人们就已经了解了视 / 知觉在理解数据方面的作用。1987 年，美国国家科学基金会在关于"科学计算领域之中的可视化"的报告中正式提出了"科学可视化"的概念。

目前，科学可视化的实施主要从模拟或者扫描设备上获取的数据中找寻曲面、流动模型以及它们之间的空间联系。

2. 信息可视化

信息可视化是一个跨学科领域，旨在研究大规模非数值型信息资源的视觉呈现（例如软件系统之中众多的文件或者一行行的程序代码），通过利用图形图像方面的技术与方法帮助人们理解和分析数据。信息可视化与科学可视化有所不同：科学可视化处理的数据具有天然几何结构，如磁感线、流体分布等；而信息可视化侧重于抽象数据结构，如非结构化文本或者高维空间当中的点（这些点并不具有固有的二维或三维几何结构）。人们日常工作中使用的柱状图、趋势图、流程图、树状图等都属于信息可视化，这些图形的设计都将抽象的概念转化成可视化信息。

传统的信息可视化起源于统计图形学，与信息图形、视觉设计等学科密切相关。信息可视化囊括了信息图形化、知识可视化、科学可视化以及视觉设计方面的所有发展与进步，它致力于创建那些以直观方式传达抽象信息的手段和方法。信息可视化的表达形式与交互技术则是利用人类眼睛通往心灵深处，使得用户能够目睹、探索甚至立即理解大量的信息。

3. 可视化分析

可视化分析是科学可视化与信息可视化领域发展的产物，侧重于借助交互式的用户界面进行数据的分析与推理。

可视化分析是一个多学科领域，它将新的计算和基于理论的工具与创新的交互技术和视觉表示相结合，以实现人类信息话语。可视化分析主要包含以下内容。

①分析推理技术：使用户能够获得直接支持评估、计划和决策的深入见解。

②数据表示和转换：以支持可视化分析的方式转换所有类型的冲突和动态数据。

③分析结果的生成、呈现和传播的技术：以便在适当的环境中向各种受众传达信息。

④可视化表示和交互技术：允许用户查看、探索和理解大量信息。

可视化分析是一门综合性学科，与多个领域有关。在可视化方面，有信息可视化、科学可视化和计算机图形学；在数据分析方面，有信息获取、数据处理和数据挖掘；在交互方面，则包含人机交互、认知科学和感知等学科的融合。

目前，可视化分析的基础理论仍然在发展中，还需要人们更深入探索和不断挖掘。

（二）大数据可视化的标准

大数据可视化的标准通常包含实用性、完整性、真实性、艺术性和交互性。

1. 实用性

衡量数据实用性的主要参照是要满足使用者的需求，需要清楚地了解这些数据是不是人们想要知道的、与他们切身相关的信息。例如，将气象数据可视化就是一个与人们切身相关的事情。实用性是一个较为重要的评价标准，既是一个主观的指标，也是评价体系里不可忽略的一环。

2. 完整性

衡量数据完整性的重要指标是该可视化的数据应当能够纳入所有能帮助使用者理解数据的信息，其中包含要呈现的是什么样的数据、该数据有何背景、该数据来自何处、这些数据是被谁使用的、需要起到什么样的作用和效果、想要看到什么样的结果、是针对一个活动的分析还是针对一个发展阶段的分析、是研究用户还是研究销量等。

3. 真实性

可视化的真实性考量的是信息的准确度和是否有据可农。如果信息是能让人信服的、精确的，那么它的准确度就达标了；否则该数据的可视化工作就不会令人信服。因此在实际使用中应当确保数据的真实性。

4. 艺术性

艺术性是指数据的可视化呈现应当具有艺术性，符合审美规则。不美观的数据图无法吸引读者的注意力；美观的数据图则可能会进一步引起读者的兴趣，提供良好的阅读体验。有一些信息容易让读者遗漏或者遗忘，通过好的创意设计，可视化能够给读者更强的视觉刺激，从而有助于信息的提取。例如，在一个做对比的可视化中，让读者比较形状大小或者颜色深浅都是不明智的设计，相比之下位置远近和长度更一目了然。

5. 交互性

交互性是实现用户与数据的交互，方便用户控制数据。在数据可视化的实现中应多采用常规图表，并站在普通用户的角度，在系统中加入符合用户思维方式的交互操作，让大众用户也可以真正地和数据对话，探寻数据对业务的价值。

三、大数据可视化的目标与作用

（一）大数据可视化的目标

从不同角度来看大数据可视化的目标，可以有不同的理解和认识。

1. 从应用角度来看

数据可视化与传统的计算机图形学关系紧密却又存在不同。大数据可视化主要是利用计算机相关技术来形成图像，从而展示数据的基本特征和隐含规律，以帮助人们更加清晰地认识和理解数据。

从应用角度来看，大数据可视化的目标主要有以下 5 个方面。

①通过大数据可视化有效呈现数据中的重要特征。

②通过大数据可视化揭示事物内部的客观规律以及数据间的内在联系。

③通过大数据可视化辅助人们理解事物的概念和过程。

④通过大数据可视化对模拟和测量进行质量监控。

⑤通过大数据可视化提高科研开发效率。

2. 从宏观角度来看

从宏观角度来看，大数据可视化的目标主要包含信息记录、信息分析和信息传播。

（1）信息记录

信息记录是指将海量的信息记录成文字或图形，其好处有以下几点：一方面，可以将信息永久保存；另一方面，则可以通过观察可视化图形来激发人们的洞察力，从而更好地进行科学与研究。例如，1616 年可视化的鼻祖伽利略绘制了月亮周期的可视化图。

（2）信息分析

信息分析是指将信息以可视化的方式呈现给用户，从而引导用户从可视化的结果中分析和推理出有用的信息，并进一步提升认知信息的效率。

（3）信息传播

视觉感知是人类最主要的信息通道，人类的视网膜每秒可以传递1000万位数据。将复杂信息传播和发布给公众的最有效的方法就是对数据进行可视化，从而达到信息传播与共享的目的。

（二）大数据可视化的作用

大数据可视化的作用主要分为数据表达、数据操作和数据分析。

1. 数据表达

数据表达是通过计算机图形技术来更加友好地展示数据信息，以方便人们理解和分析数据。数据表达的常见形式有文本、图表、图像以及电子地图等。借助于有效的图形展示工具，大数据可视化能够在小空间中呈现大规模数据。

2. 数据操作

数据操作是以计算机提供的界面、接口和协议等条件为基础完成人与数据的交互需求。数据操作需要友好便捷的人机交互技术、标准化的接口和通信协议来完成对多数据集的操作。当前基于可视化的人机交互技术发展迅猛，包括自然交互、可触摸、自适应界面和情景感应等在内的多种新技术极大地丰富了数据操作的方式。

3. 数据分析

数据分析是通过计算机获得多维、多源、异构和海量数据所隐含信息的核心手段，是数据存储、数据转换、数据计算和数据可视化的综合应用。大数据可视化作为数据分析的后续环节，直接影响着人们对数据的认识和应用。它不但能够帮助人们推理和分析数据背后隐藏的信息与客观规律，也有助于知识和信息的传播。

链接资源

旅游大数据建设和运用中有哪些误区？

作者：中国旅游报　日期：2022年3月23日

旅游大数据是当前旅游行业发展建设的一个热点，其运用已覆盖食住行游购娱等各环节，尤其在旅游目的地、酒店和中介平台等领域运用广泛。总体而言，旅游大数据的建设和运用为政府监管、企业管理和游客消费均带来了新的思维、工具和方式，其"革命性"价值已经得到广泛认知。与此同时，旅游大数据的建设和运用也逐步显现出一些问题。

旅游数据本身具有数量大、类型多等特点，并且数据受旅游者个人背景、兴趣偏好和行为特征差异的影响，具有很强的复杂性和不规律性。因此，在实际工作中需要研究和解决的具体问题多样而复杂。现阶段旅游大数据的应用形态和表现方式主要包括数据采集和分析报告、可视化展示（数据中心或数据展厅）、数据技术平台搭建（云服务和大数据解决方案）等，相较于多样化的数据而言过于简单化。各地在建设和运用旅游大数据时，有简单追求硬件设施和可视化展示的倾向，而对数据本身的内涵和价值挖掘不够，对数据来源、专业人才、成果转化等方面重视程度较低，使得一些工作流于表面，甚至"迷失"在大数据的表象中。众多管理者、技术人员和业务人员对旅游大数据一知半解，反被数据束缚了手脚，或者被数据噪声所干扰，无法真正用好大数据工具，实现大数据建设和运用的初衷。笔者梳理认为，当前我们在旅游大数据建设与运用中，大体出现了以下四个方面的误区。

误区一：简单认为大数据就是把所有数据集中起来

许多旅游管理者和经营者在利用数据推动业务发展时，会片面地将关注点聚焦于大数据的"大"上。于是将收集到的数据进行无条件的堆积，结果从思维上陷入"大数据就是把所有数据集中起来"的误区，最终导致无效数据的堆积、杂糅、干扰，无法正确指导实际工作。

误区二：盲目认为大数据方法是放之四海而皆准的

目前，大数据方法受到了社会各界的高度关注。一些行业未能从行业特征的深入研究入手，而是简单迷信大数据，步入"大数据方法是放之四海而皆准的"这一误区。旅游业具有多动机、多行业、多主体、综合性、系统性、流动性、季节性、文化性、交互性、体验性等特点，显著有别于一般行业和领域，对其深刻认知是做好旅游大数据建设和运用的又一项重要基础。对大数据的盲目崇拜和简单引入，不仅未见得能够解决旅游的实际问题，反而可能在这种简化流程中把实际工作带入误区。

误区三：过度迷信运用大数据能够提高管理效率

目前，旅游大数据的建设主要集中于游客情况监测与分析、旅游舆情监管与预警、游客画像、旅游产业引导与查询等方面。这些建设多数是为了帮助政府、企业更好地开展管理工作，提高管理效率。在目前的实践中，多数大数据建设都是以技术驱动为主，以应用驱动为主的较少，因而旅游大数据建设所呈现的基本是一些展示性的成果。一些旅游数字化做得比较好的项目，如故宫数字展、云游敦煌等，都极大程度地在视觉上增加了游客的旅游体验，加强了游客的视觉感知，让其深感震撼。但这种震撼很大一部分来源于对科技本身的感受。一些旅游市场长期存在的问题，如信息不对称、供需失衡以及市场秩序治理等，尚未成为大数据的聚焦点，解决手段也十分有限。如前所述，大数据在帮助决策时，目前在市场分析和营销上具有一定优势，但还需传统方法的支持。旅游行业是服务性行业，应以更好地服务游客为主。提高旅游服务质量，提升游客体验，是一切旅游管理工作的出发点和落脚点，也是旅游大数据建设和运用的目标。目前看来，旅游大数据的相关工作距离这一目标还较远。

误区四：过度追求通过大数据促进工作的精准化

在旅游营销方面，旅游从业人员利用大数据通过对不同游客的基础信息和兴趣偏好等信息的挖掘进行建模分析，为旅游目的地的精准营销提供了强有力的保障，使得一些人陷入"大数据营销就是精准营销"这一误区。实际上，大数据只是为精准营销提供了数据支撑，是精准营销的一种技术手段，大数据营销不等同于精准营销。

在某种程度上，数据虽然是客观的，但数据的创造者和使用者却存在着一定的主观性，他们无法做到绝对的客观。在数据的收集、筛选、处理、分析等流程中，都可能因人为的原因导致数据采集的误差、数据梳理的歧视、数据处理的偏差等问题，使得大数据具有一定的非客观性。因此，旅游大数据的运用，只是尽可能地提升旅游营销的精准度，同时也存在着一定的局限性。比如在某次节假日旅游目的地人流量数据统计中，大数据显示长沙和郑州是该节假日游客接待数量最多的城市，但在经过交叉检验和专业调研后，发现有很多中转、探亲、回家和过节的人数也被统计在内。数据来源的充分性和准确性因为各种原因尚无法保障。网络文本数据集中于年轻群体，移动互联网数据集中于三大运营商，地图数据、搜索数据也集中于部分群体，并且常常被遮蔽，各类应用软件数据虽有打通的潜力，但是又面临着诸多法律、制度、资本等方面的限制和影响。其中所涉及的问题广泛而复杂。当前并无绝对完整、充分、准确的大数据，未来也不宜过度追求这种完整和准确。

总之，大数据技术及其运用尚处于探索发展阶段。旅游业是信息高度复杂且对信息高度依赖的特殊行业，旅游大数据建设和运用的潜力很大、价值很高。但是，在目前的技术条件、行业基础和社会经济环境中，旅游大数据的建设和运用还很不成熟，需要积极而慎重地继续探索。未来，应努力避免陷入上述"四个误区"，从技术和业务两个维度加强认识，改善工作，真正把大数据作为有用的工具，促进相关工作水平的提高。

（作者：王欣　邹明乐　周琳　胡娟　徐晓文　单位：北京第二外国语学院中国文化和旅游产业研究院　编辑：宋雨秋）。

资料来源：中国旅游报社官方账号
https://baijiahao.baidu.com/s?id=1728085808453141457&wfr=spider&for=pc

【实施步骤】

步骤 1：了解大数据可视化的概念。

步骤 2：区分大数据可视化的类型。

步骤 3：理解大数据可视化的标准。

步骤 4：从应用角度和宏观角度入手，辨析数据可视化的目标。

步骤 5：在旅游产业应用场景中明确数据可视化的作用。

【能力拓展】

数据可视分析：是实时的、人机互动的、更加直观的数据分析的工具，让人和机器进行真正的交流，给予企业真正的"大数据认知能力"。我们已经进入大数据时代，可视化在数据的获取、处理、分析阶段都发挥着重要的作用。以大数据为基础，以可视化和数据分析模型为两翼，共同为客户创造价值，三者缺一不可，相辅相成。

【同步训练】

任务：完成"认识旅游大数据分析"。

目的：正确认识大数据可视化的目标与作用，能够根据大数据可视化的标准明确大数据可视化在旅游行业中的应用场景。

要求：

①坚持数据价值导向，增强德法兼修的职业素养。

②在完成任务的过程中，小组成员应充分表达想法，发挥各自优势，形成团队合力。

【内容小结】

数据可视化是利用计算机图形学及图像处理技术将数据转换为图形或图像显示到屏幕上，并进行交互处理的理论、方法和技术。它涉及计算机视觉、图像处理、计算机辅助设计、计算机图形学等多个领域，并逐渐成为一项研究数据表示、数据综合处理、决策分析等问题的综合技术。

数据可视化一般具有 3 个特征，即科学可视化、信息可视化和可视化分析。数据可视化的流程包含数据采集、数据清洗、可视化建模以及可视化应用。数据可视化的作用主要分为数据表达、数据操作和数据分析。

【教学评价】

学生自评与互评如表 5-1-3 所示。

表 5-1-3　学生自评与互评

评价项目	评价内容		
学习纪律	1.出勤情况 2.遵守课堂纪律情况 3.学习主动性、积极性		
学习过程	1.预习与复习情况 2.跟随教师思路，理解授课内容与笔记情况 3.课堂参与情况 4.作业完成情况		
学习效果	1.课程所传授的知识与技能掌握程度 2.课程所传授的素质与思政目标达成程度 3.提出、分析、解决问题能力的提高程度		
姓名		班级	
自评等级	（　）A（　）B（　）C（　）D		
互评等级	学生1：（　）A（　）B（　）C（　）D 学生2：（　）A（　）B（　）C（　）D 学生3：（　）A（　）B（　）C（　）D		
提升思考			

【教学评价】

指导教师评价如表 5-1-4 所示。

表 5-1-4　指导教师评价

评价项目	评价内容		
学习纪律	1.出勤情况 2.遵守课堂纪律情况 3.学习主动性、积极性		
学习过程	1.预习与复习情况 2.跟随教师思路，理解授课内容与笔记情况 3.课堂参与情况 4.作业完成情况		
学习效果	1.课程所传授的知识与技能掌握程度 2.课程所传授的素质与思政目标达成程度 3.提出、分析、解决问题能力的提高程度		
指导教师		班级	

续表

评价项目	评价内容
评价等级	（　）A　（　）B　（　）C　（　）D
提升建议	

【学生笔记】

学生笔记如表 5-1-5 所示。

表 5-1-5　学生笔记

任务名称	
学习日期	
指导教师	
学习记录：	

记录人：

任务二　掌握旅游大数据可视化设计的方法

【任务导引】

客观世界和虚拟社会正源源不断地产生大量的数据，而人类视觉对数字、文本等形式存在的非形象化数据的处理能力远远低于对形象化视觉符号的理解。因此，采用合适的数据可视化方法处理人类获取的数据，是整个数据可视化过程中最为重要的步骤之一。

【学习目标】

1. 知识目标：了解统计图表和可视化图的分类；掌握旅游大数据可视化的常用方法。

2. 能力目标：能够正确区分不同种类的统计图表和可视化图；能够掌握旅游大数据可视化的常用方法，完成旅游大数据分析可视化设计。

3. 素质目标：培养"创意表达、清晰传递"的创新意识；增强"用户中心、价值导向"的服务意识。

【任务书】

学习任务书如表 5-2-1 所示。

表 5-2-1　学习任务书

姓名		班级	
所在小组		指导老师	
任务名称	掌握旅游大数据可视化设计的方法		
任务内容及要求： 1.任务内容 （1）掌握旅游大数据可视化设计方法知识储备内容 （2）明确旅游大数据可视化的常用方法 （3）进行任务同步训练——掌握旅游大数据可视化设计的方法 2.要求 （1）高质量完成全部学习任务 （2）以小组形式完成任务同步训练 （3）同步训练成果在规定时间内提交至教学平台			

续表

进度安排：
1.课前预习　　　　年　　月　　日
2.课堂学习　　　　年　　月　　日，第　节
3.笔记整理　　　　年　　月　　日
4.作业提交　　　　年　　月　　日
5.其　　他　　　　年　　月　　日

【任务分组】

本次学习任务为"掌握旅游大数据可视化设计的方法"，5~6人为一组，共同完成任务同步训练，各小组力求发挥成员优势，全员参与，高质量完成学习任务。学习任务分配如表5-2-2所示。

表5-2-2　学习任务分配

班级		组号		指导老师	
组长		学号		任务分工	
组员1		学号		任务分工	
组员2		学号		任务分工	
组员3		学号		任务分工	
组员4		学号		任务分工	
组员5		学号		任务分工	

【知识储备】

在数据可视化与可视分析的过程中，用户是所有行为的主体：通过视觉感知器官获取可视信息，编码并形成认知。不同的数据可视化方法，对用户产生的直观效果不同。依据不同原则，数据可视化方法有不同的分类。例如，按空间维度的不同，可分为一维可视化、二维可视化、三维可视化、复杂高维可视化等；按面向领域的不同，可分为地理可视化方法、生命科学可视化、网络与系统安全可视化、金融可视化等；按可视化对象不同，可分为文本和文档可视化、跨媒体可视化、层次和网络可视化等。

一、统计图表可视化方法

统计图表是最早的数据可视化形式之一，作为基本的可视化技术仍然被广泛地使用。对于很多复杂的大型可视化系统来说，这类图表更是作为基本的组成元素而不可或缺，选择合适的统计图表和视觉暗示组合便能够达到很好的数据可视化。

数据可视化的最重要目的和最高追求是用简单、易于理解、快速易懂的可视化展现形式表示复杂的数据关系，因此，基本的可视化图表能够满足大部分可视化项目的需求。

可视化图表按所呈现的信息和视觉复杂程度通常可分为以下几类：

（一）柱状图

柱状图（Bar chart）是一种以长方形的长度为变量的表达图形的统计报告图，由一系列高度不等的纵向条纹表示数据分布的情况，用来比较两个或以上的价值（不同时间或者不同条件），只有一个变量，通常利用于较小的数据集分析。柱状图亦可横向排列，或用多维方式表达。柱状图的每根柱体内部也可以用不同的方式进行编码，构成堆叠图。

柱状图适用于二维数据集，能够清晰地比较两个维度的数据。由于视觉对高度之间的差异感知较敏感，柱状图利用柱子之间的高度来反映数据之间的差异。

优势：柱状图利用柱子的高度反映数据之间的差异，肉眼对高度差异很敏感。

劣势：柱状图的局限在于只适用中小规模的数据集。

1. 传统二维柱状图

传统二维柱状图一般用于表示客观事物的绝对数量的比较或者变化规律，用于显示一段时间内数据的变化，或者显示不同项目之间的对比。传统二维柱状图包括二维簇状柱形图、二维堆积柱形图、二维百分比堆积柱形图等。

二维簇状柱形图：这种图表类型比较类别间的值。水平方向和垂直方向分别表示不同类别的值，从而强调值随时间的变化。在类别的顺序不重要时，使用此图表类型能够表述跨若干类别的比较值。

二维堆积柱形图：这种图表类型显示各个项目与整体之间的关系，比较整体的各个部分，显示整体的各个部分如何随时间而变化，从而比较各类别的值在总和中的分布情况。

二维百分比堆积柱形图：这种图表类型以百分比形式比较各类别的值在总和中的分布情况，比较各个值占总计的百分比，显示每个值的百分比如何随时间而变化。

2. 三维柱状图

为了使柱状图表更加美观，可以把柱状图表做成三维图表形式。三维柱状图的可视化效果更加直观，而且能够在第三个坐标轴显示三维数据。三维柱状图采用柱体来量化数据，同时对柱体可以采用不同的颜色编码来表述不同的变量。

三维柱形图：这种图表类型沿着两个数轴比较数据点，数据点指在图表中绘制的单个值，这些值由条形、柱形、折线、饼图和其他被称为数据标记的图形表示。相同颜色的数据标记组成一个数据系列。

三维柱状图一般不是连续变化的，理解三维柱状图的一般思路是：

①看横坐标以及纵坐标反映的内容。

②看柱子数值的大小与变化的规律。

③综合分析现象或者问题的产生及原因，并提出相关建议和对策。

（二）条形图

排列在工作表的列或行中的数据可以绘制到条形图中。条形图显示各个项目之间的比较情况。

描绘条形图的要素有 3 个：组数、组宽度、组限。条形图适用场景：轴标签过长、显示的数值是持续型的。

簇状条形图和三维簇状条形图：簇状条形图比较各个类别的值。在簇状条形图中，通常垂直轴表示不同的类别，水平轴表示不同类别的数值。三维簇状条形图以三维格式显示水平矩形，而不以三维格式显示数据。

堆积条形图和三维堆积条形图：堆积条形图显示单个项目与整体之间的关系。三维堆积条形图以三维格式显示水平矩形，而不以三维格式显示数据。

百分比堆积条形图和三维百分比堆积条形图：此类型的图表比较各个类别的每一数值所占总数值的百分比大小。三维百分比堆积条形图表以三维格式显示水平矩形，而不以三维格式显示数据。

水平圆柱图、圆锥图和棱锥图：水平圆柱图、圆锥图和棱锥图可以使用为矩形条形图提供的簇状图、堆积图和百分比堆积图，并且它们以完全相同的方式显示和比较数据。唯一的区别是这些图表类型显示的是圆柱、圆锥和棱锥形状，而不是水平矩形。

（三）折线图

折线图适用于二维大数据集，尤其是那些趋势比单个数据点更重要的场合。同时，它还适用于多个二维数据集之间的比较，当需要体现许多数据点的顺序时，能够按时间（年、月、日）或类别显示趋势。

（四）饼图

饼图一般适用于表述一维数据（行或列）的可视，尤其是能够直观反映数据序列中各项的大小、总和和相互之间的比例大小，图表中的每个数据系列具有唯一的颜色或图案并且在图表的图例中表示。

饼图适用数据：反映某个部分占整体的比例，用于对比几个数据在其形成的总和中所占百分比值时最有用。如果想多个系列的数据，则可以用环形图。

优势：饼图能够直观地反映某个部分占整体的比例，肉眼对局部占整体的份额一目了然，用不同颜色来区分局部模块，也显得较为清晰。

劣势：饼图的局限性在于要求仅有一个要绘制的数据系列，同时绘制的数值没有负值，同时几乎没有零值。

（五）散点图

散点图适用于三维数据集，但其中只有两维需要比较。有时候为了识别第三维，可以为每个点加上文字标识，或者不同的颜色。

散点图展示成对的数和它们所代表的趋势之间的关系。对于每一数对，一个数被绘制在 X 轴上，而另一个数被绘制在 Y 轴上。过两点作轴垂线，相交处在图表上有一个标记。当大量的数对被绘制后，就会出现一个图形。散点图的重要作用是可以用来绘制函数曲线，从简单的三角函数、指数函数、对数函数到更复杂的混合型函数，都可以利用它快速准确地绘制出曲线，所以常用于教学和科学计算中。

（六）气泡图

气泡图是散点图的一种变形，通过每个点的面积大小，来反映第三维所表达的信息。如果为气泡图加上不同颜色（或者标签），气泡图就可以用来表示四维数据。

气泡图与散点图相似，不同之处是，气泡图允许在图表中额外加入一个表示大小的变量。实际上，这就像以二维绘制包含三个变量的图表一样。气泡由大小不同的标签（指示相对重要程度）表示。

（七）雷达图

雷达图适用于多维数据（四维以上），且每个维度必须可以排序。但是，它有一个局限，就是数据点最多 6 个，否则无法辨别，因此适用场合有限。

雷达图（Radar Chart）又可称为戴布拉图、蜘蛛网图（Spider Chart），是财务分析报表的一种。将一个公司的各项财务分析所得的数字或比率，就其比较重要的项目集中画在一个圆形的图表上，以表现一个公司各项财务比率的情况，使用者能一目了然地了解公司各项财务指标的变动情形及其好坏趋向。

二、图可视化方法

图是表达数据最灵活、最强大的方式之一，能够将数据进行优雅变换，"无图无真相""一图胜千言"正是对图可视化方法最好的归纳。图可视化能够简洁地表述复杂的关系、吸引读者的注意力、有助于读者理解和回忆等特点，因此胜过千言万语。

近年来，图论方法在数据可视化，尤其是社会网络类数据的可视化中得到广泛应用，其主要原因在于图论方法直接支持很多数据计算复杂算法。

（一）图的类型

1. 关系

图可视化最重要的作用之一是表达关系。这些关系组成了已经定义的世界或系统。某种意义上，人们平时接触的任何图形都属于图。图能够使得人们以一种非常容易理解的方式描述和表达世界。图表示一个视觉模型，这个视觉模型被传递到脑海中之后，能够较高效地理解一些系统和因素，能够帮助人们做出明智的辅助决策。

2. 分层

对于从分层数据中获取信息，图也是一个很好的选择。分层图常称为树。树有一个根节点，其链接分支到第二级节点，第二级节点还可能再次分支，以此类推，直到没有子节点的叶子节点。根节点的每个后代节点都只有一个父节点。

分层中，常见的图形便是树。树是一种非线性的数据结构，用它能很好地描述有分支和层次特性的数据集合。树形结构在现实世界中广泛存在，如社会组织机构的组织关系图就可以用树形结构来表示。树在计算机领域中也有广泛应用，如在编译系统中，用树表示源程序的语法结构。在数据库系统中，树形结构是数据库层次模型的基础，也是各种索引和目录的主要组织形式。在许多算法中，常用树形结构描述问题的求解过程、所有解的状态和求解的对策等。在这些年的国内外信息学奥赛、大学生程序设计比赛等竞赛中，树形结构成为参赛者必备的知识之一，尤其是建立在树形结构基础之上的搜索算法。

（二）图论可视化

基于图论（Graph Theory）算法的可视化也是可视化方向的一个分支。有关图论的文字记载最早出现在欧拉 1736 年的论著中：图论是应用数学的一个分支，它以图为研究对象。图论中的图是由若干给定的点及连接两点的线所构成的图形，这种图形通常用来描述某些事物之间的某种特定关系，用点代表事物，用连接两点的线表示相应两个事物间具有这种关系。图一般用二维组 G=（V，E）来进行描述，其中，集合 V 中的元素称为图 G 的定点（或节点、点），集合 E 的元素称为边（或线）。通常，描绘一个图的方法是把定点画成一个小圆圈，如果相应的顶点之间有一条边，就用一条线连接这两个小圆圈。绘制这些小圆圈和连线时无关紧要的，重要的是要正确体现哪些顶点对之间有边，哪些顶点对之间没有边。

节点链接法、空间填充法和混合型方法等图论方法，能够很好地分析层次数据，在层次数据可视化方面具有很好的应用。层次数据着重表现个体之间的层次关系，尤其是自然世界和社会关系中的包含和从属关系、组织信息和逻辑承接关系等。

现在常常用图论可视化来表述常见的关系模型，比如公司组织结构图、家谱树、树结构可视等。

（三）思维导图

思维导图（Mind Map），即借助图表分析问题、厘清思路。常见的思维导图有8种：圆圈图（Circle Map）、气泡图（Bubble Map）、双重气泡图（Double Bubble Map）、树状图（Tree Map）、流程图（Flow Map）、多重流程图（Multi-flow Map）、括号图（Brace Map）和桥状图（Bridge Map）。

1. 圆圈图

圆圈图定义一件事（Defining in Context Circle map）。主要用于把一个主题展开来，联想或描述细节。它有两个圆圈，里面的小圈是主题，而外面的大圈里放的是和这个主题有关的细节或特征。

2. 气泡图

气泡图描述事物性质和特征（Describing Qualities）。国外很多幼儿园和小学都在用气泡图帮助孩子学习知识、描述事物。

圆圈图强调的是一个概念的具体展开，而气泡图则更加侧重于对一个概念的特征描述。例如，用气泡图分析一只鹰有哪些特征。在实际分析问题的时候，不必太纠结到底该用哪种图，怎么直观怎么来。

气泡图能帮助孩子学会使用丰富的形容词，有个孩子读完了《夏洛特的网》，为书中的蜘蛛做了一张气泡图，在她眼里，这只叫夏洛特的蜘蛛具有很多美好的品质：聪明、友好、有爱、有才、神奇……

3. 双重气泡图

双重气泡图用于比较和对照（Comparing and Contrasting），是气泡图的"升级版"。它的妙处在于，对两个事物进行比较和对照，找到它们的差别和共同点。

4. 树状图

树状图用于分类和归纳（Classifying），如主题、一级类别、二级类别等，可以帮人们整理、归纳一些知识。

5. 流程图

流程图用于弄清先后顺序（Sequencing）。可以用流程图从先后顺序的角度去分析事物的发展和内在逻辑。

6. 多重流程图

多重流程图用于分析因果关系（Cause and Effect），也称因果关系图，用来分析一个事件产生的原因和它导致的结果。当中是事件，左边是事件产生的多种原因，右边是事件导致的多个结果。

7. 括号图

括号图用于整体和局部的关系（Part–Whole）。这种图的应用很多。

8. 桥状图

桥状图用于类比或类推（Seeing Analogies）。在桥形横线的上面和下面写下具有相关性的一组事物，然后按照这种相关性，列出更多具有类似相关性的事物。

虽然这些图的基本形式和应用都很简单，但随着思维越来越严密，图也会变得越来越复杂。思维导图的目的是更好地厘清头绪，更好地理解数据与图形之间的关联关系。

链接资源

中国全域旅游厕所导航系统大数据分析报告

作者：国家旅游局　栏目分类：统计信息　日期：2018 年 2 月 26 日

一、前言

2018 年 1 月 5 日，在"厕所革命"新三年行动计划的开端，国家旅游局联合高德地图推出中国全域旅游厕所导航系统，切实推进"厕所革命"的落地。从舆情监测数据显示，厕所导航系统的推出在解决民生需求方面所发挥的作用，利用科技手段提升服务效果的思路，以及创新旅游信息服务的方式上均得到社会的高度认可。

报告中所指厕所主要针对独立建筑的公共厕所，以及可以向公众开放的建筑物内的厕所。

本报告共选取 100 个重点城市，涵盖国内所有的省会城市并兼顾经济发达城市、交通枢纽城市以及在全域旅游厕所导航系统中用户活跃度较高的城市。

报告采用"城市开放厕所平衡指数"作为城市厕所供需平衡程度的评价指标，指数越高，说明城市开放厕所越能够满足城市居民的需求。

报告使用的数据主要基于高德地图积累的厕所 POI（Point of Interest）数据、用户搜索数据，以及全域旅游厕所导航大数据，进行分析挖掘计算所得。

二、全域旅游厕所导航系统使用情况分析

（一）用户数量

国家旅游局联合高德地图推出中国全域旅游厕所导航系统，上线一个月以来，共有近 1500 万人次使用了本系统的服务。平均每天有近 50 万人次登录该系统。

（二）使用习惯

用户登录全域旅游厕所系统后，除就近选择厕所并导航，对身边的 4A 级、5A 级景区兴趣较高，平均每次浏览的 4A 级、5A 级景区数量超过 6 家（浏览内容主要包括景区介绍、开放时间、周边服务、客流量热力图等）。

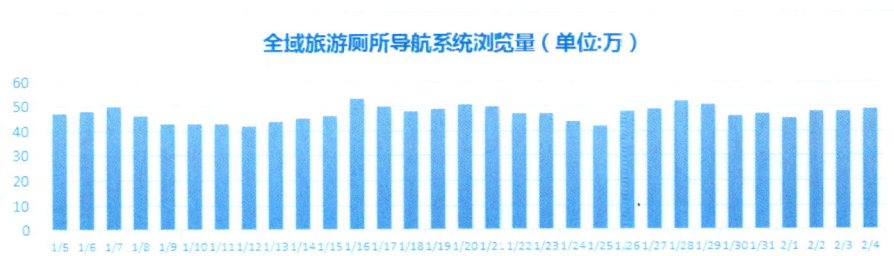

全域旅游厕所导航系统浏览量（单位:万）

三、全国百城城市开放厕所平衡指数

（一）指数定义

城市开放厕所平衡指数是指一个城市所拥有的开放厕所数量与该城市用户日常对开放厕所需求数量，两者之间的平衡程度。平衡指数越高说明该城市的厕所供需之间越趋于平衡状态。

（二）数据维度

城市开放厕所平衡指数，基础数据来自国家旅游局与高德地图联合发布的中国全域旅游厕所导航系统的用户大数据，主要由以下五个数据指标综合构成：

1. 厕所覆盖率：以一个厕所位置点为圆心，以半径 500 米的圆形覆盖面积作为该厕所的覆盖面积，用城市内所有厕所累加的覆盖面积除以城市总面积，得到该城市的厕所覆盖率，覆盖率越高，该指标排名越靠前。

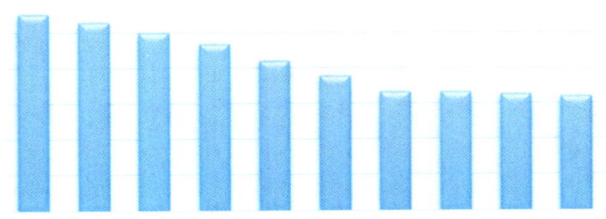

城市开放厕所覆盖率排名

东莞市 佛山市 深圳市 上海市 厦门市 苏州市 宁波市 北京市 无锡市 南京市

2. 厕所总量：取全国 100 个城市，根据每个城市的厕所数量进行排名，数量越多，该指标排名越靠前。

3. 人均厕所拥有量：即计算城市的厕所总量与该城市的人口总量间的比例关系，数值越高，该指标排名越靠前。

4. 厕所搜索占比：计算城市用户厕所搜索量与该城市同期各类生活服务搜索总量间的比例关系，比值越低，该指标排名越靠前。

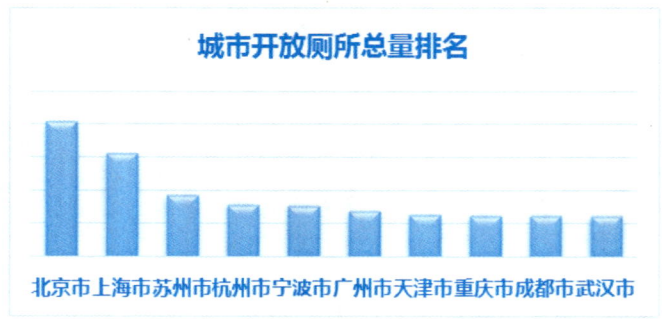

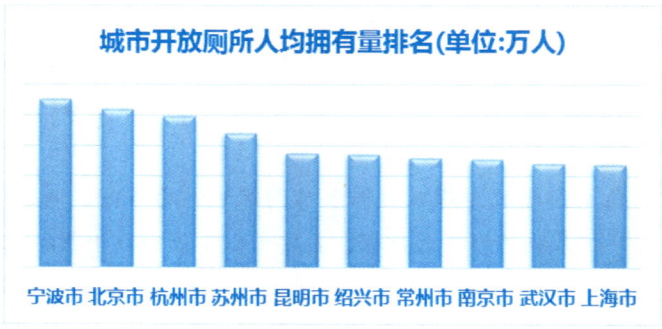

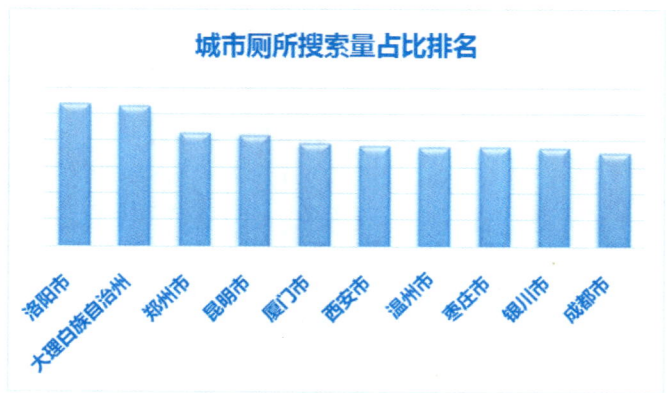

5.人均厕所搜索量：用该城市用户厕所搜索量，除以该城市总人口数，比值越低，该指标排名越靠前。

（三）城市开放厕所平衡指数的计算方式

基于以上5个基础数据维度，通过加权计算方式，最终得出每个城市开放厕所的平衡指数。依据最终平衡指数进行排名，城市开放厕所平衡指数最高的前十位的城市分别是：深圳、佛山、上海、无锡、北京、苏州、宁波、东莞、常州和武汉。

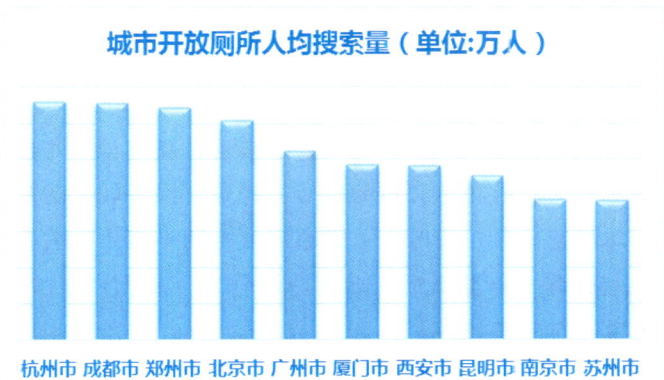

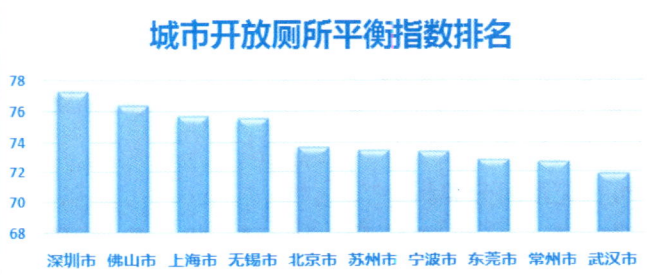

【其他城市排名】

城市	开放厕所平衡指数	平衡指数排名	城市	开放厕所平衡指数	平衡指数排名
绍兴市	70.30	11	惠州市	50.10	56
南京市	69.40	12	长春市	50.10	57
沈阳市	69.30	13	晋中市	49.00	58
广州市	69.00	14	哈尔滨市	48.80	59
天津市	68.30	15	福州市	47.40	60
嘉兴市	66.10	16	沧州市	47.30	61
镇江市	65.90	17	洛阳市	46.80	62
杭州市	65.20	18	邢台市	46.40	63
扬州市	62.50	19	芜湖市	45.00	64
郑州市	61.70	20	淮安市	44.10	65
台州市	61.20	21	湛江市	43.40	66
温州市	60.80	23	盐城市	42.90	67
厦门市	60.80	22	重庆市	42.10	68
成都市	60.70	24	枣庄市	40.50	69
大连市	60.40	25	漳州市	40.50	70
南昌市	59.70	26	潍坊市	39.80	71
长沙市	59.50	27	开封市	39.30	72
连云港市	59.50	28	济宁市	38.90	73
泉州市	59.50	29	邯郸市	38.90	74
徐州市	59.20	30	周口市	37.60	75
泰州市	58.70	31	贵阳市	37.40	76
中山市	58.20	32	运城市	36.50	77
保定市	57.80	34	衢州市	36.40	78
太原市	57.80	33	贵港市	36.30	79
西安市	57.50	35	衡水市	35.70	80
唐山市	57.30	36	咸阳市	35.20	81
青岛市	56.40	37	宿迁市	35.10	82
烟台市	56.40	38	银川市	34.40	83
济南市	56.20	39	安庆市	33.50	84
合肥市	56.00	40	南宁市	33.20	85
威海市	55.70	41	兰州市	32.70	86
湖州市	55.60	42	东营市	32.10	87
秦皇岛市	55.60	43	临汾市	31.80	88
石家庄市	54.40	44	滁州市	31.70	89
昆明市	54.00	45	南阳市	31.50	90
金华市	53.80	46	衡阳市	31.30	91
淄博市	53.40	47	上饶市	31.30	92
海口市	52.80	48	桂林市	30.30	93
张家口市	52.70	49	六安市	30.10	94
珠海市	52.50	50	赣州市	29.10	95
呼和浩特市	52.30	51	宜昌市	27.80	96
南通市	52.20	52	赤峰市	26.90	97
乌鲁木齐市	52.00	53	宿州市	25.50	98
廊坊市	50.80	54	阜阳市	24.20	99
汕头市	50.50	55	大理白族自治州	18.50	100

　　四、总结

　　重点城市开放厕所平衡指数用于描述城市厕所供需平衡现状。可以辅助政府管理部门制定更合理的政策措施，助力城市厕所建设和全域旅游事业的发展。

　　从首期发布的城市开放厕所平衡指数榜单来看，城市排名与经济发达程度有一定相关性，厕所平衡指数排名靠前的城市，均来自经济较发达的地区，大部分集中在长三角和珠三角地区。同时，重点旅游城市的排名比较靠前，说明旅游产业的发展对于厕所供需平衡指数的提升有积极作用。北上广深四个一线城市中，北京、上海和深圳均排在前 10 名。

资料来源：文化和旅游部官方账号
https：//zwgk.mct.gov.cn/zfxxgkml/tjxx/202012/t20201204_906470.html

【实施步骤】

　　步骤 1：了解统计图表的分类

　　步骤 2：了解可视化图的分类。

　　步骤 3：区分柱状图、条形图、折线图、饼图、散点图、气泡图、雷达图等统计图表可视化方法的不同应用场景。

　　步骤 4：区分图论可视化、思维导图等图可视化方法的不同应用场景。

【能力拓展】

　　词云也称为标签云或文字云，它是一种典型的文本可视化技术。词云对文本中出现频率较高的"关键词"予以视觉上的突出，从而形成"关键词云层"或"关键词渲染"。在词云中会过滤掉大量的文本信息，使网页浏览者只要一眼扫过文本就可以领略文本的主旨。在词云中一般用字号大小、字体颜色等图形属性对文本关键词进行可视化。其中字号大小常用于表示该关键词的重要性，字号越大表示该关键词越重要。

【同步训练】

　　任务：完成"掌握旅游大数据可视化设计的方法"。

　　目的：正确区分不同种类的统计图表和可视化图，能够旅游大数据可视化的常用方法，完成旅游大数据分析可视化设计。

　　要求：

　　①坚持数据价值导向，增强德法兼修的职业素养。

　　②在完成任务的过程中，小组成员应充分表达想法，发挥各自优势，形成团队合力。

【内容小结】

图是表达数据最直观、最强大的方式之一，通过图的展示能够对数据进行优雅的变换，从而让枯燥的数字能吸引人们的注意力。在统计图表的每一种类型的图表中都可包含不同的数据可视化图形，如柱状图、条形图、折线图、饼图、散点图、气泡图、雷达图等。

【教学评价】

学生自评与互评如表 5-2-3 所示。

表 5-2-3　学生自评与互评

评价项目	评价内容		
学习纪律	1.出勤情况 2.遵守课堂纪律情况 3.学习主动性、积极性		
学习过程	1.预习与复习情况 2.跟随教师思路，理解授课内容与笔记情况 3.课堂参与情况 4.作业完成情况		
学习效果	1.课程所传授的知识与技能掌握程度 2.课程所传授的素质与思政目标达成程度 3.提出、分析、解决问题能力的提高程度		
姓名		班级	
自评等级	（　）A（　）B（　）C（　）D		
互评等级	学生1：（　）A（　）B（　）C（　）D 学生2：（　）A（　）B（　）C（　）D 学生3：（　）A（　）B（　）C（　）D		
提升思考			

【教学评价】

指导教师评价如表 5-2-4 所示。

表 5-2-4　指导教师评价

评价项目	评价内容
学习纪律	1.出勤情况 2.遵守课堂纪律情况 3.学习主动性、积极性

续表

学习过程	1.预习与复习情况 2.跟随教师思路，理解授课内容与笔记情况 3.课堂参与情况 4.作业完成情况		
学习效果	1.课程所传授的知识与技能掌握程度 2.课程所传授的素质与思政目标达成程度 3.提出、分析、解决问题能力的提高程度		
指导教师		班级	
评价等级	（　）A　（　）B　（　）C　（　）D		
提升建议			

【学生笔记】

学生笔记如表 5-2-5 所示。

表 5-2-5　学生笔记

任务名称	
学习日期	
指导教师	
学习记录：	

记录人：

任务三　熟悉大数据可视化工具

【任务导引】

大数据可视化工具有很多种，这里主要以 Excel 为例，介绍常见的、便于使用的数据可视化工具。

【学习目标】

1.知识目标：熟悉 Excel 电子表格的基本操作；掌握 Excel 数据分析和数据可视化方法技巧。

2.能力目标：能够正确区分直方图、折线图、圆饼图、散点图等不同数据图表的作用并进行数据分析应用；能够使用 Excel 完成大数据可视化分析的应用操作。

3.素质目标：培养"创意表达、清晰传递"的创新意识；增强"用户中心、价值导向"的服务意识。

【任务书】

学习任务书如表 5-3-1 所示。

表 5-3-1　学习任务书

姓名		班级	
所在小组		指导老师	
任务名称		熟悉大数据可视化工具	
任务内容及要求： 1.任务内容 （1）掌握大数据可视化工具知识储备内容 （2）明确Excel数据分析和数据可视化方法技巧 （3）进行任务同步训练——熟悉大数据可视化工具 2.要求 （1）高质量完成全部学习任务 （2）以小组形式完成任务同步训练 （3）同步训练成果在规定时间内提交至教学平台			
进度安排： 1.课前预习　　　　年　　月　　日 2.课堂学习　　　　年　　月　　日，第　节 3.笔记整理　　　　年　　月　　日 4.作业提交　　　　年　　月　　日 5.其　　他　　　　年　　月　　日			

【任务分组】

本次学习任务为"熟悉大数据可视化工具"，5~6人为一组，共同完成任务同步训练，各小组力求发挥成员优势，全员参与，高质量完成学习任务。学习任务分配如表5-3-2所示。

表5-3-2　学习任务分配

班级		组号		指导老师	
组长		学号		任务分工	
组员1		学号		任务分工	
组员2		学号		任务分工	
组员3		学号		任务分工	
组员4		学号		任务分工	
组员5		学号		任务分工	

【知识储备】

众所周知，Excel是Microsoft Office中的一款电子表格处理软件。该软件通过工作簿（电子表格集合）来存储数据和分析数据。Excel可生成规划、财务等数据分析模型，并支持编写公式来处理数据和通过各类图表来显示数据。Excel 2016后的版本，增加了内置Power Query插件、管理数据模型、预测工作表、Power Pivot、Power View和Power Map等数据查询分析工具。

一、Excel数据可视化方法

（一）Excel的函数与图表

电子表格软件（如Microsoft office Excel）提供了创建电子表格的工具。它就像一张"聪明"的纸，可以自动计算上面的整列数字，还可以根据用户输入的简单等式或者软件内置的更加复杂的公式进行其他计算。另外，电子表格软件还可以将数据转换成各种形式的彩色图表，它有特定的数据处理功能，如为数据排序，查找满足特定标准的数据以及打印报表等。大多数电子表格软件为预先设计的工作表提供了一些模板或向导，如发货清单、收支报表、资产负债表和贷款还款计划，还可以在Web上得到其他模板。这些模板一般由专业人员设计，里面包含所有必要的标签和公式。使用模板时，只需填入数值就可进行计算。

以Microsoft Office Excel 2019中文版为例，在Windows"开始"菜单中单击"Excel 2019"命令，屏幕显示Excel工作界面，从上到下，依次是快速访问工具栏、功能区、标题栏、行号、列标、名称框、编辑栏、状态栏。

1.Excel 函数

Excel 的函数功能是其数据处理的重要手段之一，在生活和工作实践中可以有多种应用，用户甚至可以用 Excel 来设计复杂的统计管理表格或者小型的数据库系统。

Excel 的函数功能实际上是一些预定义的公式计算程序，它们使用一些参数按特定的顺序或结构进行计算。用户可以直接用来对某个区域内的数值进行一系列运算，如分析和处理日期值和时间值、确定贷款支付额、确定单元格中的数据类型、计算平均值、排序显示和运算文本数据等。

（1）参数

可以是数字、文本、逻辑值、数组、错误值或单元格引用等，给定的参数必须能产生有效的值。参数也可以是常量、公式或其他函数。

（2）数组

用于建立可产生多个结果或可对存放在行和列中的一组参数进行运算的单个公式。在 Excel 中有两类数组：区域数组和常量数组。区域数组是一个矩形的单元格区域，该区域中的单元格共用一个公式；常量数组将一组给定的常量用作某个公式中的参数。

（3）单元格引用

用于表示单元格在工作表所处位置的坐标值。例如，显示在第 B 列和第 3 行交叉处的单元格，其引用形式为 "B3"（相对引用）或 "SBS3"（绝对引用）。

（4）常量

是直接输入到单元格或公式中的数字或文本值，或由名称所代表的数字或文本值。例如，日期 8/8/2014、数字 210 和文本 "Quarterly Eamings" 都是常量。公式或由公式得出的数值都不是常量。

Excel 的函数一共有 13 类，分别是数据库函数、日期与时间函数、工程函数、财务函数、信息函数、逻辑函数、查找与引用函数、数学和三角函数、统计函数、文本函数、多维数据集函数、兼容性函数和 Web 函数。

2.Excel 图表

Excel 的数据分析图表可用于将工作表数据转换成图片，具有较好的可视化效果，可以快速表达绘制者的观点，方便用户查看数据的差异、图案和预测趋势等。例如，用户不必分析工作表中的多个数据列就可以立即看到各个季度销售额的升降，或很方便地对实际销售额与销售计划进行比较。

为创建图表，需要先在工作表中为图表输入数据，然后按以下步骤操作。

步骤 1：选择要为其创建图表的数据。

步骤 2：选择 "插入" → "推荐的图表" 命令。在 "推荐的图表" 选项卡上滚动浏览 Excel 为用户数据推荐的图表列表，然后单击任意图表以查看数据的呈现效果。

如果没有看到自己喜欢的图表，可单击"所有图表"以查看可用的图表类型。

步骤3：找到所要的图表时，单击该图表，然后单击"确定"按钮。

步骤4：使用图表右上角附近的"图表元素""图表样式"和"图表筛选器"按钮，添加坐标轴标题或数据标签等图表元素，自定义图表的外观或更改图表中显示的数据。

步骤5：若要访问其他设计和格式设置功能，可单击图表中的任何位置将"图表工具"添加到功能区，然后在"设计"和"格式"选项卡上单击所需的选项。

各种图表类型提供了一组不同的选项。例如，对于簇状柱形图而言，包括以下选项。

①网格线：可以在此处隐藏或显示贯穿图表的线条。

②图例：可以在此处将图表图例放置于图表的不同位置。

③数据表：可以在此处显示包含用于创建图表的所有数据的表。用户也可能需要将图表放置于工作簿中的独立工作表上，并通过图表查看数据。

④坐标轴：可以在此处隐藏或显示沿坐标轴显示的信息。

⑤数据标志：可以在此处使用各个值的行和列标题（以及数值本身）为图表加上标签。这里要小心操作，因为很容易使图表变得混乱并且难于阅读。

⑥图表位置：如"作为新工作表插入"或者"作为其中的对象插入"。

3. 选择图表类型

工作中经常使用柱形图和条形图来表示产品在一段时间内的生产和销售情况的变化或数量的比较，如表示分季度产品份额的柱形图就显示了各个品牌的市场份额的比较和变化。

如果要体现的是一个整体中每一部分所占的比例（例如市场份额）时，通常使用"饼图"。此外，比较常用的就是折线图和散点图了，折线图通常也是用来表示一段时间内某种数值的变化，常见的如股票价格的折线图等。散点图主要用在科学计算中。例如，可以使用正弦和余弦曲线的数据来绘制出正弦和余弦曲线。

为选择正确的图表类型，可按以下步骤操作。

步骤1：选定需要绘制图表的数据单元，在选择"插入"→"推荐的图表"命令，打开"插入图表"对话框。

步骤2：在"插入图表"对话框"所有图表"选项卡的左窗格中单击选择"XY（散点图）"选项，在右窗格中选择"带平滑线的散点图"。

步骤3：单击"确定"按钮，完成散点图绘制。

对于大部分二维图表，既可以更改数据系列的图表类型，也可以更改整张图表的图表类型。对于气泡图，只能更改整张图表的类型。对于大部分三维图表，更改图表类型将影响整张图表。

所谓"数据系列"是指在图表中绘制的相关数据点，这些数据源自数据表的行或列。图表中的每个数据系列具有唯一的颜色或图案并且在图表的图例中表示。可以在图表中绘制一个或多个数据系列。饼图只有一个数据系列。对于三维条形图和柱形图，可以将有关数据系列更改为圆锥、圆柱或棱锥图表类型，步骤操作如下。

步骤 1：若要更改图表类型，可单击整张图表或单击某个数据系列。

步骤 2：在右键菜单中单击"更改图表类型"命令。

步骤 3：在"所有图表"选项卡上选择所需的图表类型。

步骤 4：若要对三维条形或柱形数据系列应用圆锥、圆柱或棱锥等图表类型，可在"所有图表"选项卡中单击"圆柱图""圆锥图"或"棱锥图"。

（二）整理数据源

大数据时代，面对浩瀚的数据海洋，我们如何才能从中提炼出有价值的信息呢？其实，任何一个数据分析人员在做这方面工作时，都是先获得原始数据，然后对原始数据进行整合、处理，再根据实际需要将数据集合。只有这样层层递进才能挖掘原始数据中潜在的商业信息，也只有这样才能掌握目标客户的核心数据，为企业自身创造更多的价值。

1. 数据提炼

所谓数据集成是把不同来源、格式、特点、性质的数据在逻辑上或物理上有机地集中，从而提供全面的数据共享。在 Excel 中，用户可以执行数据的排序、筛选和分类汇总等操作，按一定规则对数据进行整理、排列，为数据的进一步处理做好准备。

步骤 1：获取原始数据。

步骤 2：排序数据。

步骤 3：制作图表。

自动筛选一般用于简单的条件筛选，筛选时将不满足条件的数据暂时隐藏起来，只显示符合条件的。高级筛选一般用于条件较复杂的筛选操作，其筛选的结果可显示在原数据表格中，可以在新的位置显示筛选结果，不符合条件的记录同时保留在数据表中而不会被隐藏起来。

在对数据进行分类汇总前，必须确保分类的字段是按照某种顺序排列的，如果分类的字段杂乱无序，分类汇总将会失去意义。

对于一份庞大的数据来说，无论是手动录制还是从外部获取，难免会出现无效值、重复值、缺失值等情况。不符合要求的主要有缺失数据、错误数据、重复数据三类，这样的数据就需要进行清洗，此外还有数据一致性检查等操作。

2. 抽样产生随机数据

做数据分析、市场研究、产品质量检测，通常不可能像人口普查那样进行全量的研究，常常需要用到抽样分析技术。在 Excel 中使用"抽样"工具，必须先启用"开发工具"选项，然后再加载"分析工具库"。

抽样方式包括周期和随机。所谓周期模式即等距抽样，需要输入周期间隔。输入区域中位于间隔点处的数值以及此后每一个间隔点处的数值将被复制到输出列中。当到达输入区域的末尾时，抽样将停止。而随机模式适用于分层抽样、整群抽样和多阶段抽样等。随机抽样需要输入样本数，计算机自行进行抽样，不受间隔规律的限制。

3. 数理统计中的常见统计量

人们在描述事物或过程时习惯性地偏好于接受数字信息以及对各种数字进行整理和分析，而统计学就是基于现实经济社会发展的需求而不断发展的。

（1）比平均数更稳定的中位数和众数

在统计学领域有一组统计量是用来描述样本的集中趋势的，即平均数、中位数和众数。

①平均数：在一组数据中，所有数据之和再除以这组数据的个数。

②中位数：将数据从小到大排序之后的样本序列中，位于中间的数值。

③众数：一组数据中，出现次数最多的数。

平均数涉及所有的数据，中位数和众数只涉及部分数据，它们互相之间可以相等也可以不相等，却没有固定的大小关系。一般来说，平均数、中位数和众数都是一组数据的代表，分别代表这组数据的"一般水平""中等水平""多数水平"。

（2）概率统计中的正态分布和偏态分布

概率可以理解为随机出现的相对数。随机现象是相对于决定性现象而言的。在一定条件下必然发生某一结果的现象称为决定性现象。随机现象则是指在基本条件不变的情况下，每一次试验或观察前，不能肯定会出现哪种结果，呈现出偶然性，如常见的掷骰子试验。事件的概率是衡量该事件发生的可能性的量度。虽然在一次随机试验中某个事件的发生是带有偶然性的，但那些可在相同条件下大量重复的随机试验却往往呈现出明显的数量规律，其中正态分布和偏态分布就是数据有规律出现的两个代表。

正态分布是一种对称概率分布，而偏态分布是指频数分布不对称、集中位置偏向一侧的分布。若集中位置偏向数值小的一侧，称为正偏态分布；集中位置偏向数值大的一侧，称为负偏态分布。

在 Excel 中若要绘制正态分布图，需要了解 NORMDIST 函数。该函数返回指定平均值和标准偏差的正态分布函数。此函数在统计方面应用范围广泛（包括假设检验），能建立起一定数据频率分布直方图与该数据平均值和标准差所确定的正态分布数据的对照关系。

二、Excel数据可视化应用

（一）直方图：对比关系

直方图是一种统计报告图，是表示资料变化情况的主要工具。直方图由一系列高度不等的纵向条纹或线段表示数据分布的情况，一般用横轴表示数据类型，纵轴表示分布情况。做直方图的目的就是通过观察图的形状，判断生产过程是否稳定，预测生产过程的质量。

1. 以零基线为起点

零基线是以零作为标准参考点的一条线，相当于十字坐标轴中的水平轴，在零基线的上方规定为正数，下方为负数。Excel 中的零基线通常是图表中数字的起点线，一般只展示正数部分。若是水平条形图，零基线与水平网格线平行；若是垂直条形图，零基线与垂直网格线平行。

零基线在图表中的作用很重要。在绘图时，要注意零基线的线条要比其他网格线线条粗、颜色重。如果直条的数据点接近于零，那还需要将其数值标注出来。

2. 垂直直条的宽度要大于条间距

在柱状图或条形图中，直条的宽度与相邻直条间的间隔决定了整个图表的视觉效果。即便表示的是同一内容，也会因为各直条的不同宽度及间隔而给人以不同的视觉效果。如果直条的宽度小于条间距，则会形成一种空旷感，这样读者在阅读图表时注意力会集中在空白处，而不是数据系列上，在一定程度上会误导读者的阅读方式。

网格线的作用是方便读者在读图时进行值的参考，Excel 默认的网格线是灰色的，显示在数据系列的下方。如果把一个图表中必不可少的元素称为数据元素，其余的元素称为非数据元素，那么 Excel 中的网格线属于非数据元素，对于这类元素，应尽量减弱或者直接删除。例如，应该避免在水平条形图中使用网格线。

3. 慎用三维效果的柱形图

在大多数情况下，三维效果是为了体现立体感和真实感。但是，这并不适用于柱状图，因为柱状图顶部的立体效果会让数据产生歧义，导致读者失去正确的判断。

如果想用 三维 效果展示图表数据，可以选用圆锥图表类型。圆锥效果将圆锥的顶点指向数据，也就是在图表中每个圆锥的顶点与水平网格线只有一个交点，使指向的数据是唯一的、确定的。

在图表制作中，图表系列的颜色也很重要。例如，使用相似的颜色填充柱形图中的多直条，使系列的颜色由亮至暗地进行过渡布局，这样，颜色鲜艳分明，得到的图表具有更强的说服力。在多直条种类中（一般保持在 4 种或 4 种以下），使用者相似的颜色填充的柱形图在同一性质（月份）下会使阅读更轻松，因为它们的颜色具有相似性，不会因为颜色繁多而眼花缭乱。

4. 用堆积图表示百分数

柱形图按数据组织的类型分为簇状柱形图、堆积柱形图和百分比堆积柱形图。簇状柱形图用来比较各类别的数值大小；堆积柱形图用来显示单个项目与整体间的关系，比较各个类别的每个数值占总数值的大小；百分比堆积柱形图用来比较各个类别的每一数值占总数值的百分比。

（二）折线图：按时间或类别显示趋势

折线图是用直线段将各数据点连接起来而组成的图形，以折线方式显示数据的变化趋势和对比关系。折线图可以显示随时间（根据常用比例设置）而变化的连续数据，因此非常适用于显示在相等时间间隔下数据的趋势。在折线图中，类别数据沿水平轴均匀分布，所有值数据沿垂直轴均匀分布。但是，图表中如果绘制的折线图折线线条过多，会导致数据难以分析。折线图中的线条数最好不要超过4条。

如果在图表中表达的产品数过多，则不适宜绘制在同一折线图中，这时，可以将每种产品各绘制成一种折线图，然后调整它们的Y轴坐标，使其刻度值保持一致。这样不仅可以直接对比不同的折线，还可以查看每种产品自身的销售情况。

1. 减小Y轴刻度单位增强数据波动情况

在折线图中，可以显示数据点以表示单个数据值，也可以不显示这些数据点，而表示某类数据的趋势。如果有很多数据点且它们的显示顺序很重要时，折线图尤其有用。当有多个类别或数值是近似的，一般使用不带数据标签的折线图较为合适。

2. 突出显示折线图中的数据点

在图表中单击，进而在图表右侧单击出现的"图表元素"项，选择"数据标签"，可为图表加上数据标签；也可以单击出现的数据标签，选择删除个别不需要出现的数据标签。

除了数据标签能直接分辨出数据的转折点外，还有一个方法，就是在系列线的拐弯处用一些特殊形状标记出来，这样就可以轻易分辨出每个数据点了。

3. 通过面积图显示数据总额

在折线图中添加面积图，属于组合图形中的一种。面积图又称区域图，它强调数量随时间而变化的程度，可引起人们对总值趋势的注意。例如，表示随时间而变化的利润的数据可以绘制在折线图中添加面积图以强调总利润。

虽然折线图和柱状图都能表示某个项目的趋势，但是柱状图更加注重直条本身长度，即直条所表示的值，所以一般都会将数据标签显示在直条上。而若在较多数据点的折线图中显示数据点的值，不但数据之间难以辨别所属系列，而且整个图表失去了美观性。只有在数据点相对较少时，显示数据标签才可取。

（三）圆饼图：部分占总体的比例

圆饼图是用扇形面积，也就是圆心角的度数来表示数量。圆饼图主要用来表示组数不多的品质资料或间断性数量资料的内部构成，仅有一个要绘制的数据系列，要绘制的数值没有负值，要绘制的数值几乎没有零值，各类别分别代表整个圆饼图的一部分，各个部分需要标注百分比，且各部分百分比之和必须是100%。圆饼图可以根据圆中各个扇形面积的大小，来判断某一部分在总体中所占比例的多少。

常见的圆饼图有平面圆饼图、三维圆饼图、复合圆饼图、复合条圆饼图和圆环图，它们在表示数据时各有千秋。但无论对于哪种类型的圆饼图，它们都不适于表示数据系列较多的数据，数据点较多只会降低图表的可读性，不利于数据的分析与展示。

1. 重视圆饼图扇区的位置排序

因为数据是按降序排列的，所以圆饼图中切片的大小以顺时针方向逐渐减小。这其实不符合读者的阅读习惯。人们习惯从上至下地阅读，并且在圆饼图中，如果按规定的顺序显示数据，会让整个圆饼图在垂直方向上有种失衡的感觉，正确的阅读方式是从上往下阅读的同时还会对圆饼图左右两边切片大小进行比较。所以，需要对数据源重新排序。

2. 分离圆饼图扇区，强调特殊数据

用颜色反差来强调需要关注的数据在很多图表中是较适用的，但是在圆饼图中，有一种更好的方式来表达，那就是将需要强调的扇区分离出来。

3. 用半个圆饼图刻画半期内的数据

一个圆形无论从时间上还是空间上都给读者一种完整感，当圆形缺失某个角时，会让人产生"有些数据不存在"的直觉。在此基础上，可以对圆饼图进行升级处理，将表示半期内的数据用圆饼图的一半去展示，这样在时间上就会引导读者联想到后半期的数据。

4. 让多个圆饼图对象重叠展示对比关系

任何看似复杂的图形都是由简单的图表叠加、重组而成的。有时为了凸显信息的完整性，需要将分散的点聚集在一起，在图表的设计中也需要利用这一思想来优化图表，让图表在表达数据时更直接有效。

（四）散点图：表示分布状态

在回归分析中，散点图是数据点在直角坐标系平面上的分布图，通常用于比较跨类别的聚合数据。散点图中包含的数据越多，比较的效果就越好。

散点图通常用于显示和比较数值，如科学数据、统计数据和工程数据。当不考虑时间的情况而比较大量数据点时，散点图就是最好的选择。散点图中包含的数据越多，比较的效果就越好。在默认情况下，散点图以圆点显示数据点。如果在散点图中有多个序列，可考虑将每个点的标记形状更改为方形、三角形、菱形或其他形状。

1. 用平滑线联系散点图增强图形效果

用带平滑线和数据标记的散点图来表示这样的数据比普通的散点效果更好。

2. 将直角坐标改为象限坐标凸显分布效果

气泡图与 XY 散点图类似，不同之处在于，XY 散点图对成组的两个数值进行比

较；而气泡图允许在图表中额外加入一个表示大小的变量，所以气泡图是对成组的 3 个数值进行比较，且第 3 个数值确定气泡数据点的大小。

制作气泡图一般是为了查看被研究数据的分布情况，所以在设计气泡图时，运用数学中的象限坐标来体现数据的分布情况是最直接的效果。这时图表被划分的象限虽然表示了数据的大小，但不一定出现负数，这需要根据实际被研究数据本身的范围来确定。

（五）侧重点不同的特殊图表

除了直方图、折线图、圆饼图、散点图等传统数据分析图表外，还有一些特殊的数据图表可用于不同的数据分析和可视化要求，例如子弹图、温度计、漏斗图、滑珠图等。

1. 用子弹图显示数据的优劣

在 Excel 中做子弹图，能清晰地看到计划与实际完成情况的对比，常用于销售、营销分析、财务分析等。用子弹图表示数据，使数据间相互的比较变得十分容易，同时读者也可以快速地判断数据和目标及优劣的关系。为了便于对比，子弹图的显示通常采用百分比而不是绝对值。

2. 用温度计展示工作进度

温度计式的 Excel 图表比较形象地动态显示了某项工作完成的百分比，指示出工作的进度或某些数据的增长。这种图表就像一个温度计一样，会根据数据的改动随时发生直观的变化。要实现这样一个图表效果，关键是用一个单一的单元格（包含百分比值）作为一个数据系列，再对图表区和柱形条填充具有对比效果的颜色。

3. 用漏斗图进行业务流程的差异分析

漏斗图是元分析的有用工具，适用于业务流程比较规范、周期长、环节多的流程分析。通过漏斗各环节业务数据的比较，能够直观地发现和说明问题所在。在 Excel 中绘制漏斗图需要借助堆积条形图来实现。

链接资源

中华人民共和国文化和旅游部2021年
文化和旅游发展统计公报
（节选）

作者：文化和旅游部　栏目分类：统计信息

日期：2022 年 6 月 29 日

2021 年，在党中央、国务院坚强领导下，全国文化和旅游系统坚持以习近平新时代中国特色社会主义思想为指导，深入贯彻党的十九大和十九届历次全会精神，锚定建设社会主义文化强国宏伟目标，履职尽责、奋发有为、开拓进取，推动文化和旅游工作迈上新台阶、"十四五"发展迈出新步伐。

一、机构和人员

2021 年年末，纳入统计范围的全国各类文化和旅游单位 32.46 万个，比上年末减少 1.70 万个；从业人员 484.41 万人，比上年末减少 11.89 万人。

二、艺术创作演出

2021 年，文化和旅游系统牢牢把握庆祝建党百年这一主题主线，全力创作排演大型情景史诗《伟大征程》，将建党百年文艺创作推向高潮，受到习近平总书记等中央领导同志的高度评价。成功组织庆祝中国共产党成立 100 周年优秀舞台艺术作品展演、伟大征程时代画卷——庆祝中国共产党成立 100 周年美术作品展，成功举办第四届中国歌剧节等 12 项重大艺术活动。庆祝中国共产党成立 100 周年舞台艺术精品创作工程等 7 项创作工程顺利实施，涌现出一大批优秀作品。"中国艺术头条"微信公众号和"文艺中国"视频号平台建设成效显著，点击量超过 3.5 亿次。

2021 年年末，全国共有艺术表演团体 18370 个，比上年末增加 789 个；从业人员 45.33 万人，比上年末增加 1.63 万人。其中各级文化和旅游部门所属艺术表演团体 1947 个，占 10.6%；从业人员 10.67 万人，占 25 5%。

全年全国艺术表演团体共演出 232.53 万场，比上年增长 4.2%；国内观众 9.28 亿人次，增长 4.4%；演出收入 112.99 亿元，增长 30.4%。

全年全国文化和旅游部门所属艺术表演团体共组织政府采购公益演出 13.34 万场，比上年下降 0.3%；观众 0.83 亿人次，下降 3.9%。

表1　2011—2021 年全国艺术表演团体基本情况

年份	机构数（个）	从业人员（万人）	演出场次（万场次）	国内演出观众人次（亿人次）	演出收入（亿元）
2011	7055	22.66	154 72	7.46	52.67
2012	7321	24.20	135.02	8.28	64.15
2013	8180	26.09	165.11	9.01	82.07
2014	8769	26.29	173.91	9.10	75.70
2015	10787	30.18	210.78	9.58	93.93
2016	12301	33.29	230.60	11.81	120.86
2017	15742	40.30	293.57	12.47	147.68
2018	17123	41.64	312.46	11.76	152.27
2019	17795	41.25	296.80	12.30	126.78
2020	17581	43.69	225.61	8.93	86.63
2021	18370	45.33	232.53	9.28	112.99

2021年年末，全国共有艺术表演场馆3093个，比上年末增加323个；观众座席数253.37万个，增长34.9%。全年艺术表演场馆共演映107.04万场，比上年增长82.0%；观众11209.24万人次，增长84.8%。公有制艺术表演场馆1176个，比上年末减少32个；演映46.12万场，比上年增长89.1%；艺术演出观众人次达2066.54万人次，增长64.2%；艺术演出收入12.92亿元，增长51.8%。文化和旅游部门所属艺术表演场馆1075个，比上年末减少36个，全年共开展艺术演出5.03万场次，比上年增长48.8%；艺术演出观众1562.20万人次，增长45.7%。

2021年年末，全国共有美术馆682个，比上年末增加64个；从业人员6249人，增加782人。全年共举办展览7526次，比上年增长25.7%；参观3515.84万人次，增长60.8%。

三、公共服务

2021年，文化和旅游系统贯彻落实《关于推动公共文化服务高质量发展的意见》《"十四五"公共文化服务体系建设规划》，推动公共文化服务高质量发展。推动全国公共文化机构建立常态化疫情防控机制。继续推进县级图书馆文化馆总分馆制建设、公共文化机构法人治理结构改革，启动实施全国智慧图书馆体系、公共文化云建设项目，示范性旅游厕所建设和旅游厕所数字化建设取得新进展。"唱支山歌给党听"大家唱群众歌咏活动、2021全国"村晚"示范展示活动和"舞出中国红"全国广场舞展演等群众性文化活动成功举办，文化惠民工作持续推进。成功举办2021年长三角及全国部分城市最美公共文化空间大赛，长三角及部分地市、粤港澳大湾区、西南地区暨成渝双城文采会。

（一）公共图书馆

2021年年末，全国共有公共图书馆3215个，比上年末增加3个；从业人员59301人，增加1321人；其中具有高级职称人员7413人，占12.5%；具有中级职称人员18979人，占32.0%。

2021年年末，全国公共图书馆实际使用房屋建筑面积1914.24万平方米，比上年末增长7.2%；全国图书总藏量126178.02万册，比上年末增长7.0%；阅览室座席数134.42万个，增长6.3%；计算机224473台，其中供读者使用的电子阅览终端139417台。

2021年年末，全国平均每万人公共图书馆建筑面积135.51平方米，比上年末增加9.05平方米，全国人均图书藏量0.89册，增加0.05册；全年全国人均购书费1.57元，减少0.03元。

全年公共图书馆实际持证读者10313.93万人，比上年增长0.6%；总流通74613.69万人次，增长37.8%；书刊文献外借58730.15万册次，增长39.5%；外借

23809.24 万人次，增长 36.3%。全年共为读者举办各种活动 202568 次，比上年增长 34.4%；参加 11892.49 万人次，增长 28.2%。

2021 年年末，全国共 2636 个县（市、区）建成图书馆总分馆制。

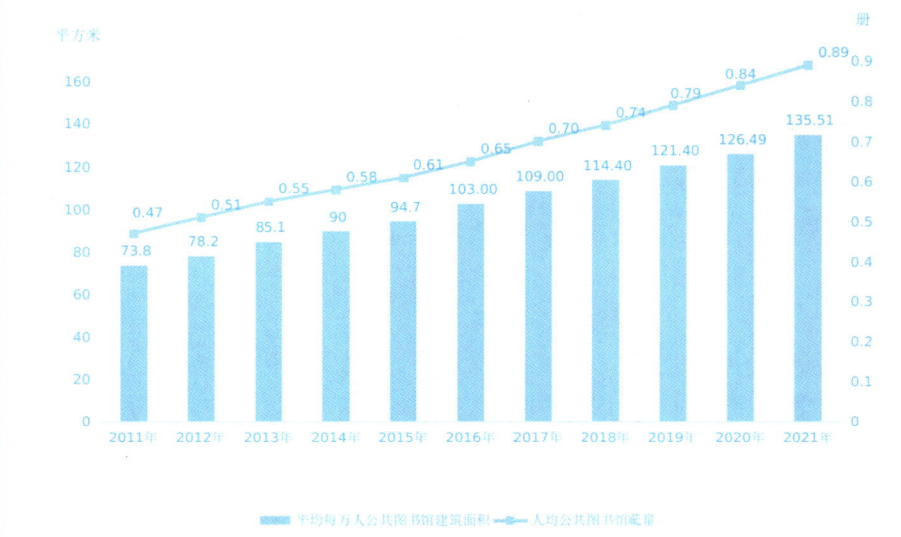

图1　2011—2021 年全国公共图书馆人均资源情况

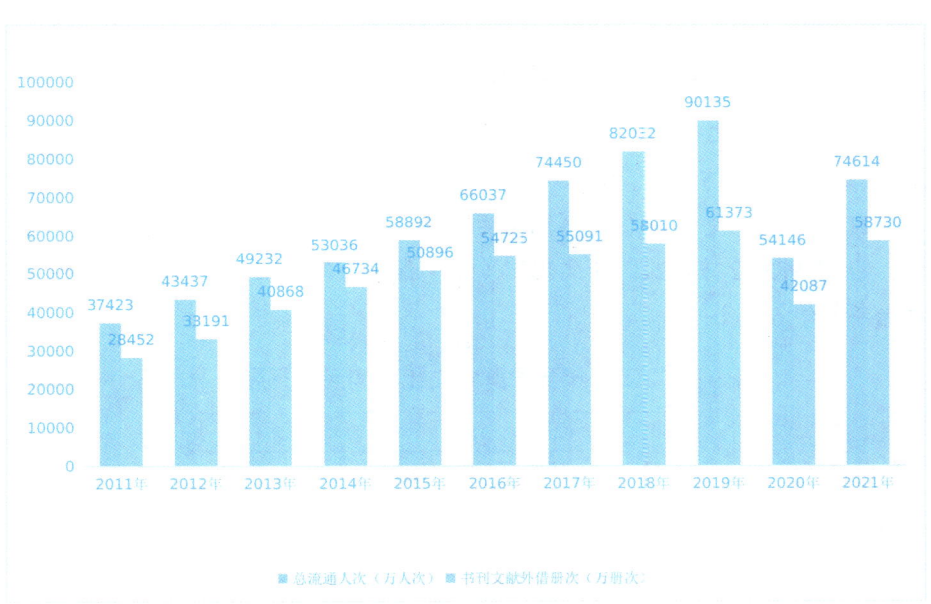

图2　2011—2021 年全国公共图书馆总流通人次及书刊外借册次

（二）群众文化机构

2021 年年末，全国共有群众文化机构 43531 个，比上年末减少 156 个。其中乡镇综合文化站 32524 个，减少 301 个。年末全国群众文化机构从业人员 190007 人，比上年末增加 4931 人。其中具有高级职称的人员 7531 人，占 4.0%；具有中级职称人员 17947 人，占 9.4%。

2021 年年末，全国群众文化机构实际使用房屋建筑面积 4974.14 万平方米，比上年末增长 6.3%；业务用房面积 3538.32 万平方米，增长 4.4%。年末全国平均每万人群众文化设施建筑面积 352.13 平方米，增长 6.3%。

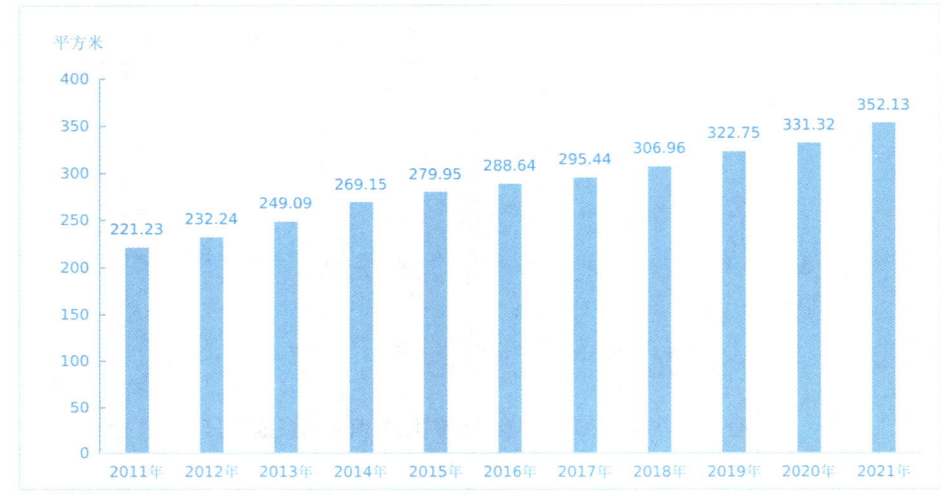

图 3　2011—2021 年全国平均每万人群众文化设施建筑面积

全年全国群众文化机构共组织开展各类文化活动 252.17 万场次，比上年增长 30.9%；服务 83289 万人次，增长 47.9%。

2021 年年末，全国群众文化机构共有馆办文艺团体 9533 个，全年演出 11.45 万场，观众 5983.52 万人次。由文化馆（站）指导的群众业余文艺团体 45.49 万个，馆办老年大学 670 个。

表 2　2021 年全国群众文化机构活动开展情况

项目	总量		比上年增长（%）	
	活动次数（次）	服务人次（万人次）	活动次数	服务人次
各项活动总计	2521666	83289	30.9	47.9
其中：文艺活动	1391490	62140	27.8	44.1
训练班	920740	6119	37.6	55.7
展览	167497	14259	21.4	64.0
公益性讲座	41939	768	36.9	35.8

2021 年年末，全国共 2672 个县（市、区）建成文化馆总分馆制。

四、市场管理和综合执法

2021 年，文化和旅游部坚持科学防控、精准施策、分级分类指导，创新实施跨省旅游经营"熔断"机制，暂停陆地边境口岸城市跨省团队旅游业务。动态调整文化和旅游场所开放政策，及时更新相关疫情防控指南，建立旅游热点防疫预报机制，强化事前预防和监督指导，认真做好文化和旅游市场疫情防控工作。扎实推进助企纾困工作，延长暂退旅游服务质量保证金、减税降费、稳岗就业等纾困政策实施期限，不断加大金融支持行业纾困力度，推动减免上网服务、娱乐场所文化事业建设费、网吧宽带费和卡拉 OK 版权费，推动保险替代旅游服务质量保证金试点改革，成功解决卡拉 OK 领域长期存在的版权重复收费问题。

文化和旅游部深入落实"放管服"改革，不断提升市场监管综合效能。简化跨地区巡演审批程序，统一各地网络文化经营许可证审批标准，全面放开外商投资娱乐场所限制。政务服务"好差评"总体评价率 12.52%，市场主体满意度 99.86%。组织开展"不合理低价游"综合治理三年行动。公布首批等级旅游民宿和国家级文明旅游示范单位。持续开展文明旅游宣传，强化旅游不文明行为管理。稳步推进导游队伍建设和管理三年行动计划。

2021 年年末，全国通过统计直报系统报送的文化市场经营单位 19.10 万家，从业人员 151.14 万人，营业收入 13689.17 亿元，营业利润 1636.55 亿元。其中，娱乐场所 5.05 万个，从业人员 51.11 万人，营业收入 485.08 亿元，营业利润 30.13 亿元。互联网上网服务营业场所 10.18 万个，从业人员 20.15 万人，营业收入 169.21 亿元。演出市场单位 2.25 万个，从业人员 47.02 万人，营业收入 3643.26 亿元，营业利润 388.59 亿元。艺术品经营机构 0.61 万个，从业人员 2.05 万人，营业收入 89.96 亿元，营业利润 13.68 亿元。经营性互联网文化单位 1.01 万家，从业人员 30.81 万人，营业收入 9301.65 亿元，营业利润 1227.20 亿元。

2021 年年末，全国共有旅行社 42432 家。根据旅行社填报系统数据显示，全年全国旅行社营业收入 1857.16 亿元，营业利润 -55.34 亿元。

2021 年年末，全国旅游监管服务平台的星级饭店管理系统中共有 8771 家星级饭店。根据填报系统数据显示，全年星级饭店营业收入 1379.43 亿元，平均房价 334.95 元 / 间夜，平均出租率 41.8%。

2021 年，文化和旅游部正式印发《文化市场综合行政执法事项指导目录》，综合执法体制机制进一步完善。牵头推进打击治理跨境赌博旅游管控工作。部署建党 100 周年文化和旅游市场执法检查，扎实推进文娱领域综合治理，查处多起劣迹艺人非法违规演出。组织开展常态化疫情防控执法检查和网络监测，整合举报投诉渠道，切实保障运行稳定、数据安全。实施未经许可经营旅行社业务专项整治行动，开展 4 轮"体检式"暗访评估，在主要媒体发布 40 多个典型案例。全年各地出动执法人员 600 多万人次，办结案件 3 万多件。组织开展综合执法考评、执法案卷评查。组织线上线下培训 20 余期，轮训 3 万余人。

五、资源开发和利用

2021 年，文化和旅游部加强顶层设计和规划引导，牵头制定《"十四五"旅游业发展规划》《国民旅游休闲纲要（2022—2030 年）》等政策性文件。推出"建党百年红色旅游百条精品线路"，成功举办"百名红色讲解员讲百年党史"、全国红色旅游创意产品和红色旅游演艺创新成果展示等活动，红色旅游资源开发深度、产业辐射宽度有效延展。成功举办全国"互联网＋旅游"发展论坛，征集推出智慧旅游典型案例，推动智慧旅游发展。推荐浙江余村、安徽西递村入选联合国世界旅游组织首届最佳世界旅游乡村。认定推出首批 54 家国家级旅游休闲街区，推进观光度假并重发展。推出一批冰雪旅游线路、认定推出 12 家国家级滑雪旅游度假地和体育旅游示范基地，助力北京冬奥会，推进产品业态融合发展。为打造具有国际影响力的黄河文化旅游带，开展建设推进活动，发布 10 条黄河主题国家级旅游线路，开展黄河文化旅游微视频大赛。扎实推进国家文化公园建设，推动印发实施《长城国家文化公园建设保护规划》，举办首届长城文化发展论坛，会同总台央视策划推出"十一"特别节目《直播长城》。推进景区科学精准常态防控，落实"限量、预约、错峰"要求，对热点景区进行流量预警和风险提示。

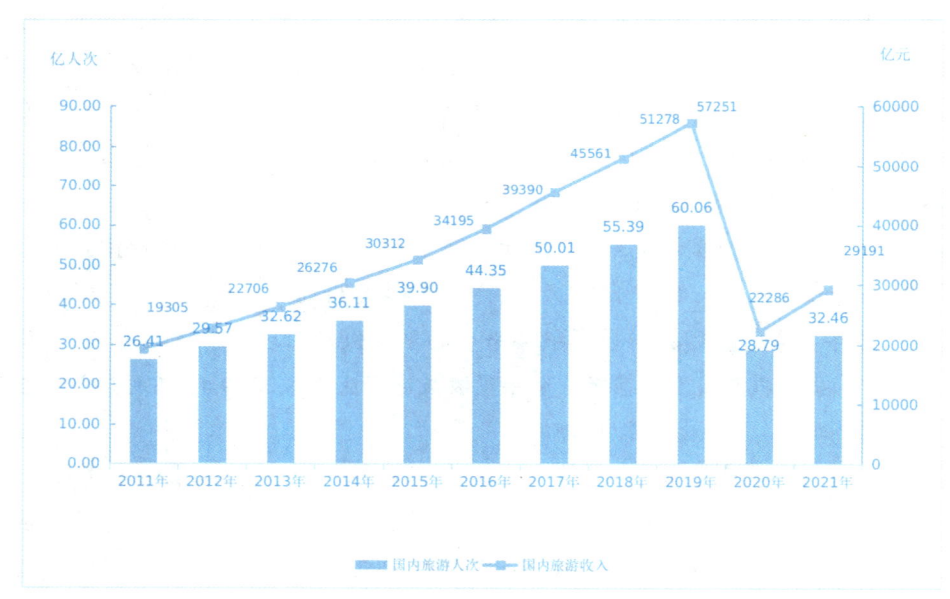

图 4　2011—2021 年国内旅游发展情况

2021 年年末，全国共有 A 级旅游景区 14196 家，从业人员 157 万人，全年接待总人次 35.4 亿人次，实现旅游收入 2228.1 亿元。

2021 年，国内旅游总人次 32.46 亿人次，同比增长 12.8%。国内旅游收入（旅游总消费）2.92 万亿元，同比增长 31.0%。

资料来源：文化和旅游部官方账号

https://zwgk.mct.gov.cn/zxxgkml/tjxx/202206/t20220629_934328.html

【实施步骤】

步骤 1：完成直方图的具体操作实现，熟悉 Excel 数据分析和数据可视化方法。

步骤 2：完成折线图的具体操作实现，熟悉 Excel 数据分析和数据可视化方法。

步骤 3：完成圆饼图的具体操作实现，熟悉 Excel 数据分析和数据可视化方法。

步骤 4：完成散点图的具体操作实现，熟悉 Excel 数据分析和数据可视化方法。

步骤 5：完成特殊图表的具体操作实现，熟悉 Excel 数据分析和数据可视化方法。

【能力拓展】

可视化已不仅仅是一种工具，它更多的是一种媒介，探索、展示和表达数据含义的一种方法。可视化不是将相互独立的部分分割开，而是把可视化看作连续的、从统计图形延伸到数字艺术的一个连续谱图。由于统计学、设计和美学的综合运用，才产生了许多优秀的数据可视化作品。

科学可视化（Scientific Visualization）是一个跨学科的研究与应用领域，主要关注的是三维现象的可视化，如建筑学、气象学、医学或生物学方面的各种系统。重点在于对体、面以及光源等的逼真渲染，甚至还包括某种动态（时间）成分。科学可视化侧重于利用计算机图形学来创建视觉图像，从而帮助人们理解那些采取错综复杂而又往往规模庞大的数字呈现形式的科学概念或结果。

【同步训练】

任务：完成"熟悉大数据可视化工具"。

目的：熟悉 Excel 电子表格的基本操作，能够使用 Excel 完成大数据可视化分析的应用操作。

要求：

①坚持数据价值导向，增强德法兼修的职业素养。

②在完成任务的过程中，小组成员应充分表达想法，发挥各自优势，形成团队合力。

【内容小结】

Excel 是大家熟悉的电子表格软件，已被广泛使用了 20 多年，如今甚至有很多数据你只能以 Excel 表格的形式获取到。在 Excel 中，让某几列高亮显示、做几张图表都很简单，于是也很容易对数据有个大致的了解。如果要将 Excel 用于整个可视化过程，应使用其图表功能来增强其简洁性。Excel 的默认设置很少能满足这一要求。Excel 的局限性在于它一次所能处理的数据量上，而且除非你通晓 VBA 这个 Excel 内置的编程语言，否则针对不同数据集来重制一张图表会是一件很烦琐的事情。

【教学评价】

学生自评与互评如表 5-3-3 所示。

表 5-3-3　学生自评与互评

评价项目	评价内容		
学习纪律	1.出勤情况 2.遵守课堂纪律情况 3.学习主动性、积极性		
学习过程	1.预习与复习情况 2.跟随教师思路，理解授课内容与笔记情况 3.课堂参与情况 4.作业完成情况		
学习效果	1.课程所传授的知识与技能掌握程度 2.课程所传授的素质与思政目标达成程度 3.提出、分析、解决问题能力的提高程度		
姓名		班级	
自评等级	（　）A　（　）B　（　）C　（　）D		
互评等级	学生1：（　）A　（　）B　（　）C　（　）D 学生2：（　）A　（　）B　（　）C　（　）D 学生3：（　）A　（　）B　（　）C　（　）D		
提升思考			

【教学评价】

指导教师评价如表 5-3-4 所示。

表 5-3-4　指导教师评价

评价项目	评价内容
学习纪律	1.出勤情况 2.遵守课堂纪律情况 3.学习主动性、积极性
学习过程	1.预习与复习情况 2.跟随教师思路，理解授课内容与笔记情况 3.课堂参与情况 4.作业完成情况
学习效果	1.课程所传授的知识与技能掌握程度 2.课程所传授的素质与思政目标达成程度 3.提出、分析、解决问题能力的提高程度

指导教师		班级	
评价等级	（　）A　（　）B　（　）C　（　）D		
提升建议			

【学生笔记】

学生笔记如表 5-3-5 所示。

表 5-3-5　学生笔记

任务名称	
学习日期	
指导教师	

学习记录：

记录人：

模块六　旅游大数据分析综合实操案例

模块导读

　　通过旅游大数据分析概述、旅游大数据收集与采集、旅游大数据管理与治理、旅游大数据统计分析与挖掘、旅游大数据可视化等模块学习，学习者对旅游大数据分析是什么，以及旅游大数据的收集、采集、管理、治理、统计分析和可视化分析掌握到了一定程度。无论旅游企业、旅游者还是政府主管部门，都在不断地通过这一系列操作实现对大数据的管理和价值挖掘。因此，本模块重点通过基于微博数据的游客画像分析、基于百度指数的旅游搜索行为研究、文旅产业监测平台开发等内容，展示旅游大数据分析典型应用，以便帮助学习者更好地进行实践。

模块导图

模块六　旅游大数据分析综合实操案例解析

　　案例一　基于微博数据的游客画像分析

　　案例二　基于百度指数的旅游搜索行为研究

　　案例三　文旅产业监测平台开发

案例一　基于微博数据的游客画像分析

【任务导引】

随着通信技术、电子信息技术的发展 / 微博等基于用户关系的社交媒体平台得到了越来越广泛的使用。微博用户可以通过手机、平板和电脑等多种终端接入，以文字、图片、视频等多媒体形式，实现信息的即时分享、传播互动。2022 年 12 月，新浪微博的月活跃用户为 5.86 亿人，同比净增约 1300 万人；平均日活跃用户为 2.52 亿人，同比净增约 300 万人。在微博上储存有大量旅游相关的博文，通过对博文内容的分析，可以对用户有更为深入的了解，以便构建基于微博数据的游客画像。

【学习目标】

1. 知识目标：熟悉微博"微热点"使用流程；掌握八爪鱼采集器采集数据的流程和注意事项。

2. 能力目标：能够运用八爪鱼采集器进行指定任务的数据采集；能够运用词频分析软件进行词频分析。

3. 素质目标：增强"用户中心、洞察需求"的服务意识；养成"条理有序、精益求精"的匠心思维。

【任务书】

学习任务书如表 6-1-1 所示。

表 6-1-1　学习任务书

姓名		班级	
所在小组		指导老师	
任务名称		基于微博数据的游客画像分析	
任务内容及要求： 1.任务内容 （1）掌握实训目的、背景和方法 （2）以成都市典型博物馆微博数据为采集和分析的对象，明确基于微博数据的游客画像分析的实施步骤 （3）进行任务同步训练——基于武侯祠和杜甫草堂微博数据的游客画像分析 2.要求 （1）高质量完成全部学习任务 （2）以小组形式完成任务同步训练 （3）同步训练成果在规定时间内提交至教学平台			

续表

进度安排：
1.课前预习　　　年　　月　　日
2.课堂学习　　　年　　月　　日，第　节
3.笔记整理　　　年　　月　　日
4.作业提交　　　年　　月　　日
5.其　　他　　　年　　月　　日

【任务分组】

本次学习任务为"基于微博数据的游客画像分析"，5~6 人为一组，共同完成任务同步训练，各小组力求发挥成员优势，全员参与，高质量完成学习任务。学习任务分配如表 6-1-2 所示。

表 6-1-2　学习任务分配

班级		组号		指导老师	
组长		学号		任务分工	
组员1		学号		任务分工	
组员2		学号		任务分工	
组员3		学号		任务分工	
组员4		学号		任务分工	
组员5		学号		任务分工	

【实验准备】

一、实训目的

通过新浪微博用户数据分析，建立成都的博物馆游客画像。

二、实训背景

成都是四川省省会、超大城市、国家中心城市。成都有着悠久而独特的历史文化，是一座让人来了就不想离开的城市，荣获"全球最佳旅游目的地"、首批"国家文化和旅游消费示范城市""中国旅游休闲示范城市""厕所革命优秀城市奖""夜间经济十强城市""中国十大夜经济影响力城市"等称号。2019 年，成都市旅游游客达 2.8 亿人次，总收入突破 4663.5 亿元，入境游客 381.4 万人次，分别较 2015 年增长 46.6%、129% 和 65.8%。2023 年 1 月 27 日，同程旅行发布《2023 春节假期旅行消费

数据报告》显示，成都位居热门酒店预订城市前三。根据 T3 出行、高德出行等平台数据显示，2023 年春节假期，成都位居自驾热门城市前三。

三、实训方法

本实验以成都市热度指数高的成都博物馆为例，运用八爪鱼采集器进行数据爬取，运用 Excel 软件进行数据清洗和分析，运用微词云对采集内容进行分词、词频统计，进而总结基于新浪微博数据的成都博物馆游客画像。

【实验步骤】

一、筛选用户画像标签，确定用户画像制定的维度

通过观察新浪微博网页信息，筛选用户画像标签，并将其分为基础属性和游客反馈信息两个维度。其中，基本属性包括地域、性别、发布平台或手机机型，游客反馈信息指的是微博博文的文字内容和发布时间。

二、进行数据采集

（一）运用"微热点"对成都市的博物馆进行热度排序

截至 2022 年 12 月 2 日，成都市拥有博物馆 132 个。运用"微热点"工具搜索"杜甫草堂""武侯祠""金沙遗址""成都博物馆"等关键词进行热度排序，得出成都博物馆和成都杜甫草堂博物馆的 7 日全网热度指数均值排名第一和第二，两家博物馆均为国家一级博物馆。本实验选择成都博物馆和成都杜甫草堂博物馆进行分析。

（二）制定数据爬取规则

运用八爪鱼采集器从新浪微博上爬取带有"成都博物馆"和"杜甫草堂"关键词的用户的信息，包括地域、性别、发布平台或手机机型、博文发布时间和微博内容文本。本实验采集 2023 年春节部分时段（2023 年 1 月 21 日至 23 日）的数据。在进行数据采集前，在新浪微博中输入相应的关键词，并在网页左侧导航栏的高级搜索中选择数据时间范围，然后将对应的网址输入八爪鱼采集器中，关键词爬取规则如图 6-1-1 所示。

数据爬取的结果是：2023 年 1 月 21 日至 23 日成都博物馆数据 126 条，有关成都杜甫草堂博物馆的数据 54 条。

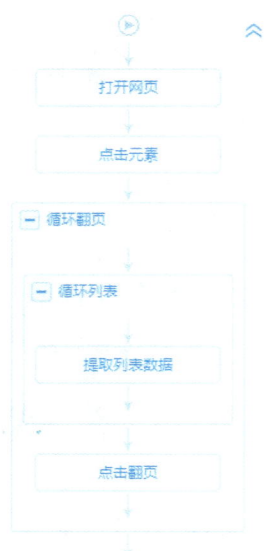

图 6-1-1 运用八爪鱼采集器进行微博数据采集规则

（三）数据清洗

首先，完成数据采集后，以 Excel 格式导出数据。其次，由于存在大量以成都博物馆为标签的广告信息，同时，还有可能出现在同一条博文中既提到成都博物馆，又提到成都杜甫草堂博物馆，因此在爬取的时候可能会产生完全重复的数据项，在整合之后需要将重复项删除。数据总条数为 89 条。

（四）数据处理

首先，数据采集过程中，存在未完成加载导致部分数据采集为空值的情况，需要将空值全部填充为易于辨别的"NULL"。

其次，对游客数据进行标准化处理，如"发布平台或手机机型"，有"iPhone12""iPhone13""iPhone 客户端"等数据，此类用户偏好具有相似性，因此，可以将其统一处理为"iPhone"。

最后，处理文本内容。用微词云对语句进行初步分词。为了提升精确度，需要对分词结果进行修正，以便后期进行分析。

【实验结论】

（一）成都博物馆和成都杜甫草堂博物馆游客性别构成

成都博物馆游客男女比例为 18:17，男性游客在微博上的信息发送略多于女性游客，如图 6-1-2（a）所示；成都杜甫草堂博物馆游客男女比例为 24:30，女性游客大约是男性游客的 1.25 倍，如图 6-1-2（b）所示。以此阶段的数据分析，成都博物馆更受男性关注，成都杜甫草堂博物馆更受女性关注。

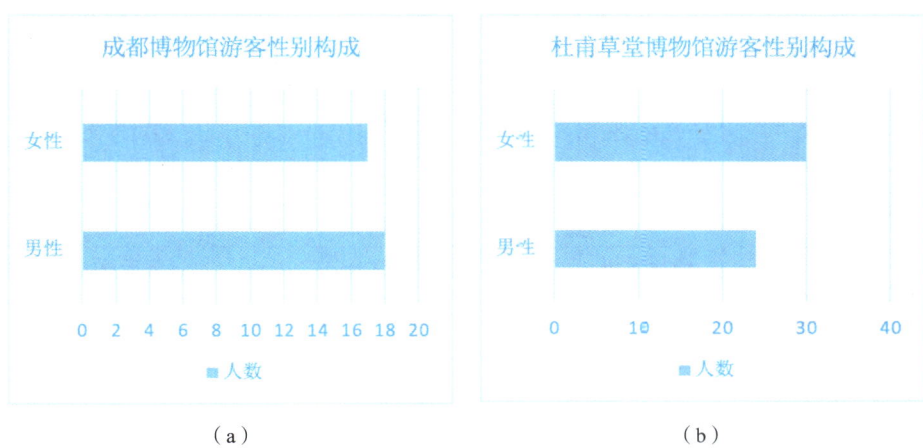

（a）　　　　　　　　　　　　　（b）

图 6-1-2　成都博物馆和成都杜甫草堂博物馆游客性别比例

（二）成都博物馆和成都杜甫草堂博物馆游客使用手机机型或平台构成

根据采集数据分析，去成都杜甫草堂博物馆的游客中，使用华为、vivo、iPhone 等品牌手机发布微博的游客占比为 55.6%，其他游客主要是以不同应用类型的形式展示发布平台，如杜甫草堂超话、微博小程序、微博网页版等。而去成都博物馆的游客中，使用华为、红米、iPhone 等品牌手机发布微博的游客占比为 31.4%，其他游客主要是以不同应用类型的形式展示发布平台，如成都博物馆超话、微博抽奖平台、微博网页版等。结合博文内容和以上数据对比，在春节前三天，成都博物馆主要通过抽奖、活动宣传等方式发布微博信息，而成都杜甫草堂博物馆在此阶段已经吸引到更多真实客户的到来。

（三）成都博物馆和成都杜甫草堂博物馆游客博文内容分析

本实验总共采集了 89 条博文，其中 35 条关于成都博物馆，总计 3868 个字；54 条关于成都杜甫草堂博物馆，总计 6955 个字。

1. 词频分析

通过关键词的挖掘和分析，可以发现成都博物馆的游客在微博上进行分享时提到较多的关键词是"扇""兔""中国风""过大年"或"新年"等（表 6-1-3、图 6-1-3），说明成都博物馆游客主要是对中国风的追捧，以及对新春佳节的精心安排。

表 6-1-3　成都博物馆博文词频表

词汇	词频	词汇	词频	词汇	词频	词汇	词频
成都博物馆	34	微博抽奖平台	6	19世纪的中国风尚	4	2023新年七天乐	3
广府外销扇	8	扇	5	一起分享我的喜悦吧	3	抽福气春联	3
爱你	7	赢牛奶	5	在成都博物馆盛美来袭	3	转发本文	3
约会博物馆	6	抱一抱	5	看中国扇如何	3	抽奖详情	3
好喜欢	6	博物馆里过大年	5	直播陪你过春节	3	远渡重洋在欧洲扇起	3
新春快乐	6	兔	5	网页链接	3	中国风	3

图 6-1-3　成都博物馆博文词频图

　　同时，通过关键词的挖掘和分析，可以发现成都杜甫草堂博物馆的游客在微博上进行分享时提到较多的关键词是展示了"花重锦官城"的杜甫诗歌和"共度佳节"的愿望，以及系列活动，如诗歌文化节、互动抽奖活动等（表 6-1-4、图 6-1-4），说明成都杜甫草堂博物馆游客很多是为了领略杜甫所创作的诗歌以及由此衍生出的诗歌文化，同时，宽窄巷子、武侯祠等景点也被提及，说明搜索杜甫草堂的潜在游客对宽窄巷子、武侯祠也表现出一定的关注度。

表 6-1-4　成都杜甫草堂博物馆博文词频表

词汇	词频	词汇	词频	词汇	词频	词汇	词频
网页链接	60	第十四届成都诗圣文化节	4	点击下方集合链接	4	摄影	3
杜甫草堂	23	邀粉丝们参加	4	互动抽奖	4	成都地铁	3
成都杜甫草堂博物馆	17	博物馆集章攻略	4	关注我们	4	武侯祠	3
人日游草堂	7	花重锦官城	4	正月初七开奖	4	大年初一	3
草堂有礼	5	诗意文创	4	后面还有抽奖哦	4	宽窄巷子	3
诗传千古情	4	共度佳节	4	活动	4	布衣影像	3

图 6-1-4　成都杜甫草堂博文词频图

2. 微博内容情感分析

根据文本所表达的含义和情感信息，情感分析将文本分为褒扬或贬义的两种或多种类型。可运用 SnowNLP 情感分析是一种基于中文文本的自然语言处理技术，它的目的是抽取文本中的情感特征，以判断文本的情感倾向性。它的基本原理是，通过计算文本中的词语，句子和句子之间的关联关系，把文本分类为正面和负面两类，以表达文本的情感倾向性。游客对于旅游目的地的情感会较大程度地影响游客的满意度和游后行为意向，正向情感更容易增强游客对于目的地的忠诚度。

本实验运用 Python 的第三方模块 SnowNLP 对成都博物馆和成都杜甫草堂博物

馆的博文情感进行分析，由图 6-1-5、图 6-1-6 对比可知，成都博物馆游客的正面情感占比为 97.1%，高于成都杜甫草堂博物馆 85.2% 的正面情感。因 SnowNLP 默认语料库是基于电商评论数据训练的，故需要手动对正面和负面情感的数据进行修正，修正后成都杜甫草堂博物馆游客的正面情感占比为 96.2%，两者这一时段的游客的正面情感占比极为接近。结合博文和关键词词频分析发现，成都博物馆的营销宣传做得更多，而成都杜甫草堂博物馆有明确的文化主题，游客认同度高。

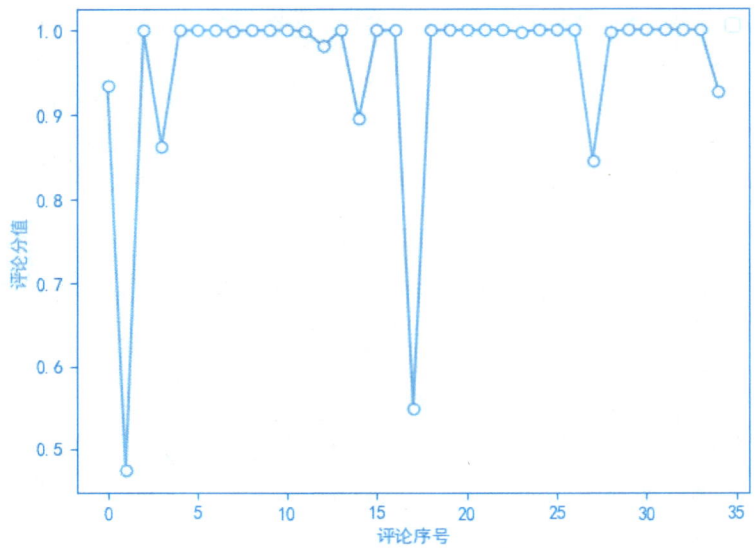

图 6-1-5　成都博物馆微博内容情感分析

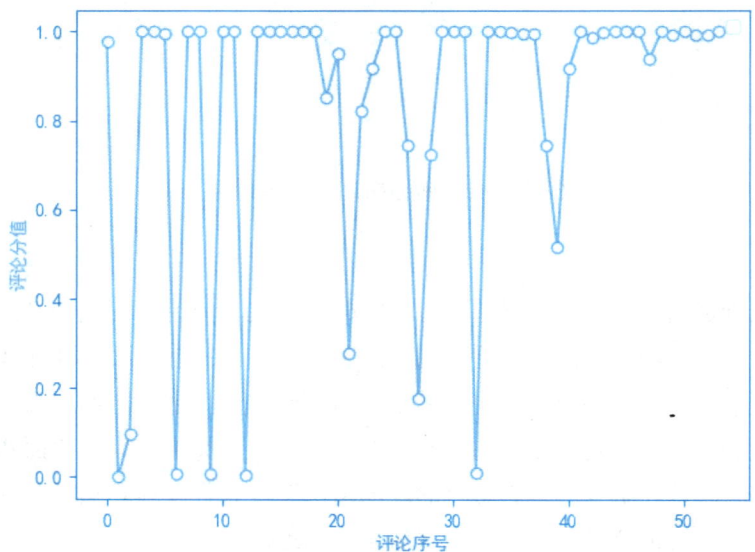

图 6-1-6　成都杜甫草堂博物馆微博内容情感分析

【同步训练】

任务：完成"基于成都武侯祠博物馆和成都金沙遗址博物馆微博数据的游客画像分析"。

目的：掌握游客画像分析方法和步骤，能够结合需要进行基于微博数据的游客画像。

要求：

①运用新浪微博"微热点"对关键词进行热度搜索，了解成都武侯祠博物馆和成都金沙遗址博物馆的热度指数均值，对基于微博数据的两家博物馆的影响度有基本的判断；

②运用八爪鱼采集器对所选关键词（"武侯祠"和"金沙遗址"，进行数据采集，对用户基本属性进行分析；

③运用微词云对博文内容词频进行分析。

【内容小结】

微博是一个大的网络社区，本案例以成都博物馆和成都杜甫草堂博物馆 2023 年春节数据为例进行分析，运用八爪鱼采集器、微词云、Excel、SnowNLP 等进行分析，得到了成都市两个国家一级博物馆的游客画像。

【教学评价】

学生自评与互评如表 6-1-5 所示。

表 6-1-5　学生自评与互评

评价项目	评价内容	
学习纪律	1.出勤情况 2.遵守课堂纪律情况 3.学习主动性、积极性	
学习过程	1.预习与复习情况 2.跟随教师思路，理解授课内容与笔记情况 3.课堂参与情况 4.作业完成情况	
学习效果	1.课程所传授的知识与技能掌握程度 2.课程所传授的素质与思政目标达成程度 3.提出、分析、解决问题能力的提高程度	
姓名		班级	
自评等级	（　）A（　）B（　）C（　）D	
互评等级	学生1：（　）A（　）B（　）C（　）D 学生2：（　）A（　）B（　）C（　）D 学生3：（　）A（　）B（　）C（　）D	

续表

评价项目	评价内容
提升思考	

【教学评价】

指导教师评价如表 6–1–6 所示。

表 6-1-6　指导教师评价

评价项目	评价内容		
学习纪律	1.出勤情况 2.遵守课堂纪律情况 3.学习主动性、积极性		
学习过程	1.预习与复习情况 2.跟随教师思路，理解授课内容与笔记情况 3.课堂参与情况 4.作业完成情况		
学习效果	1.课程所传授的知识与技能掌握程度 2.课程所传授的素质与思政目标达成程度 3.提出、分析、解决问题能力的提高程度		
指导教师		班级	
评价等级	（　）A　（　）B　（　）C　（　）D		
提升建议			

【学生笔记】

学生笔记如表 6–1–7 所示。

表 6-1-7　学生笔记

任务名称	
学习日期	
指导教师	
学习记录：	

续表

记录人：

案例二　基于百度指数的旅游搜索行为研究
——以成都市主城五区典型旅游景区为例

【任务导引】

　　旅游业是贯穿于餐饮、住宿、交通、娱乐等众多行业的复合型服务行业，这恰恰赋予了它具有关联性、文化性、包容性以及生态性等特质，作为最热门、发展最快的新产业之一，这极大地提高了国家的收入。根据中国互联网络信息中心（CNNIC）发布第 50 次《中国互联网络发展状况统计报告》，截至 2022 年 6 月，我国网民规模达 10.51 亿，较 2021 年 12 月增长 1919 万，互联网普及率达 74.4%。网民主动获取旅游信息的意愿强烈，其中网民的搜索引擎使用率占比 78.2%。潜在游客信息获取方式的变化给目的地及其旅游企业的营销活动带来了新的机遇，旅游搜索引擎营销得到了普遍重视。因此，准确把握旅游者的信息搜索行为规律、制定有效的旅游搜索引擎营销决策、提高搜索引擎营销效果成为各旅游目的地及其旅游企业需要迎接的新挑战。案例通过百度指数平台获取成都市典型旅游景区网络搜索数据，以此探索旅游搜索行为。

【学习目标】

　　1. 知识目标：熟悉百度指数的主要功能；了解游客数量预测的方法。

　　2. 能力目标：能够熟练运用百度指数进行数据采集；能够尝试进行旅游搜索行为分析。

　　3. 素质目标：增强"用户中心、洞察需求"的服务意识；养成"条理有序、精益求精"的匠心思维。

【任务书】

　　学习任务书如表 6-2-1 所示。

表 6-2-1　学习任务书

姓名		班级	
所在小组		指导老师	
任务名称	基于百度指数的旅游搜索行为研究——以成都市主城五区典型旅游景区为例		

任务内容及要求：
1.任务内容
（1）掌握实训目的、背景和方法
（2）明确运用百度指数进行数据采集的步骤
（3）进行任务同步训练——基于百度指数的搜索引擎中旅游搜索行为研究
2.要求
（1）高质量完成全部学习任务
（2）以小组形式完成任务同步训练
（3）同步训练成果在规定时间内提交至教学平台

进度安排：
1.课前预习　　　　年　　月　　日
2.课堂学习　　　　年　　月　　日，第　节
3.笔记整理　　　　年　　月　　日
4.作业提交　　　　年　　月　　日
5.其　　他　　　　年　　月　　日

【任务分组】

本次学习任务为"基于百度指数的旅游搜索行为研究——以成都市主城五区典型旅游景区为例"，5~6人为一组，共同完成任务同步训练，各小组力求发挥成员优势，全员参与，高质量完成学习任务。学习任务分配如表6-2-2所示。

表6-2-2　学习任务分配

班级		组号		指导老师	
组长		学号		任务分工	
组员1		学号		任务分工	
组员2		学号		任务分工	
组员3		学号		任务分工	
组员4		学号		任务分工	
组员5		学号		任务分工	

【实验准备】

一、实训目的

基于百度指数所反映的百度搜索引擎中的旅游搜索行为数据采集，研究成都市主城五区典型景区旅游搜索行为。

二、实训背景

　　旅游业被称为信息依赖型行业，目的地及其旅游企业的产品销售在很大程度上依赖于信息的传递，信息被看成旅游业的命脉。随着信息技术的迅速发展，信息的传递方式发生了巨大变化，目的地及其旅游企业都在抓住信息技术变革带来的机遇，大量地向旅游者传递旅游相关信息。网上充斥的以及我们身边可以随时获取的旅游信息量急剧增加，一定程度上弥补了信息不对称和信息沟通不畅的问题，但也带来了信息的低效率沟通问题，目的地及其旅游企业传递的大量信息被潜在旅游消费者所忽视。当消费者身边充斥的信息越来越多时，消费者的注意力会被极大稀释，此时消费者的注意力会产生选择模式，即消费者不会主动关注营销主体为了实现其营销目标而推送给潜在消费者的信息；只有当消费者产生相关信息需求时，才会采取主动的方式积极获取和自己当前需要密切相关的信息。

　　在信息过剩和消费者有限注意力的双重约束下，搜索引擎营销作为一种网络营销模式，被包括旅游业在内的各行各业所重视。

三、实训方法

　　本实验抓住关键词搜索是网络搜索索引的主要方法，特定的关键词反映了特定类型信息需求量的变化，信息学需求差异进一步体现旅游者的搜索行为差异。因此研究旅游者在何时会加大对目的地及其旅游业信息的搜索、使用什么样的工具获取旅游信息、在旅游过程的不同阶段获取信息方式的差异，有助于目的地及其旅游企业准确把握旅游者的信息搜索行为规律，恰当决策何时以及通过何种工具向旅游者推送目标信息。

【实验步骤】

一、关键词选择

　　如上所述，关键词搜索是网络搜索索引的主要方法之一，因此选取特定的关键词考察其搜索量的变化能够客观地反映旅游者的信息搜索行为变化。目的地旅游景区信息搜索是旅游者制定旅游决策时的核心信息搜索行为，而且景区名称往往就是旅游者检索相关信息时的关键词选择。因此选择成都市主城五区为案例研究地，通过四川省文化和旅游厅官网，查找成都市主城五区的 10 家 4A 级景区名称，并形成关键词。通过百度指数检索，以上 10 家景区中天艺·浓园艺术博览园、成都市武侯区天府芙蓉园景区两家景区搜索数据未被收录。另外结合携程成都目的地自由行产品推荐排列在前的景点，将宽窄巷子、太古里纳入成都市主城五区典型旅游景区分析的范畴。最后得到 10 个搜索关键词，如表 6-2-3 所示。

表 6-2-3　成都市主城五区典型旅游景区网络搜索关键词选择

序号	景区名称	景区等级	搜索关键词
1	三圣花乡观光旅游区	4A	三圣花乡
2	成都武侯祠博物馆	4A	武侯祠
3	成都杜甫草堂博物馆	4A	杜甫草堂
4	成都大熊猫繁育研究基地	4A	成都大熊猫基地
5	成都金沙遗址博物馆	4A	金沙遗址
6	成都欢乐谷	4A	成都欢乐谷
7	国际非物质文化遗产博览园	4A	成都非遗博览园
8	东郊记忆	4A	东郊记忆
9	宽窄巷子	2A	宽窄巷子
10	成都远洋太古里	—	成都太古里

二、进行数据收集

百度是全球最大的中文搜索引擎，其作为搜索引擎品牌在国内旅游信息搜索中占据着绝对的主导地位。根据中国互联网络信息中心第 50 次《中国互联网络发展状况统计报告》，截至 2022 年 6 月，78.2% 的网络用户通过搜索引擎查询信息，综合搜索网站稳稳占据着互联网的流量入口位置；而使用过综合搜索引擎的用户中，用户习惯使用百度搜索引擎，百度品牌在网民搜索中的渗透率最高。百度大数据也显示，游客在查找旅游信息时，搜索引擎为其最主要的信息获取途径。而且百度公司基于其海量搜索数据推出了免费的百度指数功能，不仅提供了 2011 年 1 月至今的关键词搜索指数、资讯指数、人群属性等，还提供了移动端、PC 端及整体搜索日均值数据。

如上所述，特定关键词的百度指数搜索量反映的是网民对于该关键词相关信息的需求量。因此，本实验以选取的成都市主城五区 10 家典型旅游景区为关键词，在百度指数网页中通过分时段筛选数据的方式统计了各个关键词从 2019 年 1 月 1 日到 2022 年 12 月 31 日 4 个完整年度的 PC 端和移动端日搜索量，并获取了各关键词的整体日均值，以期探寻旅游消费者的旅游信息搜索时间规律及旅游者在旅游不同阶段搜索信息时所使用终端的变化趋势。

三、进行数据整理

（一）关键词综合搜索量趋势研究

旅游者的信息搜索行为在一个自然年度内有着怎样的分布规律能够一定程度上反映可能有的旅游者消费行为。为了从总体上把握旅游者对于旅游景区信息搜索量的时间序列分布规律，本实验利用 Excel 表格统计了成都市主城区 10 家典型景区关键词从 2019 年到 2022 年四个自然年度百度指数整体日均值数据，如图 6-2-1、图 6-2-2 所示。

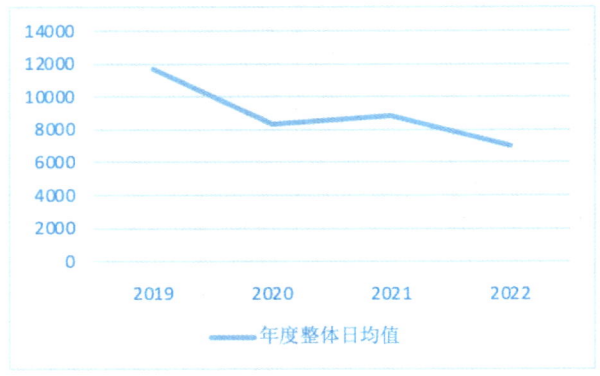

图 6-2-1　成都市 10 家景区 2019—2022 年日均整体搜索量趋势图

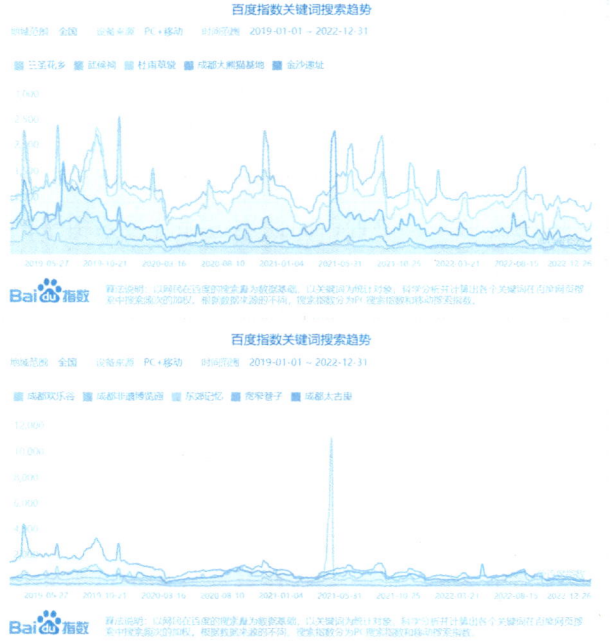

图 6-2-2　成都市 10 家景区分景区 2019—2022 年日均整体搜索量趋势图

可见，一方面随着时间的演进，旅游者对目的地旅游景区的综合搜索量呈逐年明显的下降趋势；另一方面旅游者对目的地旅游景区的信息搜索量在一个自然年度内有着比较稳定的分布规律，表现为各景区对应的整体日均值搜索量趋势线的波动呈现基本一致的起伏变化。具体来说，旅游者对成都市主城五区典型旅游景区的百度搜索量在一个自然年度内出现非常明显的五个高峰期，这五个高峰期分别出现在每一年度的二月上旬、四月上旬、五月上旬、七八月和十月上旬，即成都市各景区信息搜索的高峰期正好出现在我国的春节、清明节、"五一"和国庆节四个法定节假日以及整个暑假。

（二）不同终端设备关键词搜索量趋势比较

随着移动互联网和智能终端的普及，使用智能手机等移动端搜索旅游景区信息的潜在旅游者越来越多，为了了解旅游者使用 PC 端和移动端搜索成都市主城五区典型景区信息量的差异，本实验统计了成都市 10 家典型旅游景区关键词从 2019 年按月份百度指数移动端和 PC 端的日均搜索量，如图 6-2-3 所示。可见，从 2019 年 1 月到 12 月，旅游者在移动端的信息搜索行为呈明显的增长趋势，而在 PC 端则保持了比较稳定的趋势。这说明，随着手机上网用户的增加，越来越多的潜在旅游者愿意使用便利的智能移动终端搜索景区信息，而且随着手机客户端上网的日益普及，这种差距还将继续扩大。

图 6-2-3　成都市 10 家景区 2019 年各月移动端和 PC 端日均搜索量趋势图

【实验结论】

（一）旅游者在线信息搜索行为在自然年度内呈明显的规律变化，且在线搜索行为趋势加强

研究结果显示，旅游者对成都市主城五区各景区关键词的搜索量从 2019 年至 2022 年呈现逐年递减的情况，说明旅游者的在线信息搜索行为趋势越来越弱，主要原因是受到新冠疫情的影响；同时结果也显示，旅游者的在线信息搜索行为在一个自

然年度内呈现明显的规律性和高度的非均衡性，旅游者对成都市主城五区典型景区信息的搜索在一个自然年度内出现多个相对的高峰，且搜索高峰出现的时机与目前我国节假日和暑假的时间安排高度一致。潜在旅游者搜索景区信息的主要目的是帮助其制定正确的旅游决策，因此，这一分布规律说明在当前旅游者收入持续增加、闲暇时间约束趋紧的条件制约下，旅游者往往选择在公共假日外出旅游，而7~8月是旅游暑期档，因此在公共假日来临前以及暑期形成潜在旅游者对成都市主城五区典型旅游景区信息搜索的需求高峰期。

（二）旅游者的在线信息搜索行为对移动端的依赖明显

本实验统计了成都市主城五区10家典型旅游景区关键词从2019年1月到12月按月份百度指数移动端和PC端的日均搜索量，结果显示：全年百度指数移动端的数据远高于PC端的数据，尤其是当年2月，成都市主城五区10个典型旅游景区的移动端日均值是PC端日均值的5.4倍；7月、8月和10月，以上10个典型旅游景区的移动端日均值为PC端日均值的4倍及以上；而在12月，以上10个典型旅游景区的移动端日均值和PC端日均值差距最小。该变化趋势说明，潜在旅游者移动端的信息搜索增长率明显高于PC端的旅游信息搜索增长率，即越来越多的旅游者选择利用便利的智能终端和碎片化的时间来获取旅游相关信息，旅游者的在线信息搜索行为对移动端的依赖度迅速提升，而对PC端的使用变化量较为稳定，体现出潜在消费者网络信息收集习惯的稳定性。

（三）数据分析对具体旅游业务——旅游搜索引擎营销的启示

本实验表明，旅游搜索引擎营销需准确把握旅游信息发布的时间规律。目的地及其旅游企业需加强移动端的搜索引擎营销活动。利用搜索引擎营销引导游客流向，缓解热门景区旺季游客的井喷现象。信息搜索是消费者决策的重要基础。研究显示，旅游者在线信息搜索行为贯穿于旅游活动全过程中，旅游者在旅游中阶段达到对成都市主城五区景区信息搜索的最高峰，且更多地依赖移动端来获取成都市主城五区旅游景区的相关信息。这一结论说明景区决策属于旅游者到达目的地之后的内部决策，旅游者会依据旅游活动中收集到的实时信息随时调整自己的景区选择决策，持续的旅游信息搜索一方面便于旅游者将未列入计划的旅游景区重新纳入旅游活动行程安排之中；另一方面也能帮助旅游消费者对旅游景区有更准确的认识，随时调整自己的景区参观安排以获取更高的旅游满意度。这给目的地旅游管理机构引导游客流向以很好的启发，目的地旅游管理机构在旅游旺季应充分利用移动端的营销活动，在旅游期间及时向旅游者推送恰当的信息，引导游客流向，缓解旺季热门景区游客的井喷现象。

当然，本实验仅考虑景区类信息在一次旅游过程中需求的分布规律，实际上旅游者对不同类旅游信息需求的分布规律应该有所差异，如对住宿和交通信息的需求高峰或许出现在旅游前阶段，因此后续的研究应获取一个完整旅游过程各阶段反映旅游需求的不同要素，如食、住、行、游、购、娱等的关键词搜索量变化并进行比较，洞悉旅游者对于目的地不同类要素信息需求的结构以及一个旅游周期不同阶段旅游者所需信息类型的变化，为目的地旅游搜索引擎营销提供更加具体、可操作的指导性建议。

【同步训练】

任务：进行任务同步训练——基于百度指数的搜索引擎中旅游搜索行为研究——以重庆市典型旅游景区为例。

目的：掌握运用百度指数进行数据采集的步骤，能够尝试对基于百度指数的搜索引擎中旅游搜索行为进行分析。

要求：

①进行任务分析，并按照运用百度指数进行数据采集的步骤采集重庆市典型旅游景区旅游搜索行为。

②分析包括但不限于以下内容：旅游者的信息搜索行为在一个自然年度内有着怎样的分布规律，旅游者使用什么终端设备完成旅游信息搜索行为；在一次完整的旅游过程中，旅游者信息搜索行为是否有规律。

③小组成员应充分表达想法，发挥各自优势，形成团队合力。

【内容小结】

百度指数（Baidu Index）是以百度海量网民行为数据为基础的数据分析平台，是当前互联网乃至整个数据时代最重要的统计分析平台之一，自发布之日便成为众多企业营销决策的重要依据。

通过百度指数，可以了解到被百度指数平台收录的数据搜索指数情况，能够运用典型景区选择、关键词对比、百度指数查询等方式，完成潜在游客旅游搜索行为的分析，包括但不限于搜索的整体日均值、移动日均值、PC端日均值、地域、年龄、性别等的比较，为旅游营销业务提供数据支撑。

【教学评价】

学生自评与互评如表 6-2-4 所示。

表 6-2-4　学生自评与互评

评价项目	评价内容
学习纪律	1.出勤情况

续表

评价项目	评价内容		
学习纪律	2.遵守课堂纪律情况 3.学习主动性、积极性		
学习过程	1.预习与复习情况 2.跟随教师思路，理解授课内容与笔记情况 3.课堂参与情况 4.作业完成情况		
学习效果	1.课程所传授的知识与技能掌握程度 2.课程所传授的素质与思政目标达成程度 3.提出、分析、解决问题能力的提高程度		
姓名		班级	
自评等级	（ ）A （ ）B （ ）C （ ）D		
互评等级	学生1：（ ）A （ ）B （ ）C （ ）D 学生2：（ ）A （ ）B （ ）C （ ）D 学生3：（ ）A （ ）B （ ）C （ ）D		
提升思考			

【教学评价】

指导教师评价如表 6-2-5 所示。

表 6-2-5　指导教师评价

评价项目	评价内容		
学习纪律	1.出勤情况 2.遵守课堂纪律情况 3.学习主动性、积极性		
学习过程	1.预习与复习情况 2.跟随教师思路，理解授课内容与笔记情况 3.课堂参与情况 4.作业完成情况		
学习效果	1.课程所传授的知识与技能掌握程度 2.课程所传授的素质与思政目标达成程度 3.提出、分析、解决问题能力的提高程度		
指导教师		班级	
评价等级	（ ）A （ ）B （ ）C （ ）D		
提升建议			

【学生笔记】

学生笔记如表 6-2-6 所示。

表 6-2-6　学生笔记

任务名称	
学习日期	
指导教师	
学习记录：	

记录人：

案例三　文旅产业监测平台开发

【任务导引】

我国每日有超过数以千万计的游客在流动，游客通过时空的改变完成旅行行为。在旅行的游前、游中、游后都会留下痕迹，包括运营商基站信息、闸机识别身份证信息、手机扫码入园信息等。目前，各地已经逐步建立了文旅产业监测系统，该系统通过对行为痕迹的采集，生成信息化的数字符号和数据，再对此类数据进行规范化的清洗、治理和分析，由此，可以得到游客行为信息和画像信息，为文旅产业的管理者、从业人员和研究者提供一定的数据决策支撑，让文旅产业政策制定、业务开展有理可依、有据可循。

【学习目标】

1. 知识目标：了解文旅产业监测平台需求；了解文旅产业监测平台开发内容。

2. 能力目标：能够对文旅产业监测平台进行初步的需求分析；能够梳理文旅产业监测平台开发内容。

3. 素质目标：增强"用户中心、洞察需求"的服务意识；养成"条理有序、精益求精"的匠心思维。

【任务书】

学习任务书如表 6-3-1 所示。

表 6-3-1　学习任务书

姓名		班级	
所在小组		指导老师	
任务名称		文旅产业监测平台开发	
任务内容及要求： 1.任务内容 （1）了解文旅产业监测平台需求 （2）了解文旅产业监测平台开发内容 （3）进行任务同步训练——制定给定任务的文旅产业监测平台需求分析 2.要求 （1）高质量完成全部学习任务 （2）以小组形式完成任务同步训练 （3）同步训练成果在规定时间内提交至教学平台			

进度安排：
1.课前预习　　　年　　月　　日
2.课堂学习　　　年　　月　　日，第　节
3.笔记整理　　　年　　月　　日
4.作业提交　　　年　　月　　日
5.其　　他　　　年　　月　　日

【任务分组】

本次学习任务为"文旅产业监测平台开发"，5~6人为一组，共同完成任务同步训练，各小组力求发挥成员优势，全员参与，高质量完成学习任务。学习任务分配如表6-3-2所示。

表6-3-2　学习任务分配

班级		组号		指导老师	
组长		学号		任务分工	
组员1		学号		任务分工	
组员2		学号		任务分工	
组员3		学号		任务分工	
组员4		学号		任务分工	
组员5		学号		任务分工	

【实验准备】

一、实验目的

通过案例学习，了解文旅产业监测平台的需求分析和开发内容，能够为文旅产业监管部门提出针对性建议。

二、实验背景

文旅产业运行监测平台旨在构建旅游日常监管调度及安全应急管理联动指挥体系，推进区域文旅行业运行监管向数字化、网络化、自动化、标准化迈进。及时、有效地整合文旅信息，为日常管理、辅助决策提供服务，促进文旅业的管理更加规范化、科学化、智能化；强化行业监管，为文旅业服务质量的提升打下坚实基础；并结合全国旅行社团队系统的旅游团队数据及通信运营商提供的游客分析数据，有效进行

景区客流分析、预判及预警，提高旅游品质的同时，降低旅游突发事件的发生概率；全面提高各类旅游突发事件应急处置能力，保障游客的生命财产安全。

三、实验方法

本实验以能够提出文旅产业监测平台咨询服务为目的，因此，实验方法主要为系统性分析方法。该实验案例源于成都中科大旗软件股份有限公司典型项目，部分涉密数据已进行脱敏。

【实验步骤】

一、了解文旅产业监管部门用户需求

各个行政区划级别（省、市、县）、各个地域的文旅管理部门，对于游客时空行为指标的侧重点、关注度是不一致的，需要结合当地文旅业态、文旅政策进行综合考量，还存在文旅管理者个人关注点的特殊定制需求。所以，调研文旅产业监测系统用户需要掌握什么指标、这些指标需要通过什么数据来实现、这些数据又可深入挖掘提炼出其他哪些指标，是我们完成系统开发的首要前提。下面以某省级平台项目文旅产业监测系统的游客客流板块以及游客画像板块进行举例说明。

（一）游客客流板块

1. 需求调研

用户比较关注本省文旅行业目前究竟处于什么状况，趋势是否利好，今年与去年相比游客是增加还是减少，常来本省的游客是邻近省份居多还是特定省份居多，来游玩的游客更喜欢哪个景区等。

2. 需求分析

按照年度、季度、月度、周度、日度等不同的有规律的时间维度，形成不同的粒度统计客流总量，可直观了解当期客流总数，体现文旅市场的宏观情况。

通过同比（与上年同期对比）、环比（与上期对比）值，可分析出本期的增量情况。

通过将相同时间粒度内某段时间的数据进行统计展示，体现一段时间内游客的走势变化情况。

通过统计相同来源地游客数量，形成本省客源地情况数据，体现哪个区域的游客更喜欢到本省游玩。

通过统计游客到达目的地数据，形成本省各地市接待游客数据，体现游客更喜欢到本省哪个城市游玩。

通过统计本省游客出行目的地数据，形成本省游客出行情况数据，体现本省游客更喜欢去哪个地区游玩。

可对重点文旅企业，如景区、文化场馆做重点客流分析，统计各文旅企业的客流量，反映文旅市场各企业的受欢迎程度。

3. 数据源确认

（1）运营商（移动、电信、联通）数据接入

运营商数据一般多为结果数据，只需要简单清洗即可完成页面展示，如地区客流日数据，可以获取本地区某日的游客，来源于哪个省份或城市，具体的数量是多少。运营商数据分为两大类。

一类为地区客流数据，数据更新频率为每日或者每月，月数据会清洗去除重复数据更为准确。数据源主要分为：地区接待客流量统计数据、本地外出旅游游客数量统计、本地外出省内游游客数量统计、本地外出国内游游客数量统计和本地外出出境游游客数量统计，以上数据源通过数据清洗分析推送至文旅产业监测系统数据库。

一类为景区/场馆数据，数据更新频率为每小时、每日或者每月，月数据会清洗去除重复数据更为准确。数据源主要分为实时接待客流量数据、接待游客数量数据。

> 数据更新频率为每分钟、每小时等比较及时的数据，视作实时数据。通过此类数据可及时掌握景区人数动态，结合景区承载量数据，可实现客流预警等功能。

（2）景区/场馆硬件数据对接

通过对接景区/场馆硬件设备获取客流数据。通常方式有：身份证刷卡入园、门禁闸机订单核销、摄像头数人等，记录客流入园人数。此外，还可通过身份证号1~6位代表持证人的户口所在地的特性，由此分析出游客来源地。

（3）文旅产业监测系统 API 开放平台接口

通过文旅产业监测系统 API 开放平台，各个景区、停车场、票务系统按照标准接口格式，各自推送数据至文旅产业监测系统进行展示（一般为实时数据，实时更新）。

（二）游客画像板块

1. 需求调研

用户需要了解本省游客的构成情况，需要知道是什么年龄段的游客更喜欢到本省旅游，是男性居多还是女性居多，他们更喜欢以什么方式旅行等，通过游客画像，可以更加准确地定位本省文旅消费群体，对制定出台相关文旅政策起到数据支撑的作用。

2. 需求分析

统计本省男性游客总量、女性游客总量及分析占比情况；

统计本省游客年龄信息，按照儿童（0~11 岁）、少年（12~18 岁）、青年（19~35 岁）、中年（36~59 岁）、老年（60 岁及以上）分段统计，分析占比情况。

统计本省游客出行方式，个人出行、组团、骑行、自驾等，分析出行方式的占比情况；

统计本省游客的停留时长数据，按照 1~2 天、3~4 天、5~6 天、7 天及以上分段统计，分析游客旅游时长情况。

3. 数据源确认

（1）运营商（移动、电信、联通等）数据接入

运营商数据一般多为结果数据，只需要简单清洗即可完成页面展示，如地区客流日数据，可以获取本地区某日的游客，男性 / 女性具体的数量是多少。运营商数据分为两大类：

一类为地区客流数据，数据更新频率为每日或者每月，月数据会清洗去除重复数据更为准确。数据源主要分为：地区游客性别统计、游客年龄段统计、游客停留时长统计、游客出游方式统计、游客使用手机类型统计、游客访问频次。

一类为景区 / 场馆数据，数据更新频率为每日或者每月，月数据会清洗去除重复数据更为准确。数据源主要分为：游客年龄统计、游客性别统计、游客停留时长统计、游客出游方式统计、游客使用手机型号统计、游客使用 App 统计。

（2）景区 / 场馆硬件数据对接

通过对接景区 / 场馆硬件设备获取客流数据。通常方式有：身份证刷卡入园，根据身份证号分析得出相关数据。

身份证号第 7 到 14 位，代表出生年月日，可分析出用户年龄。

身份证号第 17 位数字表示性别，奇数表示男性，偶数表示女性，可以分析出用户性别。

（三）原型设计

确定好了需要展示的分析维度以及数据来源，我们还需要做如下两块工作：

确定各个数据分析维度通过什么方式呈现，以什么样的数据可视化图表能够准确传达数据的意义；各个数据分析维度是否存在逻辑上的关联，如何将纷繁复杂的数据组合成一个有逻辑性的页面，达到 1+1 ≥ 2 的效果。

1. 可视化图表

可视化图表可以直观、清晰地展示数据分析结果，本文列举文旅行业常用四类图表——趋势、比较、分布和空间，适用不同的使用场景。

（1）趋势类

使用场景：趋势类图表可以显示随时间而变化的连续数据，非常适用于显示在相等时间间隔下数据的趋势。

在折线图中，可以得出数据随时间变化的结论，如数据随时间递增、数据随时间递减、数据是否呈现周期性变化、数据称指数性增长等，也可以进行多条折线图的对比（图6-3-1）。

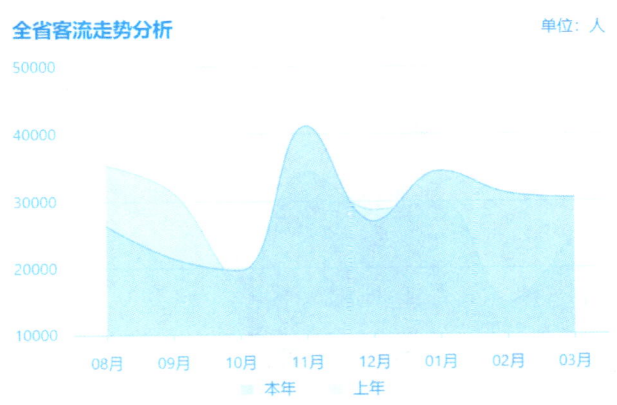

图6-3-1 文旅产业监测平台中折线图的应用

（2）比较类

使用场景：比较类组件可以显示不同维值的数据聚合结果或占比情况，适用于不同维度结果的对比、占比、排行。

可视化效果：横轴图、柱状图（图6-3-2）、堆积栏状图、百分比堆积柱状图。

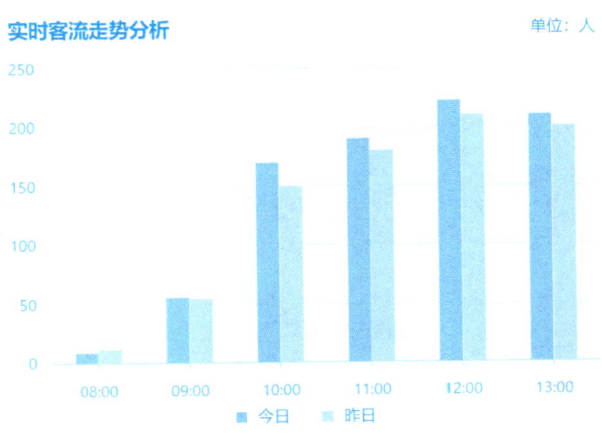

图6-3-2 文旅产业监测平台中柱状图的应用

（3）分布类

使用场景：维度值基于指标的汇总或占比结果进行分布显示，用突出、放大等效果进行数据结果表达，多用于维度值的分布。

可视化效果：饼形、环形（图6-3-3）、雷达等样式。

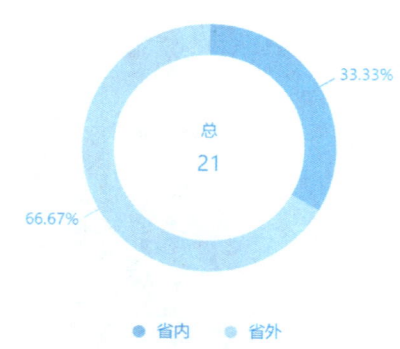

图6-3-3　文旅产业监测平台中环形图的应用

（4）空间类

使用场景：多用于空间分布的数据展示，如行政区、地级市、经纬度等，支持热力图、飞线图（图6-3-4）、标记点图、区块图等样式地图。

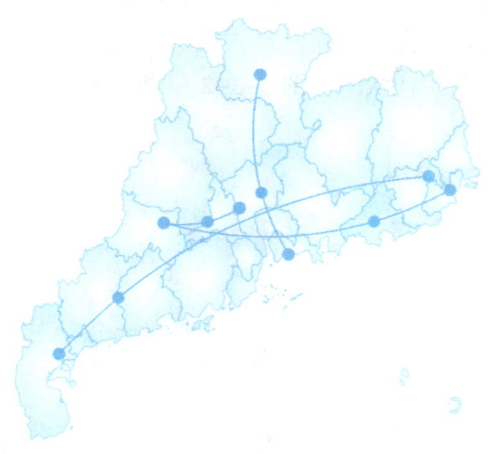

图6-3-4　飞线图

2. 可视化图表选择

针对客流数据及游客画像数据，我们可采用如图6-3-5准确表达。

采用空间类图表热力图，根据客流量大小，用不同颜色区分全省各地级市的游客接待情况。

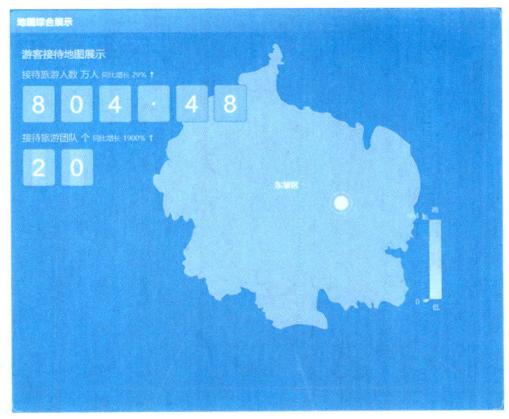

图 6-3-5 文旅产业监测平台中热力图的应用

采用趋势类图表折线图，表达每月客流量的变化情况（图 6-3-6）。

图 6-3-6 文旅产业监测平台中折线图的应用

采用分布类图表环形图，表达游客的地域和习惯构成占比情况（图 6-3-7）。

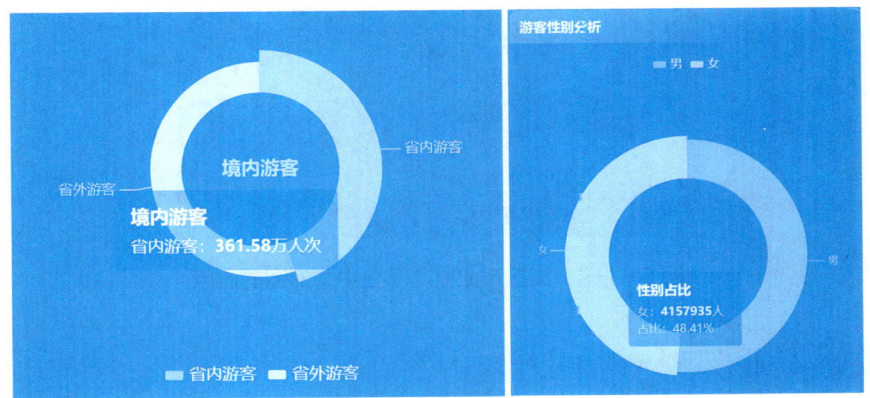

图 6-3-7 文旅产业监测平台中环形图的应用

采用比较类图表横轴图，通过统计各客源地省份的总量情况，做客源地排名统计分析。采用空间类图表飞线图（图 6-3-8），动态展示客流来源地情况，并通过不同颜色着重标记排名前三的客源地。

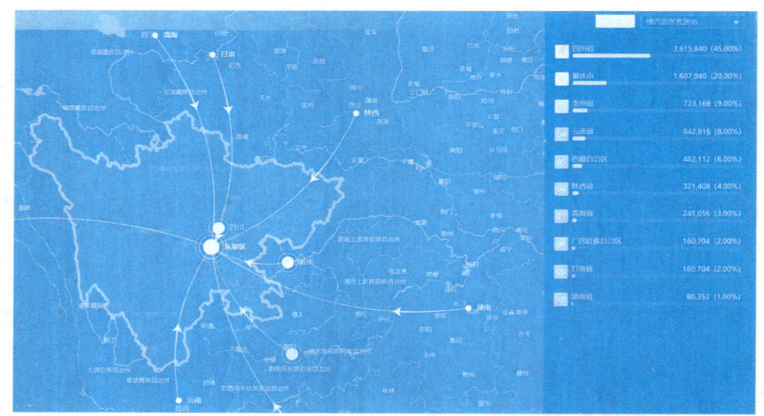

图 6-3-8　文旅产业监测平台中飞线图的应用

采用比较类图表横轴图，表达各年龄段游客的总量情况（图 6-3-9）。

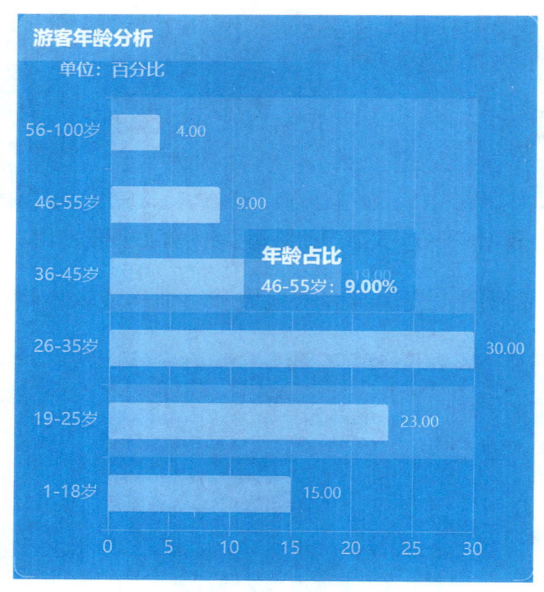

图 6-3-9　文旅产业监测平台中条形图的应用

二、文旅产业监测平台的开发内容

需求经过原型设计还原，并且与用户确认之后，我们则进入了开发的环节，一般分为 UI 设计、前端开发、后端开发、软件测试四项工作，测试完成之后，系统可正式上线。

（一）UI 设计

UI 设计英文叫 User Interface，翻译成中文意思则是月户界面。UI 设计是指对软件的人机交互、操作逻辑、界面美观的整体设计，负责把原型设计的内容通过更美观的形式表现出来。在互联网时代，我们离不开各种电子产品，包括移动电话、可视化大屏、触摸屏、家用电脑，UI 设计师就是负责设计这些在电子屏幕上显示的产品的界面呈现。好的 UI 设计不仅可以让软件变得有个性有品位，还可以让软件的操作变得舒适简单、自由，充分体现软件的定位和特点。

（二）前端开发

前端开发是创建 Web 前端页面呈现给用户的过程，通过 HTML、CSS 及 JavaScript 以及衍生出来的各种技术、框架、解决方案，将 UI 设计稿实现为互联网产品的用户界面交互，如图 6-3-10 至图 6-3-12 所示。

（三）后端开发

后端开发工作相当大的一部分就是开发数据访问服务，使前端可以通过调用后端服务对数据进行查询，从而实现前端对用户的请求响应。后端服务往往需要通过查询数据库，来完成对前端请求的响应。

（四）软件测试

软件测试（Software Testing）是一种用来促进鉴定软件的正确性、完整性、安全性和质量的过程，是一种实际输出与预期输出之间的审核或者比较过程。软件测试常用流程为：在规定的条件下对程序进行操作，以发现程序错误，衡量软件质量，并对其是否能满足设计要求进行评估。软件测试是保证软件正式上线稳定使用的重要环节。

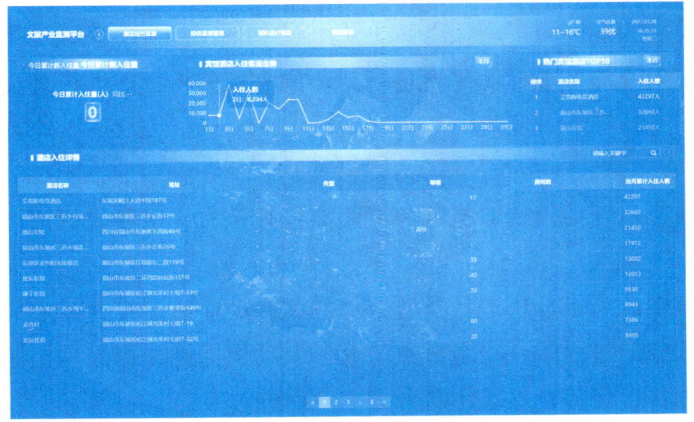

图 6-3-10　某文旅产业监测平台"酒店运行监测"界面

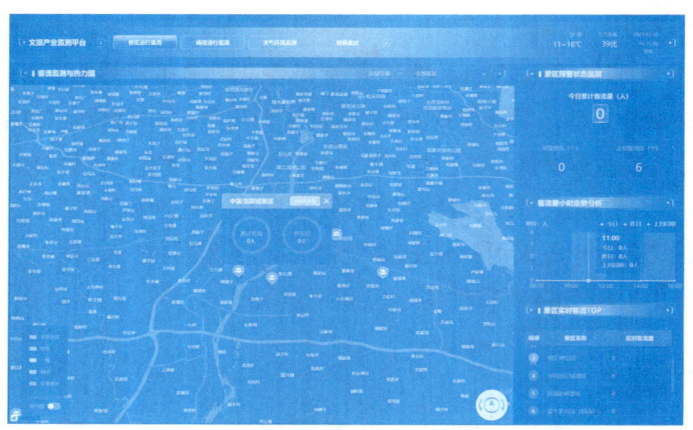

图 6-3-11　某文旅产业监测平台"景区运行监测"界面

图 6-3-12　某文旅产业监测平台"文旅基础监测"界面

【同步训练】

任务：完成"成都市某区级行政单位文旅产业监管部门有关监测平台需求的调研"。

目的：能够对文旅产业监测平台进行初步的需求分析；能够梳理文旅产业监测平台开发内容。

要求：

①可选择成都市新津区、双流区等近距离行政区域，以便进行市场调研和面对面沟通。

②对照案例中的需求分析进行所选区域的文旅产业监测平台需求分析。

③在形成任务的过程中，小组成员应充分调动积极性，积极承担调研、梳理和总结等工作，发挥各自优势，形成团队合力。

【内容小结】

抓好文旅产业监测平台建设，是文化和旅游产业提升远端治理能力的重要手段，对于及时掌握景区动态、发现安全隐患、开展应急处置，具有极其重要的作用。就职业教育专科层次的学生而言，应掌握文旅产业监测平台的用户需求要点，能够进行用户需求调研和文旅产业监测平台介绍，有助于拓展就业岗位和空间。

【教学评价】

学生自评与互评如表 6-3-3 所示。

表 6-3-3　学生自评与互评

评价项目	评价内容		
学习纪律	1.出勤情况 2.遵守课堂纪律情况 3.学习主动性、积极性		
学习过程	1.预习与复习情况 2.跟随教师思路，理解授课内容与笔记情况 3.课堂参与情况 4.作业完成情况		
学习效果	1.课程所传授的知识与技能掌握程度 2.课程所传授的素质与思政目标达成程度 3.提出、分析、解决问题能力的提高程度		
姓名		班级	
自评等级	（　）A（　）B（　）C（　）D		
互评等级	学生1：（　）A（　）B（　）C（　）D 学生2：（　）A（　）B（　）C（　）D 学生3：（　）A（　）B（　）C（　）D		
提升思考			

【教学评价】

指导教师评价如表 6-3-4 所示。

表 6-3-4　指导教师评价

评价项目	评价内容
学习纪律	1.出勤情况 2.遵守课堂纪律情况 3.学习主动性、积极性

续表

评价项目	评价内容		
学习过程	1.预习与复习情况 2.跟随教师思路，理解授课内容与笔记情况 3.课堂参与情况 4.作业完成情况		
学习效果	1.课程所传授的知识与技能掌握程度 2.课程所传授的素质与思政目标达成程度 3.提出、分析、解决问题能力的提高程度		
指导教师		班级	
评价等级	（　）A　（　）B　（　）C　（　）D		
提升建议			

【学生笔记】

学生笔记如表 6-3-5 所示。

表 6-3-5　学生笔记

任务名称	
学习日期	
指导教师	
学习记录：	

记录人：

参考文献

1. 孙亚芳，张奇 . 基于文化旅游的大数据分析管理系统研究 [J]. 山西科技，2017，
   32（4）：60–62.

2. 孟小峰，慈祥 . 大数据管理：概念、技术与挑战 [J]. 计算机研究与发展，2013，
   50（1）：146–169.

3. 吴洪梅 . 大数据背景下智慧旅游管理模式的构建 [J]. 现代企业，2022（2）：33–
   34.

4. 许冬梅 . 大数据背景下智慧旅游管理模式研究 [J]. 西部旅游，2021（17）：78–80.

5. 宋黎娜 . 基于大数据背景下智慧旅游管理模式探讨 [J]. 经济研究导刊，2021（30）：
   152–154.

6. 程剑，宋云，冷秀娟 . 大数据背景下智慧旅游管理模式研究 [J]. 西部旅游，2021
   （5）：81–82.

7. 黄桂青 . 大数据背景下智慧旅游管理模式研究 [J]. 现代营销（下旬刊），2021（1）：
   142–143.

8. 祥寒冰 . 基于大数据应用的智慧旅游管理模式探析 [J]. 营销界，2020（44）：150–
   151.

9. 邓宁，牛宇 . 旅游大数据：理论与应用 [M]. 北京：旅游教育出版社，2019.

10. 黎巎，张俊刚，张璐，等 . 旅游大数据应用与实践 [M]. 北京：中国旅游出版社，
    2021.

11. 贾俊平，何晓群，金勇进 . 统计学 [M].8 版 . 北京：中国人民大学出版社，2021.

12. 潘浩波，陈亮 . 旅游大数据的分析与应用 [M]. 上海：上海交通大学出版社，2016.

13. 林子雨 .Python 程序设计实验指导与习题解答 [M]. 北京：人民邮电出版社，
    2022.

14. 韦玮 . 精通 Python 网络爬虫 [M]. 北京：机械工业出版社，2017.

15. 肖睿，马经权，周华乐，等 .Python 数据分析：从获取到可视化 [M]. 北京：人民
    邮电出版社，2021.

16. 张侨 . 基于 SPSS 的现代旅游统计学 [M]. 北京：北京理工大学出版社，2016.

17. 薛薇 . 基于 SPSS 的数据分析 [M].4 版 . 北京：中国人民大学出版社，2017.

18. 中华人民共和国文化和旅游部 .2021 年文化和旅游发展统计公报发布 [EB/OL].

https：//zwgk.mct.gov.cn/zfxxgkml/zcfg/zcjd/202207/t20220701_934437.html.

19. 成都市文化广电旅游局 . 成都市"十四五"文化广电旅游发展规划 [EB/OL].http：// cdwglj.chengdu.gov.cn//cdwglj/c133556/2022–08/22/content_1db3e6c66dab4b68bd05 24341b7f10c6.shtml.

20. 周巍，朱孟伟 . 旅游景区中无人机全景数据采集技术应用探析 [J]. 中国设备工程，2020（2）：216.

21. 朝乐门 . 数据分析原理与实践：基于经典算法及 Python 编程实现 [M]. 北京：机械工业出版社，2022.

22. 陈友洋 . 数据分析方法论和业务实战 [M]. 北京：电子工业出版社，2022.

23. 艳琳 . 大数据应用之道 [J]. 科学大观园，2013（12）.

24. 李涛 . 数据挖掘的应用与实践：大数据时代的案例分析 [M]. 厦门：厦门大学出版社，2013.

25. 刘顺祥 . 从零开始学 Python 数据分析与挖掘 [M]. 2 版 . 北京：清华大学出版社，2020.

26. 陈红波，刘顺祥 . 数据分析从入门到进阶 [M]. 北京：机械工业出版社，2019.

27. 宋敏，覃正 . 国外数据质量管理研究综述 [J]. 情报杂志，2007，26（2）：7-9.

28. 马凯航，高永明，吴止锾，等 . 大数据时代数据管理技术研究综述 [J]. 软件，2015（10）.

29. 郑响萍 . 基于可视化元数据配置的大数据治理方案 [J]. 软件工程，2023，26（2）.

30. 张红春，陈琳，邱艳萍 . 信息技术革命背景下的大数据素养：概念界定及其比较 [J]. 大数据时代，2023（1）.